中国图书馆自动化系统发展研究（1974—2018）

刘喜球　王灿荣　著

科学出版社

北京

内 容 简 介

我国图书馆自动化系统发展划分为三种模式，即自主研制、引进吸收、全盘引进。本书依据计算机软硬件技术、网络技术、数据库技术、系统结构的重要变化，结合系统功能、自动化系统研制和应用的标志性事件，将1974—2018 年这一时期的自动化系统发展划分为六个阶段：①起步阶段（1974—1979）；②单项业务自动化系统研制阶段（1980—1985）；③图书馆自动化集成管理系统阶段（1986—1993）；④图书馆自动化集成管理系统网络化阶段（1994—2000）；⑤数字图书馆环境中的自动化、网络化集成系统阶段（2001—2011）；⑥移动图书馆环境中的自动化、网络化集成系统阶段（2012—2018）。本书分别对各个阶段从研制背景、系统模块功能等角度进行了研究和论述，对同期图书馆自动化系统进行分析和比较，总结不同时期图书馆自动化系统发展特征，最后得出研究结论：图书馆自动化系统发展动力源于系统架构变化、用户需求变化和系统数据库的变化。图书馆自动化系统功能不断丰富，新增了 OPAC 检索、联邦检索、知识发现、移动图书馆等功能。

本书适合高校图书馆学专业的本科生、研究生阅读，也可以作为图书馆从业人员提升专业素养的参考用书。

图书在版编目（CIP）数据

中国图书馆自动化系统发展研究：1974—2018 / 刘喜球，王灿荣著. —北京：科学出版社，2020.3
ISBN 978-7-03-064696-5

Ⅰ. ①中… Ⅱ. ①刘… ②王… Ⅲ. ①图书馆工作自动化—研究—中国—1974-2018 Ⅳ. ①G259.297

中国版本图书馆 CIP 数据核字（2020）第 043755 号

责任编辑：韩 东 周春梅 / 责任校对：马英菊
责任印制：吕春珉 / 封面设计：东方人华平面设计部

科 学 出 版 社 出版
北京东黄城根北街 16 号
邮政编码：100717
http://www.sciencep.com

新科印刷有限公司 印刷
科学出版社发行 各地新华书店经销

*

2020 年 3 月第 一 版 开本：B5（720×1000）
2020 年 3 月第一次印刷 印张：13
字数：262 000

定价：**108.00 元**
（如有印装质量问题，我社负责调换〈新科〉）
销售部电话 010-62136230 编辑部电话 010-62135397-2040

前　　言

在图书馆学研究中，对于 20 世纪 70 年代以来图书馆自动化系统发展历史的梳理与总结还较为欠缺。本书针对当前图书馆学研究的基本情况，对 1974—2018 年这一时期我国图书馆自动化系统发展轨迹进行了较为全面的梳理和总结：一方面，在理论上有助于充实图书馆学的研究内容，对于拓展图书馆技术史研究领域有重要的理论意义；另一方面，在实践上有助于把控图书馆自动化系统的发展态势，为制定国家层面的图书馆自动化系统发展战略提供理论参考，对于进一步加快国产图书馆自动化系统的产品化、市场化、规模化的发展，继而推动图书馆管理与服务理念的变革，增强图书馆自动化系统民族品牌实力具有极其重要的现实意义。

基于上述原因，加上笔者读博期间主攻方向是图书馆史，结合长期在图书馆从事自动化系统的维护与管理工作经验，因此拟写作"中国图书馆自动化系统发展"方面的著作。笔者从 2015 年开始着手收集图书馆自动化、网络化、数字化方面的文献资料，实地考察一些国内知名图书馆，由于主要是还原图书馆近半个世纪的自动化系统发展历程，因此书中尽量采用接近事实的案例叙述，采用阶段分析法来梳理图书馆自动化系统技术发展的脉络。笔者参考了大量来自图书馆学、情报学中关于图书馆自动化系统的研究成果，从较为客观的角度出发界定图书馆自动化系统的发展阶段，以更好地丰富图书馆学研究内容。但由于本人研究水平和理论归结研究能力有限，尽管已做了近三年的努力，本著作的理论结构和研究层次仍不够完善。

不管怎样，本书笔者已尽了最大努力，现将付梓出版。囿于笔者自身的技术理论素养和学术水平，以及阅历和对资料掌握等方面的因素，本书难免有不足和纰漏之处，恳请各位专家学者和同行予以批评指正。

刘喜球

2019 年 3 月

于吉首大学

目 录

第一章　我国图书馆自动化系统起步
（1974—1979）

　　针对国外发达国家已使用计算机数字形式存储字模，普及了以数字方式出版的第三代照排系统，为改变我国印刷出版行业的落后面貌，解决汉字的计算机信息处理，1974 年 8 月，由当时的第四机械工业部（简称四机部，现并入工业和信息化部）、第一机械工业部（简称一机部）、中国科学院（简称中科院）、新华社和国家出版事业管理局 5 家单位，联合提出设立"汉字信息处理系统工程"的报告，经国家计划委员会（现为国家发展和改革委员会）批准，列入国家科学技术发展计划，简称"748 工程"。国字号"748 汉字信息处理工程"旨在解决出版印刷、新闻通信、资料处理的传统技术问题，"748 工程"因其内容涉及图书馆的汉字情报检索的开发和研制，从国家政策层面启动图书馆自动化系统试验，激发了图书馆行业对图书馆自动化研制的热情。高校、公共、情报三大系统均有文献机构参与检索系统的研制，其间积累了西文为主机读目录试验的经验，有力促成了 1979年北京地区研究试验西文图书机读目录协作组的成立。

第一节　国外计算机检索系统的传入

　　图书馆行业不是计算机应用的最早机构，无论国内还是国外，概莫能外。中国图书馆自动化起步源于最早的机器检索试验，而之前的国产计算机硬件的研制更是源于对国外计算机部件的引进和研究，因此可以说中国的计算机目录检索试验很大程度上是吸收国外目录检索经验，通过计算机设备部件等硬件的引入和研制，同时结合引进的操作系统和软件编程语言，进行国产硬件系统和软件检索系统的研制。

一、我国计算机研制的起步和检索试验

　　（一）国家行为的计算机研制

　　从 1946 年世界第一台电子数字积分计算机问世到 1956 年周总理亲自主持制定《十二年科学技术发展规划》中把计算机列为发展科学技术的重点之一，并在1957 年筹建了中国第一个计算技术研究所[①]，之后于 1958 年研制国内首台计算机

---

① 中国计算机史[EB/OL]. (2016-09-30)[2017-12-01]. https://baike.baidu.com/item/%E4%B8%AD%E5%9B%BD%E8%AE%A1%E7%AE%97%E6%9C%BA%E5%8F%B2/1693030?fr=aladdinKPqnNbZjOXwJ6WVCaUeMG33bKAjnqHOPJ6PPFROWjVL8uUBQK8rJOad6xZOQSuq.

103 机，中国计算机事业的起步比美国晚了 12 年，但是经过毛泽东时代老一辈科学家的努力，中国的计算机事业开始起步、发展。

1956 年 3 月，由闵乃大教授、胡世华教授、徐献瑜教授、张效祥教授、吴几康副研究员等人组成的代表团①，参加了在莫斯科主办的"计算技术发展道路"国际会议，这次会议"取经"是为我国制定《十二年科学技术发展规划》的计算机部分做技术准备。随后在制定的《十二年科学技术发展规划》中确定中国要研制计算机，并批准中科院成立计算技术、半导体、电子学及自动化四个研究所。当时的计算技术研究所筹备处由中科院、总参三部、国防五院（七机部）、二机部十局（四机部）四个单位联合成立，北京大学、清华大学也相应成立了计算数学专业和计算机专业。为了迅速培养计算机专业人才，这三个方面联合举办了第一届计算机和第一届计算数学训练班。计算数学训练班的学生有幸听到了刚刚归国的国际控制论权威钱学森教授以及在美国有 3～4 年编程经验的董铁宝（当时国内唯一真正直接接触过计算机多年的学者）教授的讲课。

在苏联专家的帮助下，由中科院计算技术研究所（简称中科院计算所）七机部张梓昌高级工程师领衔研制的中国第一台数字电子计算机 103 机（定点 32 二进制位，每秒 2500 次）在 1958 年交付使用，骨干有董占球、王行刚等年轻人②。随后，由总参张效祥教授领衔研制的中国第一台大型数字电子计算机 104 机（浮点 40 二进制位，每秒 1 万次）在 1959 年也交付使用，骨干有金怡濂、苏东庄、刘锡刚、姚锡珊、周锡令等。其中，磁心存储器由计算所副研究员范新弼和七机部黄玉珩高级工程师领导完成。在 104 机上建立的，由钟萃豪、董蕴美领导的中国第一个自行设计的编译系统在 1961 年试验成功。

1. 第一代电子管计算机研制（1958—1964）

我国从 1957 年在中科院计算所开始研制通用数字电子计算机，1958 年 8 月 1 日该机可以表演短程序运行，标志着我国第一台电子数字计算机诞生③。机器在 738 厂开始少量生产，命名为 103 型计算机（DJS-1 型）。1958 年 5 月我国开始了第一台大型通用电子数字计算机（104 机）的研制。在研制 104 机的同时，夏培肃院士领导的科研小组首次自行设计并于 1960 年 4 月研制成功一台小型通用电子数字计算机 107 机。1964 年我国第一台自行设计的大型通用数字电子管计算机 119 机研制成功。

2. 第二代晶体管计算机研制（1965—1972）

1965 年中科院计算所成功研制了我国第一台大型晶体管计算机 109 乙机，并

① 徐祖哲，2015. 溯源中国计算机[M]. 北京：生活·读书·新知三联书店.
② 黄俊民，顾浩，等，2009. 计算机史话[M]. 北京：机械工业出版社.
③ 杨川，张旭，王福有，2013. 计算机的故事[M]. 北京：团结出版社.

对 109 乙机加以改进，两年后又推出 109 丙机，在我国"两弹"试制中发挥了重要作用，被用户誉为"功勋机"。华北计算所先后研制成功 108 机、108 乙机（DJS-6）、121 机（DJS-21）和 320 机（DJS-8），并在 738 厂等 5 家工厂生产。1965—1975 年，738 厂共生产 320 机等第二代产品 380 余台。哈军工（国防科技大学前身）于 1965 年 2 月成功推出了 441B 晶体管计算机并小批量生产了 40 多台。

3. 第三代中小规模集成电路的计算机研制（1973 年至 80 年代初）

1973 年，北京大学与北京有线电厂等单位合作成功研制出运算速度每秒 100 万次的大型通用计算机。1974 年清华大学等单位联合设计，成功研制出 DJS-130 小型计算机，之后又推出 DJS-140 小型机，形成了 100 系列产品。[①]与此同时，以华北计算所为主要基地，组织全国 57 个单位联合进行 DJS-200 系列计算机设计，同时也设计开发 DJS-180 系列超级小型机。20 世纪 70 年代后期，电子工业部 32 所和国防科技大学分别研制出 655 机和 151 机，速度都在百万次级。

（二）国产计算机上的情报检索试验

国内整个 20 世纪 70 年代，由于计算机只有国家行为或军事行为的超级或超强单位才能买得起，所以在图书馆应用很少。

20 世纪 70 年代一直到 80 年代初，美国 IBM360、IBM370 系列计算机的推出，使得计算机得到空前发展。这一时期的计算机特点是标准化、系列化，尽管 IBM360 系列计算机在型号上有巨大的区别，但它们都用相同的方式处理相同的指令，使用相同的软件，配置相同的磁盘机、磁带机和打印机，而且能够相互连接在一起工作。IBM 360 系列计算机一经推出，5 年之内共售出 32300 台，创造了电子计算机销售中的奇迹[②]。主机中有大、中、小型计算机。小型机上的许多技术都是从大型机上迁移过来的，这些虚拟存储技术、流水线技术、多处理机（器）等的应用，使得计算机各项性能都有长足的进步。20 世纪 70 年代，中国吸取 IBM 公司 360、370 系列计算机研发的经验，在四机部和国防科学技术委员会（简称国防科委，1982 年并入国防科学技术工业委员会）的组织下，由四机部 15 研究所牵头，组织四机部所属研究所、工厂和高校等数十个单位，在四机部 15 研究所联合研制我国 DJS-200 系列计算机。该系列计算机包括 DJS-210、DJS-220、DJS-240、DJS-260 等，以及后来的 DJS-265 计算机。之后又研制出 DJS-130 系列计算机，它包括 DJS-130、DJS-131、DJS-135 等计算机。DJ-S200 系列计算机的主要外部设备包括磁带、磁盘、打印机、光电机、穿孔机、显示器、专外设备、通信等。DJS-200 系列计算机存储容量在 6 万～13 万字，主频在 1.8～4MHz，运算速度每秒 10 万～140 万次，字长是 32 位～64 位，指令条数为 187 条，通道为 3～6 个分通道。

---

① 宋斌，2014. 计算机导论[M]. 4 版. 北京：国防工业出版社.
② 贾永年，2015. 计算机变迁 60 年[M]. 北京：国防工业出版社.

　　国产计算机的不稳定性，在中科院计算所八室 111 机组 1975 年 11 月《111 计算机稳定性探讨》一文中得到了充分论证。111 计算机为大型机，每月运行故障在 50 次以上，最多的每月达 179 次①。20 世纪 70 年代我国计算机的应用属于初级阶段，推出的计算机定型产品如 DJS-130、TQ-16 机等，主要用于数值计算，而国外的定型计算机 90%以上用于非数值应用。即使是国产计算机 DJS-130，尽管有太原无线电六厂、开封计算机厂、邵阳无线电厂、辽源无线电厂、上海中兴无线电厂、天津无线电二厂、潍坊电子计算机厂、苏州电子计算机厂、天津电子仪器厂、北京计算机三厂等 10 家工厂生产 DJS-130，但价格大多是 15 万～19 万元②。面对 70 年代价格昂贵的计算机，几乎所有国内图书馆均无能力购置该设备。

　　尽管 20 世纪 70 年代我国生产出的定型与非定型的中大型计算机，对于非数值应用的图书馆工作，从设备到指令系统，都不太适合③，但这些国产机还是在图书情报领域得到试验和试用。例如，中山大学在 DJS-130 机上建立了情报检索系统；一机部情报所在 DJS-C4 机上试验了情报检索应用软件，又与相关单位协作，编写 TQ-16 机的情报检索应用软件；中科院计算所在中型计算机 111 机上试验了情报检索应用软件④。当时运行的操作系统为 RTOS、RDOS，编程语言为 BASIC、FORTRAN、汇编语言等。

　　1975 年中科院计算所九室的耿立大研制出 QJ-111 情报检索系统，首次在 111 型集成电路计算机上投入运行。1976 年以来先后组织和指导中科院图书馆若干单位试用，该系统的研制目标是利用现有国产计算机进行现实可行的情报检索工作。其主要功能有：①情报检索功能，提供期刊论文、图书、会议记录、技术报告、专利等二次文献的组配检索，包括主题词、作者、分类号、标题词等，文献涉及中文、英文、德文、法文；②系统可用于数据检索、档案检索、科研成果检索、公文信件检索、时事新闻检索及户籍检索等；③可用于文献通报和回溯建库，用来编排书本式目录、主题索引、作者索引、分类索引、标题词索引，也可用于编排字顺字表、频率词表等⑤。

　　然而，该系统独立的汉字处理系统，只能通过以带声调的汉语拼音输入中文文献，输出检索结果尽管有两种形式——汉语拼音和汉字，但输出汉语须借助机器翻译系统将汉语拼音转化为汉语⑥。这些主机均是单通道运行，虽然可以批处理，但难以建立联机系统，其外存设备主要是磁带和磁鼓，很少有磁盘。输入方式几

① 钱华林，1976. 111 计算机稳定性探讨[J]. 电子计算机动态（3）：1-22.
② 收藏痕迹，2016. 国产老计算机（七）：DJS-130[EB/OL].(2016-10-07)[2017-12-01].http://blog.sina.com.cn/s/blog_5760589a0100i5yi.html.
③ 沈迪飞，1979. 谈谈我国图书馆应用计算机的起步问题[J]. 图书馆学通讯（2）：66-71.
④ 陈源蒸，1989. 图书馆自动化技术研究综述[M]//张白影，荀昌荣，沈继武. 中国图书馆事业十年. 长沙：湖南大学出版社.
⑤ 中国科学院图书馆计算机检索试验小组，1977. 计算机文献检索研究试验工作简报[J]. 图书馆工作（2）：42-44.
⑥ 耿立大，1980. 情报检索 QJ-111 系统的原理和特点[J].计算机学报（3）：220-229.

乎一律是穿孔纸带。因此，这些原因大大限制了在图书馆工作中的应用，况且机器的不稳定性又影响了应用效率。在客观上由于国内缺少用于编目的打印目录卡片设备、计算机控制的光电照排设备，流通借还的数据收集器及计算机输出缩微胶卷设备等，图书馆应用的效果很不理想。

二、国外图书馆计算机应用的考察

20 世纪 70 年代中后期，特别是国家实行改革开放后，图书馆界也开始走出国门，进行一些国际交流活动，注重学习国外图书馆先进的管理经验和技术管理手段，同时特别关注国外图书馆自动化方面的发展情况。

（一）走出去——出国交流考察

1973 年 9 月 27 日至 11 月 4 日，中国图书馆代表团赴美考察，归国后在首都剧场作了有关国际图书情报现代化的考察报告，这也是国内首场有关图书情报现代化的专题报告，其意义影响深远。考察团成员对美国图书情报先进技术的讲述，让国内一批图书情报工作者深受震动，国外图书馆先进的管理手段和方法激励着国内图书情报的从业者，去为了技术革新的实现而奋斗[①]！

1977 年 10 月 31 日至 11 月 22 日，由时任北京图书馆副馆长丁志刚带领的中国图书馆建筑和现代化设备考察团对日本进行了为期三周的专业考察。考察团归国后撰写了日本图书馆工作中应用电子计算机的见闻。日本也是在 20 世纪 70 年代初才开始引进电子计算机，其国立国会图书馆主要利用计算机编制书目索引，如 1966 年利用馆外计算机编出了外文的《原子能有关资料目录》，1967 年编出了《海外科学技术资料月报》，1970 年引进电子计算机，1971 年利用本馆电子计算机编制书目索引，先后编出了《馆藏西文期刊目录》《馆藏日文期刊目录》《国会议事录总索引》等。从 1972 年开始利用美国国会图书馆编的机读目录 MARC II 磁带，编印日本进口的西文图书目录，并准备制定日本 MARC，编印日本的《全国书目》。除了编制书目索引外，日本东京大学等大学图书馆利用电子计算机管理现刊记到（主要通过 IBM 卡片进行穿孔输入），一些大学图书馆和公共图书馆利用电子计算机来管理图书外借工作，并介绍了日本键盘输入、穿孔输入、条形码光电笔输入和光学字符识别握式扫描器四种计算机外借方式，指出后两种方式是今后计算机外借的发展方向[②]。

1978 年 5 月 20 日，在中澳文化协定框架下，应澳大利亚国立图书馆邀请，北京图书馆谭祥金教授等三人代表团参观了澳大利亚 10 多个图书馆，其中有国立图书馆、国立大学图书馆、悉尼大学图书馆、堪培拉高等教育学院图书馆学院、莫

---

① 沈迪飞，2016. 我所亲历的图书馆技术变革（1974—1998）[J]. 图书馆论坛（9）：52-61.
② 丁志刚，鲍振西，金凤吉，1978. 日本图书馆现代化设备情况考察见闻[J]. 北图通讯（1）：32-41.

奈什大学图书馆学院、新南威尔士州立大学图书馆学院及其所属图书馆、维多利亚和新南威尔士州立图书馆及三个区图书馆，还有联邦科学和工业研究组织图书馆、议会图书馆、音乐中心图书馆。代表团归国后撰写了有关澳大利亚图书馆的考察见闻，其中涉及图书馆电子计算机服务的主要有两种：一种是情报检索服务，图书馆利用计算机从科技期刊中选出题录进行服务，通过与美国国立医学图书馆签订协议，建立医药文献分析和检索系统，进行回溯性检索服务等；另一种是图书馆应用计算机进行文献采购、编目、外借、检索服务，对于英美出版物编目就通过购买英美的编目数据磁带，避免重复编目，澳大利亚国立图书馆也向其国内发行卡片和磁带。计算机外借有两种形式：一种是利用穿孔卡片进行外借，另一种是通过光电笔读取图书和借书证上的磁片进行外借。数据库存储介质一是磁带，二是磁盘，磁盘的速度比磁带快 100 倍。代表团的考察见闻指出，电子计算机等现代化技术在图书馆的应用，必将引起传统图书馆的变革[①]。

　　应英中文化协会邀请，中国图书馆代表团一行七人，在北京图书馆（1998 年更名为中国国家图书馆）馆长刘季平同志的带领下，于 1978 年 10 月 12 日至 31 日访问英国伦敦、剑桥等 11 个城市的 25 个图书馆，主要任务就是考察英国图书馆自动化的情况。根据见闻和带回的资料，代表团成员回国后写了很有意义的考察报告，如陈光祚撰写的《英国的联机检索与编目系统——BLAISE》[②]，根据关懿娴报告整理的《英国图书馆的现代化与网络化》[③]、《英国图书馆工作考察报告》[④]。这些报告提及：①编制全国机读目录，推动编目工作的自动化。英国图书馆界认为，编目工作的自动化是整个图书馆工作现代化的一个中心环节。因此，作为英国网络中心的不列颠图书馆，其书目部利用计算机进行 MARC 编目，输出计算机可以阅读的 MARC 磁带，再利用 MARC 磁带供全国图书馆使用，用于生成卡片目录、书本目录及各种缩微胶片、胶卷目录。②建立全国性联机检索和联机编目中心。英国不列颠图书馆于 1977 年 10 月建立了在国际图书馆界有影响的数据库中心和联机服务系统：不列颠图书馆自动化情报服务，简称 BLAISE，包含的数据库有 UKMARC、LC-MARC、MEDLARS（美国医学文献分析与检索系统），书目记录有 400 多万条。此外还有在国际上权威性的 INSPEC 数据库和 Derwent 专利数据库。③建立图书馆网络。"伯明翰图书馆合作机械化计划"（BLCMP）所建成的地区性图书馆网络，已逐步超出地区范围，与 OCLC（联机计算机图书馆中心，1977 年前为俄亥俄大学图书馆中心）网络一样具有全国性甚至国际性意义。④流通外借采用光笔系统。英国图书馆普遍采用光笔流通借还系统，通过条形码和英国 PLESSEY 公司生产的光笔系统，进行图书的借还、续借和预约等，借还信

① 谭祥金，李家荣，李勤，1978. 访问澳大利亚图书馆见闻[J]. 北图通讯（2）：59-65.

② 陈光祚，1979. 英国的联机检索与编目系统——BLAISE[J]. 图书馆学通讯（1）：85-90.

③ 中国图书馆界访英代表团，1979. 英国图书馆的现代化与网络化[J]. 北图通讯（1）：16-26.

④ 关懿娴，1978. 英国图书馆工作考察报告[J]. 图书馆工作（6）：1-3, 5.

息存储在盒式磁带上，再成批输入计算机进行处理。

1973—1979 年中国图书馆界出国考察情况如表 1-1 所示，从中看出考察人员主要来自北京图书馆和北京大学及武汉大学图书馆等单位，外出考察国家主要为英国、日本等。

表 1-1　1973—1979 年中国图书馆界出国考察情况[①]

时间	单位	主要人员	考察单位	考察内容	国家
1973 年 3 月底至 4 月 24 日	北京图书馆	鲍正鹄等人	英国主要图书馆	在英国南安普敦参加英国全国图书馆会议、参观了英国的主要图书馆等	英国
1973 年 9 月 27 日至 11 月 4 日	北京图书馆	刘季平、鲍正鹄、陈鸿舜、潘皓平、佟曾功、黄宗忠、周锋、杜克等 8 人	华盛顿、纽约等各种类型图书馆及情报资料出版机构	参观、访问美国图书馆并进行学术交流	美国
1977 年 10 月	中国图书馆建筑和现代化设备考察团	丁志刚等人	日本国立国会图书馆、东京大学图书馆等	MARC 编目、计算机外借管理等	日本
1978 年	中国地质学会代表团[②]	许杰等人	英国地质科技情报公司、约克大学图书馆、不列颠图书馆等	电子计算机检索、借阅工作自动化等	英国
1978 年 5 月	北京图书馆代表团	谭祥金等 3 人	澳大利亚国立图书馆、悉尼大学图书馆等	情报检索、利用计算机进行编目、采购、外借等业务	澳大利亚
1978 年 10 月 12 日至 10 月 31 日	中国图书馆代表团	刘季平、关懿娴、陈光祚、徐仁茂、陈春生、李镇铭、邵长宇等人	英国伦敦、伯明翰、曼彻斯特等城市的 25 个图书馆，包括 BLAISE、BLCMP 等	英国图书馆的现代化与网络化，主要有 MARC 编目、UKMARC、国家书目网络、图书馆网络、利用计算机进行流通外借等	英国
1979 年 5 月 15 日至 5 月 18 日	北京图书馆	丁志刚	澳大利亚图书馆	参加亚洲和大洋洲地区国家图书馆馆长会议	澳大利亚

（二）请进来——邀请国外专家介绍

国际图书馆协会委员、美国教授协会主席、西蒙大学图书馆学林瑟菲教授 1974 年、1975 年、1978 年三次回国，并于 1978 年在武汉大学作了《美国图书馆的自动化活动》的专题报告[③]。介绍了美国国会图书馆的连续性出版转换计划和协作机

① 倪晓建，2007. 北京地区图书馆大事记（1949—2006）[M]. 北京：北京图书馆出版社.
② 佚名，1978. 英国情报图书工作现代技术鸟瞰[J]. 图书馆工作（5）：8.
③ 吉林省图书馆学会，四川省图书馆学会，等，1988. 吴慰慈论文选[C]. 成都：成都东方图书馆学研究所.

读编目实验计划，其中前者的计划始于 1974 年，数据库位于俄亥俄大学图书馆中心，共有 14 个图书馆参加编写书目工作，有国家农业大学图书馆、国家医学图书馆、哈佛大学图书馆等，当时数据库有 18 万篇文献，建设完毕后纳入国会图书馆的计算机系统。协作机读编目实验计划肇始于 1974 年，由国会图书馆选择成员馆参与机读编目，国会图书馆负责对成员馆编好的机读目录进行检查、纠正，然后存入国会图书馆的计算机系统，再通过国会图书馆的"机读目录发行服务处"向国内发行，以避免重复编目劳动。当时发行的机读目录有 22000 多种，参与馆有3M 公司图书馆系统、西北大学、芝加哥大学、耶鲁大学、康奈尔大学等。林瑟菲教授还针对美国国内大部分图书馆担负不起独立使用计算机系统的费用问题，介绍了基于图书馆地区合作的图书情报网络，如俄亥俄大学图书馆中心、大型图书馆分时书目自动化系统（BALLOTS）、芝加哥大学图书馆数据管理系统等[①]。OCLC联机书目在 1977 年达 290 万种以上，地区书目达 1400 万种以上，书目来源于国会图书馆的机读磁带目录 LC-MARC 和各成员馆输入系统的书目，周更新 20 万种以上。

应北京图书馆的邀请，美国国会图书馆副馆长威廉带领的美国图书馆界代表团一行 12 人，于 1979 年 9 月 12 日对我国进行为期三周的访问，在中国图书馆学会和北京图书馆的组织下，美国图书馆代表团成员分别向北京地区图书馆工作者作了 10 个专题报告，其中有《美国图书馆的自动化与网络化》专题报告[②]。美国把大公司、商业性专业机构建立的图书馆称为专业图书馆，威廉馆长认为这些专业图书馆为了获得准确和完整的情报，公司间市场竞争的压力迫使专业图书馆工作者去探索运用计算机技术快速获取书刊资料的方法，像洛克希德宇航空间和导弹公司以及《纽约时报》这样的一些私营企业，在 20 世纪 60 年代后期和整个 70年代，充分利用计算机新技术来发展书目工作和情报工作，其书目存储的规模和速度就当时来讲是前所未有的。处于国家层面主导地位的美国国会图书馆，在 1965年发表了利用计算机来著录国会图书馆藏书目录的研究报告。艾弗拉姆牵头研制成功的 MARC 系统，使得利用计算机管理和控制图书馆藏书的计划得以实现。机读目录系统 MARC 为图书的书目著录确定了一种计算机格式，使得图书馆界共享编目资源成为可能。尔后，俄亥俄大学图书馆中心和其他机构组成了图书馆网络，建立了书目数据库。通过网络，图书馆在计算机终端设备上制作目录卡片，从而节省了编目的人力成本，更有效地为读者提供图书馆服务[③]。

1978 年 6 月 16 日，日本全国图书馆职员友好之翼访华团 107 人，在奥野定通团长的带领下参观了北京图书馆。1979 年 11 月 17 日，应中国图书馆学会和北京

① 佚名，1978. 林瑟菲教授谈美国图书馆自动化活动[J]. 图书馆工作（5）：1-4.
② 鲍振西，1979. 美国图书馆界代表团应邀来我国参观访问[J]. 图书馆学通讯（2）：76-77.
③ 威廉·韦尔什，1979. 当前美国图书馆界的一些问题[J]. 美炳炘，译. 北图通讯（3）：42-45.

图书馆邀请，在我国访问的日本国立国会图书馆总务部主任高桥次太郎先后作了题为《情报时代图书馆的作用及现代化问题》的报告①。

1979 年夏，联合国开发署在北京举办图书情报部门应用计算机的讲座，北京地区主要图书馆均派员参加。主讲人为美国国会图书馆高级系统专家夏特朗先生和计算机情报检索专家丁子锦教授，他们详细地介绍了机读目录的研制工作及经验教训②。

（三）图书馆国际交往的意义

中国图书馆界开始走出国门，耳闻目睹美、英等发达国家图书馆事业引领世界的发展趋势。图书馆界的国际交往，不仅让图书馆界领导层直接感受到计算机应用的场景，认识到机器可读编目 MARC 的由来，体验了图书馆利用计算机进行外借管理、书目检索操作，了解到英美先进的图书馆网络，而且更重要的是通过交流将西方的图书馆现代化管理的理念输入中国。英、美国家图书馆普遍重视著录款式标准化、图书馆间的联合与协作，它们分析图书馆现代化的成本与效益，通过建立图书馆网络来分摊建设成本，从而降低昂贵的计算机运行成本费用和重复编目成本费用。20 世纪 70 年代，国家开始重视对国外新技术管理的引进，有意识地委派各领域管理层出国考察，通过这种国际交往将国外图书馆先进管理理念输入到国内图书馆界，通过文献报道让更多的图书馆领域的研究者和从业者感知到国外图书馆自动化的发展现状，从上而下影响到全国图书馆界对图书馆自动化的认识，尽管这种影响不大，但是这对中国图书馆自动化发展具有重要意义。

三、计算机在图书馆应用方面的论著的翻译与介绍

依据现有文献资料统计，国内最早专门翻译介绍国外图书馆自动化的论著可能起于 1973 年 5 月，由北京大学图书馆学系资料室编译美国图书馆杂志文章《关于图书馆自动化的切实步骤》③。1975 年 12 月，北京大学图书馆学系刘国钧教授在中科院图书馆（1985 年更名为中国科学院文献情报中心）主办的《图书馆工作》1975 年试刊期发表《"马尔克"计划简介——兼论图书馆引进电子计算机问题》的文章，首次介绍"马尔克"计划。整个论文分为导言、马尔克计划的历史背景和目前组织、马尔克系统、马尔克记录款式、款式识别、成套字符、回溯转换计划、马尔克计划的发展前景、马尔克给我们的经验启示 9 个部分，较为全面地介绍了美国国会图书馆研制、发行 MARC 机读目录的情况④。其后，刘国钧教授又发表

---

① 倪晓建，2007. 北京地区图书馆大事记（1949—2006）[M]. 北京：北京图书馆出版社.
② 陈源蒸，1986. 北京地区西文图书机读目录研制进展[M]//李纪有，宋继忠. 图书馆目录教学参考资料. 北京：书目文献出版社.
③ 山西省图书馆，山西省图书馆学会，1979. 中国图书馆事业三十年纪事（1949—1979）[Z]. 太原：山西省图书馆.
④ 刘国钧，1975. "马尔克"计划简介——兼论图书馆引进电子计算机问题[J].图书馆工作（试刊）：37-43.

了《用电子计算机编制图书目录的几个问题》，提出了编目汉字输入、输出问题，介绍了美国 MARC 所用字节位数（6 位或 8 位）以及美国标准局的信息交换用标准代码（一字节 7 位），指出了我国目前缺少标准代码本，这些条件制约了我国图书馆工作自动化的起步。因此当务之急是创制适合我国国情的标准代码本和具体的字盘图，同时制定出全国统一的机读目录编制规则①。

中国科学技术情报研究所（简称中国科技情报所）李大年 1977 年在《图书馆工作》第 2 期上发表了《用电子计算机编制文献索引的几种方法》，较早地介绍了国外利用键盘穿孔打字机，将文献标题输入计算机来编制文摘，以及具体应用的索引方法：题内关键词轮排索引法、题外关键词轮排索引法、主题规范化法②。文化部计财司李哲民同志在《国外图书馆应用计算机的一些情况》一文中，介绍了日本国立国会图书馆从 1977 年开始利用字模组合方法解决汉字输入的问题，通过汉字电传打字机的机盘内的文字输入，对于机盘没有的文字采用字模组合输入，从而解决汉字机读目录的输入问题。还介绍了 OCLC、IBM 公司研制的"图书馆情报检索系统"和"图书馆外借系统"，国际图联和联合国教科文组织修订《国际标准书目著录条例：单本书笺用》[ISBD（M）]和推动"在版编目"（CIP）的实施，为国际机读目录（UNIMARC）格式的统一创造条件，实现世界书目著录和机读目录的交换③。

蔡学在《谈谈利用电子计算机进行情报检索》一文中，介绍了美国利用电话线路连上 ARPA 网络，检索新闻并打印出来，全程不到 3 分钟，并对计算机情报检索的原理和实现机制做出一些分析④。此外，杨竞荣 1978 年在《四川图书馆》发表了《为用电子计算机检索中文试备一项条件——"四因素编码法"的拟议》，周兵 1979 年在《北图通讯》连载介绍机读目录论文，李惠民 1978 年在《北图通讯》连载有关电子计算机基本知识的文章，秦铁辉 1978 年在《光明日报》《图书馆工作》介绍国外图书馆自动化的一些情况，白光武在《科技情报工作》撰文提出对建立计算机检索系统的认识和建议。

在谈及图书馆计算机利用方面，朱南在 1979 年论及通过 MARCII 机读目录系统建立书目数据库，以便于共享情报图书资料的设想。中科院图书馆沈迪飞在《谈谈我国图书馆应用计算机起步问题》一文中，提出应注意研究国外图书馆应用计算机的起步、经验教训，要结合我国实情制订出我国图书馆应用计算机的具体方案，并强调通过加强图书馆联合，来制定标准。还有《图书馆工作》1979 年第 2～3 期上发表有关于《数据库管理系统与联机小型计算机硬件的结合》的论文，武汉大学黄俊杰等 1979 年撰写的《试谈利用电子计算机自动编制中文著作字索引》，

---

① 刘国钧，1977. 用电子计算机编制图书目录的几个问题[J]. 图书馆工作（2）：45-49.
② 李大年，1977. 用电子计算机编制文献索引的几种方法[J]. 图书馆工作（2）：50-52.
③ 李哲民，1978. 国外图书馆应用计算机的一些情况[J]. 北图通讯（1）：42-43.
④ 蔡学，1978. 谈谈利用电子计算机进行情报检索[J]. 电子科学技术（8）：41-43.

涉及汉字键盘输入的编码方案的试验。

在学术刊物上发表有关图书馆应用计算机的论文，无论是介绍国外的应用，还是交流国内尝试的想法与问题，都不可否认地在传播着图书馆自动化理念。这些论文通过学术传播，对国内图书馆学人和实践者的自动化思想的酝酿和发酵起了很好的推动作用，这些推动形成良性循环，一方面在学术刊物发表的越来越多的有关图书馆自动化方面的论文，引起众多学者和实际工作者的关注，另一方面也加速了以北京地区为代表的图书馆界尝试计算机在图书馆应用的试验。

第二节　MARC 传入

20 世纪 60 年代美国 MARC 试制成功及成功应用和国际化，将计算机应用扩展到全球性图书馆领域，正是因为 MARC 磁带的书目数据规范，价格合理，能为大多数图书馆所承受，计算机技术才能在图书馆得到广泛应用[①]。MARC 的出现和应用，走出了图书馆自动化的重要一步，其后图书馆自动化系统逐渐发展并普及，成为图书馆计算机管理与服务的主要工具。MARC 的发展，随着网络化技术成本的减少，也使书目提供方式从集中编目走向联合编目，联机编目加速了书目数据的获取，进一步促进了图书馆自动化系统的应用。国内学者针对这一情形，积极推动和引介 MARC 对图书馆自动化的作用，在国家层面政策的支持下，直接推动了 MARC 研究的学术和实践。

一、我国图书馆自动化的先驱——刘国钧先生

刘国钧（1899—1980），我国著名图书馆学家，1920 年毕业于南京金陵大学哲学系，1922 年赴美国威斯康星大学（University of Wisconsin）留学，加修图书馆学课程，1925 年获哲学博士学位。1929—1930 年任北平图书馆编纂部主任。1930年回金陵大学先后任教授兼图书馆馆长、文学院院长等职。1937 年随金陵大学内迁成都。1943 年去往兰州，任西北图书馆筹备主任，1944 年任馆长，1949 年任顾问。1951 年到北京，先后任北京大学图书馆学系教授、系主任，并兼任北京大学学术委员会委员、北京图书馆顾问等。1958 年起担任北京大学图书馆学系主任。1979 年被推选为中国图书馆学会名誉理事。1980 年 6 月 27 日刘国钧因病逝世于北京[②]。

因对图书馆学抱有浓厚兴趣，刘国钧终生奋斗在图书馆学领域，在中国图书

---

① 刘国钧，1980.《马尔克款式说明书资料汇译》译者引言[J]. 图书馆学通讯（4）：9-11.

② 百度百科——刘国钧（原北京大学图书馆学系主任）[EB/OL]. (2016-10-24)[2018-02-01]. https://baike.baidu.com/item/%E5%88%98%E5%9B%BD%E9%92%A7/14341.

馆界享有崇高声誉，被冠誉为图书馆学领域的泰斗和先驱。诚如吴慰慈教授评述：刘国钧先生，学贯中西、博古通今，当之无愧的图书馆学理论家、图书馆事业活动家、图书馆学教育家、文献分类和编目的理论家与实践家、图书馆自动化的先驱①。

（一）首开先河——全面介绍 MARC

1975 年，中科院图书馆创刊《图书馆工作》，刘国钧先生以七十多岁的高龄撰文《"马尔克"计划简介——兼论图书馆引进电子计算机问题》，发表在《图书馆工作》首期（也称试刊）②，第一次向图书馆界传播美国国会图书馆研制机读目录的计划、实验、过程及发行，开启了国内研究图书馆 MARC 的先河。论文共 7 页，建立在大量研读美国国会图书馆进行机读目录研究全程的相关外文论文基础之上。全文包含 MARC 系统构成、机读目录记录款式、计算机款式识别、字符集、回溯转换计划（RECON）等内容，特别是对 MARC 系统的输入子系统、存储子系统、检索子系统、输出子系统进行了较为详细的描述。

在输入子系统中有四道工序，包括制作工作草片、校正草片、制作穿孔、转化机读，其中前三道工序全部依靠人力解决，可见工序之复杂。输入子系统第一道工序制作工作草片，其关键是依据编目规则手写要进行转换的图书著录信息，称为手写底片。第二道工序校正草片，主要是针对工作草片，加上必要标识，证实无误后移交打字员。第三道工序制作穿孔，是收到校正好的草片后，由打字员运用电传打字机将信息存储在穿孔纸带或磁带上，为转化机读目录做好准备。第四道工序转化机读，是将纸带或磁带上所记录的数据，通过机读目录程序变成机读目录的标识、字段和分字段，形成机读目录的记录结构。

MARC 存储子系统主要是对 MARC 记录进行存储、处理，如追加、更新、存储记录数据，这一子系统主要是通过计算机程序来实现。MARC 检索子系统对检索语言和磁带数据进行匹配，输出检索结果。MARC 输出子系统主要通过计算机程序输出各种专题书目、馆藏书本式目录、目录卡片以及复制相应的磁带。

刘国钧先生在详细介绍 MARC 机读目录时，事实上指出了书目数据要机读化必须有以下硬件支撑：一是要拥有类似 IBM MT/ST 电传打字机设备，将信息转录到穿孔纸带或盒式磁带存储；二是要拥有将纸带转化成机器可读的设备，即计算机设备。同时也需要以下软件设施进行支撑：一是要建立统一的编目规则；二是要有统一标准的穿孔纸带或卡片；三是要有相应的转化软件（需要利用程序设计语言专门编制程序，如利用 COBOL、FORTRAN 等编程语言）。

① 吴慰慈，蔡箐，2007. 刘国钧先生在图书馆学理论领域中的深远影响[J]. 图书情报工作（3）：14-17.
② 刘国钧，1975. "马尔克"计划简介——兼论图书馆引进电子计算机问题[J]. 图书馆工作（试刊）：37-43.

（二）翻译 MARC 论著——影响后学

刘国钧先生不顾高龄，跟踪国外图书馆自动化的最新进展，紧随《图书馆工作》发文之后，利用 1975 至 1976 年两年时间，先后将 MARC 单本书部分（第 4 版）、连续出版物部分（第 1 版）、地图部分（第 1 版）翻译成中文，并汇订成册，供图书馆界，特别是从事研制图书馆应用软件的人参考。由于当时掌握的资料有限，刘国钧先生没有将地图部分、影片部分、手抄本部分的 MARC 加以翻译①。这些翻译成果对于培养图书馆自动化人才起到了重要推动作用，刘国钧先生在《〈马尔克款式说明书资料汇译〉译者引言》中强调了输入汉字首先要解决汉字编码的标准问题。

1977 年，刘国钧先生根据自己近三年掌握的国外图书馆自动化研究与实践的资料，在《图书馆工作》上发表了《用电子计算机编制图书目录的几个问题》一文，再次强调了文献著录标准（编目要素或事项、事项的排列次序等）、汉字编目编码、多文种字符集、机读目录款式等实际操作问题②。

在刘国钧先生的启蒙和推动下，北京图书馆朱南同志、中科院沈迪飞同志、北京大学图书馆学系陈源蒸同志等人，围绕利用 MARC 记录建设机读目录系统、试编目录数据库等图书馆应用计算机方面进行问题探讨、试验思路设想。这些带动后学的研究，对推动我国图书馆自动化的发展起了积极而又非常重要的关键性作用。

另外，国防科委情报所的曾民族和高崇谦两位同志，在 1975 年将日文《情报管理》刊物中的"计算机和它的应用"讲座译出，由于反响很好，所以在 1980 年以著作形式出版《电子计算机在情报工作中的应用》一书。该书对我国图书情报部门研制计算机的应用软件起了不可忽视的推动作用。

二、MARC 技术引入与国内政策环境分析

从国家政策角度来分析，20 世纪 70 年代，国内图书馆自动化影响最大的关键点有两个：一是"748 工程"立项；二是 1978 年的改革开放。"748 工程"的实施，让图书馆界开始关注国外图书馆自动化研究，并亲自投入到"748 工程"，因为"748 工程"是计算机处理汉字信息的工程，它与图书馆自动化联系最为紧密，是计算机应用于图书馆领域最为核心的技术工程。而改革开放政策的实施，则打通了国内与国外联系的渠道，使得学界与国外交流有了政策的支持。图书馆界可以引进国外先进的技术设备和软件，借鉴国外图书馆先进的管理经验，甚至尝试开发一些试验性的系统。

---

① 刘国钧, 1980. 《马尔克款式说明书资料汇译》译者引言[J]. 图书馆学通讯（4）：9-11.

② 刘国钧, 1977. 用电子计算机编制图书目录的几个问题[J]. 图书馆工作（2）：45-50.

（一）"748 工程"——图书馆从此开始关注国外图书馆自动化

进入 20 世纪 70 年代，国外发达国家已使用计算机以数字形式存储字模，普及了以数字方式出版的第三代照排系统。基于这种情形，为了改变我国印刷行业的落后面貌，解决制约用计算机处理汉字信息的根本问题，郭平欣、王选等同志牵头联合原四机部（电子工业部）、原一机部（机械工业部）、中科院、新华社、国家出版局 5 家单位作为发起单位，向国家计划委员会和国务院递交报告，请求将汉字信息处理作为国家级重大工程项目立项。在周恩来总理的亲自关注下，1974年 8 月，国家计划委员会正式将研究汉字信息处理系统工程列入 1975 年国家科学技术发展计划，设立国家重点科技攻关项目"汉字信息处理系统工程"，史称"748工程"[1]。

"748 工程"包括精密中文编辑排版系统、中文情报检索系统和中文通信系统三个子项目。其中精密中文编辑排版系统的研制由时任北京大学计算机研究所所长、后当选为两院院士的王选领衔承担，中文情报检索系统的研制任务由中国科技信息研究所、北京图书馆牵头承担。"748 工程"意义重大，它启动了中国印刷技术的第二次革命，告别了铅与火的时代，为汉字进入现代信息社会做出了不可磨灭的贡献，极大地推动了计算机中文化的进程[2]。国内图书馆界大多认为这一工程，标志着图书馆自动化的起步，这一说法理由如下。

1. 汉字信息处理工程必然要借鉴国外文字信息处理经验

我国中文文献资源浩瀚，图书馆作为文献资源的保存和利用场地，要实现图书馆自动化的基础和关键，就是要利用计算机对中文信息进行处理。如果没有汉字信息的处理，图书馆自动化就失去了根本。但是，中文信息的数字化没有现成的案例可循，必须参考和借鉴国外处理和组织文字信息的成功经验，包括信息的组织、文献标引与检索等。在这一政策背景下，国内许多行业的技术尖兵和研究专家都在密切关注或涉入这一领域进行研究，不管是计算机行业、印刷出版发行业还是图书馆行业。

也正是这一时期，从信息组织角度，国内图书馆界有识之士开始学习和借鉴国外图书馆自动化的成功经验。例如，刘国钧先生从 1975 年开始，翻译了多篇MARC 论著，其中包括《马尔克款式说明书资料汇译》（油印本），这是国内最早翻译介绍的一本关于机读目录较为系统的资料书。这为之后开展西文图书文献检索奠定了基础，如 1978 年南京大学数学系情报检索教研室与该校图书馆合作研制的情报检索软件 NDTS-78，就是基于 MARC 款式设计的。

---

① 孙定，郭平欣，2010-09-20. 开创"748 工程"奠基中文照排[N]. 计算机世界（8）.
② 佚名，2009-09-14. 1974 年"748 工程"启动 促进计算机中文化[N].中国计算机报（5）.

2.《汉语主题词表》编制推动图书馆业界关注计算机应用

在行业影响方面，作为"748 工程"的配套项目——《汉语主题词表》编制，其主要目的是建立全国统一的联机情报检索网络，词表用于提供给计算机系统存储和检索文献的标引，也用于组织卡片式主题目录和书本式主题索引。这一配套项目工程直接由中国科技情报所和北京图书馆负责主持，参与单位有国防科委情报所、电子科技情报所、六二八所、机械科技情报所等[①]。《汉语主题词表》的研究过程充分借鉴了国外叙词表编制技术，它是根据国际标准 ISO 2788《单语种叙词表编制规则》，由近 9000 人历经 5 年时间编制而成的。

《汉语主题词表》编制涉及部门广泛，很具全国影响力，从上至下带动了图书馆界开始关注计算机在图书馆领域的应用。

3. 情报检索软件的研制给图书馆提供了参与契机

"748 工程"子项目"中文情报检索系统"启动后，多个科研机构开始研制情报检索系统，如我国计算机技术权威研究机构中科院计算所由耿立大同志领衔研制情报检索系统 QJ-111。情报检索系统包括软件和数据库两部分，需要有建设数据库的合作伙伴，而这方面图书馆是最适宜的合作伙伴[②]。正是这种图书情报的紧密联系，使得在情报检索研制过程中图书馆能够参与其中，如中科院图书馆参与中科院计算所的 QJ-111 研制任务（1974），南京大学图书馆参与该校数学系的 NDTS-78 研制任务（1978）[③]，山西省图书馆参与山西大学计算机科学系的"外文期刊编目和检索计算机处理系统"的研制任务，等等[④]。中文情报检索系统子项目的启动，带动国防科委情报所、中国科技情报所、北京图书馆、一机部情报所、中科院图书馆等图书情报单位启动了情报检索和图书馆自动化前期工作，并在 1976 年前后上述各单位组织了专职人员从事研制工作。

（二）国外磁带引入与情报检索培训班

1978 年 12 月 18 日至 22 日，中国共产党第十一届中央委员会第三次全体会议在北京召开，这次会议简称十一届三中全会。会议决定将党的工作重心转移到社会主义现代化建设上来，由此揭开了改革开放的序幕，形成了以邓小平为核心的党的第二代中央领导集体。十一届三中全会实现了从"以阶级斗争为纲"到"以

---

① 王清晨，李华，2008. 现代文献信息资源标引[M]. 呼和浩特：内蒙古人民出版社.

② 沈迪飞，2016. 我所亲历的图书馆技术变革（1974—1998）[J]. 图书馆论坛（9）：52-61.

③ 南京大学"NDTS-78"研制小组，1980. 一个实用的"SDI"系统"NDTS-78"简介[J]. 新世纪图书馆（1）：90-91.

④ 刘开瑛，1981. 外文期刊编目与检索计算机处理系统[J]. 计算机与图书馆（1）：31-38.

经济建设为中心"的重大战略转移，开启了中国改革开放的新时代①。从十一届三中全会以后，全国人民在解放思想、实事求是方面，在改革开放过程中取得了成功经验，同时也发现了新情况、解决了新问题，并不断总结、不断创新。

十一届三中全会的召开，确立了以经济建设为中心的基本路线。图书馆行业与其他行业一样，从此走上了健康发展的道路，加快了图书馆自动化的研究进程，也加快了图书馆界引进国外先进技术设备的力度。

在自动化领域，与图书馆关系最为紧密的情报部门走到了图书馆前面，这有两方面的原因：一方面是由于情报部门直接承担了"748工程"的"中文情报检索系统"的研制，配备了相应的设备和技术人才，并且有众多部门支持；另一方面是由于情报部门直接为科学研究服务，经费相对充裕。

20世纪60年代中期，国家专利局、上海情报所、北京文献服务处、石油部情报所等四家情报机构引进各自专业急需的国外文献磁带。到了20世纪70年代，特别是改革开放前后几年，国内文献情报机构引进磁带的数量增加很快，增加到近30种。引进单位除上述几家外，还有化工部情报所、机械部情报所、地质部情报所、石油部情报所、中国农科院情报所、中科院环境化学研究所、冶金部情报所等。图书馆系统中北京图书馆于1978年率先引进美国国会图书馆MARC磁带，中科院图书馆1976年、1979年分别开始引进可检物理学情报通报（SPIN）、会议论文索引（CPI）磁带②。每种磁带年度购置费用大多在4000～10000美元。

1978年，一机部情报所进口了"美国金属文摘""工程索引""科学文摘"等四种磁带，在计算机上进行定题情报检索服务。一年后，化工部情报所引进美国的"化学文摘"等五种磁带，并与南京化学工业公司研究院计算站合作，在计算机上开展定题服务，同年全国地质图书馆引进了美国地质文献磁带，并在地质科学研究院开展定题服务③。

情报系统引进磁带并与计算机界相关部门联合，进行自建检索系统的探索，也直接带动了图书馆部门对检索软件研制的兴趣。如北京图书馆在1975年成立计算机组，中科院图书馆1976年成立计算机应用试验小组，清华大学图书馆1978年成立计算机小组等。

尤其重要的是，1979年3—9月，中科院图书馆与北京大学图书馆学系合作举办了"计算机情报检索培训班"，学习计算机原理、国产111机汇编语言、COBOL语言、情报检索应用软件、计算机网络、主题标引、图书馆自动化等知识。培训班的成功开办与中科院图书馆沈迪飞、北京大学图书馆学系李纪有两位同志的努力是分不开的。这两位同志敏锐地认识到情报检索和图书馆自动化的发展前景广

① 陈志勇，1998. 邓小平与党的十一届三中全会[J]. 南京政治学院学报（6）：10-14.
② 赵宗仁，1984. 我国情报检索专用计算机的分布和应用现状[G]//焦玉英. 科技文献检索参考资料. 武汉：武汉大学图书馆学系：212-214.
③ 刘荣，等，1986. 图书馆现代技术[M].武汉：武汉大学出版社.

阔，但图书情报部门缺乏专业人才，于是集中北京大学、中科院双方的师资力量来对培训班上课。培训班共招收 60 多位学员，具体指标下发到中科院及其分院、北京大学和武汉大学图书馆学系、知名高校（如北京大学、清华大学、中国人民大学、南开大学等）图书馆、中国科技情报所和一些省的情报所、一些省馆等单位。中科院系统包括沈迪飞、余光镇、王小宁、陆长旭、徐秉铎等 30 多位同志，高校系统包括清华大学的安树兰、北京大学的董成泰、武汉大学的王大可等同志，情报系统包括四川省情报所的夏爱芳等同志。情报检索课程、计算机基础课程由南京大学徐进鸿同志讲授，其上课水平很高，包括国防科委情报所的曾民族也带同事们来听课，培训班原计划为期 6 个月，但学员兴趣很浓，后延期到该年底[①]。

　　情报检索培训班培训了学员共计 60 余人，圆满结业有 30 余人，为我国图书馆自动化事业培养了第一批技术骨干。这些学员成为我国图书馆进军现代化的中坚力量，部分学员后来成为图书馆自动化的"领军人物"或"名人"。1980 年 6 月，又举办了第二期，北京师范大学图书馆袁名敦等同志参加培训。

　　情报检索培训班从历史意义来看其贡献作用，主要有如下几个方面：一是为图书情报机构培养了既懂图书情报知识又懂计算机知识的两栖人才，让他们成为图书情报领域中计算机技术应用的领军人物；二是促成图书情报单位建立相应的计算机应用机构，如北京大学、武汉大学图书馆学系建立相应的计算机应用教研室，中科院 5 个分院图书馆、北京大学图书馆、人民大学图书馆等建立了计算机业务小组，启动图书馆自动化工作；三是通过培训班内单位成员的交流，达成一致性建议，如提出建立 MARC 协作组、创办计算机在图书馆应用的刊物、继续办班等一致性建议[②]。

三、中国的 MARC 试验

　　从 1973 年开始至 1979 年，中科院计算所、一机部情报所、中山大学数学系计算机软件教研室、中国科技情报所、武汉大学图书馆学系、南京大学数学系情报检索教研室、北京图书馆等单位相继利用国产计算机进行机读目录、情报检索等本土化的试验，其中以南京大学自主研制的 NDTS-78 西文图书检索系统最为成功，一度进入实用阶段，在业界影响较大。其他的试验性检索系统均为情报检索摸索与尝试阶段，虽然在数据库建设、检索程序设计等方面取得一些成功经验，但由于汉字输入技术、建库规模方面受限，无法推广应用。这些试验大多输入文献的规模在几百篇册次左右，极少数有 5000 篇册次以上，在处理汉字输入方面，一般采用拼音代替汉字的方式，因而极少能够得到应用。但是，正是这些本土化的机读目录检索试验，促成了 1979 年的"北京地区 MARC 协作组"的组建，对

① 根据笔者 2015 年 12 月 28 日对深圳图书馆原研究馆员、副馆长王大可先生的采访口述录音整理。
② 沈迪飞，2016. 我所亲历的图书馆技术变革（1974—1998）[J]. 图书馆论坛（9）：52-61.

20 世纪 80 年代及以后的我国图书馆自动化产生了积极的影响。

（一）科学院系统的机读目录检索试验

1973 年，中科院计算所开始研制"国产计算机情报检索系统 QJ-111"，于 1975 年投入试运行用来检索科技文献和公安户籍档案[①]，成为最早开展机读目录检索试验的单位机构之一。项目负责人耿立大的试验思路非常清晰，分为四个步骤：第一步，将文献信息整理成题录信息并填在表格或卡片上；第二步，将卡片上的信息通过穿孔机键盘上相应的字符按钮进行输入，汉字用汉语拼音输入，将输入信息转换成穿孔纸带，形成一卷；第三步，将纸带挂在计算机的纸带输入机上，启动输入机将纸带上的信息读入到计算机内存储器，再转记到磁带上，形成数据库；第四步，要进行检索时，先将磁带挂在计算机的磁带机上，供计算机查找检索[②]。

在进行数据库建设时，QJ-111 需要数据库进行测试，为此"近水楼台"找到了中科院图书馆的沈迪飞同志。在沈迪飞同志的极力争取下，中科院图书馆于 1976 年 1 月 8 日正式成立"计算机应用试验小组"，配备两位专职人员进行图书情报计算机应用的试验工作。试验小组利用 QJ-111 检索系统软件，主要进行了激光文献数据库的建库和检索工作的研制，软件设定了文献流水号、篇名、作者、主题词和分类号 5 个数据项，通过 QJ-111 系统建立主题词和分类号的倒排档，试验文献达数千篇。试验小组掌握了主题词标引和分类标引的方法，进行了书目建库实践，编写了倒排档检索程序，进行了逻辑检索及输出打印。试验建立的数据库因为受制于汉字处理，虽然明知不可以投入实际应用，但中科院图书馆领导及试验小组成员仍坚持研制，事后证明，这一坚持是正确的。因为他们的不懈努力，QJ-111 系统荣获"中国科学院科技成果奖"。从图书馆系统来讲，一方面通过研制试验培养了人才，另一方面也通过试验积累了经验，并在图书馆行业内起了引领和示范带头的作用[③]。

（二）高校系统的机读目录检索试验

中山大学数学力学系计算机软件教研室姚卿达依托国产 DJS-130 计算机，历经两年时间，于 1977 年建成多用户小型检索系统 MIRS-H，并投入试验性应用。系统设计目标主要是用于企事业的情报管理，包括图书资料的管理[④]。该系统利用

---

① 赵宗仁，1980. 计算机情报检索的历史发展与启示[J]. 情报学刊（2）：33-44.
② 耿立大，1979. 电子计算机的应用——情报检索[J]. 档案学通讯（3）：44-45.
③ 沈迪飞，2016. 我所亲历的图书馆技术变革（1974—1998）[J]. 图书馆论坛（9）：52-61.
④ 中山大学数学力学系，中山大学计算机教研室，1978. 电子计算机情报检索系统[Z]. 广州：中山大学科研处情报资料室.

DJS-130 计算机，通过多路通信接口及 26 个终端设备，以 IRL 联机检索语言进行情报检索。姚卿达同志因在情报检索领域的影响，1978 年受邀在广东省图书馆学会上做了《计算机在科技情报与图书资料工作中的应用》的学术报告，对广东高校图书馆工作人员的计算机检索的启蒙教育起了一定的作用。

南京大学数学系情报检索教研室 1978 年与该校图书馆共同设计了 NDTS-78 西文图书检索系统，该系统建立了西文图书书目库，可为读者提供馆藏西文新书目录的检索服务。系统软件采用标准的 COBOL 语言编制，书目库的设计采用了南京大学西文图书机读目录著录格式，主要参照 MARC II 标准格式著录，以便于馆际及国际交换机读目录资料。1979 年南京大学和中国科技情报所合作利用日本 TK-70 计算机编制了 SDI 批处理软件，制作了我国全部国家标准文献的国际交换用的机读磁带，可用于检索，并被联合国教科文组织验收后为 ISO 组织所接受。

除了中山大学、南京大学进行机读目录数据库建设及编制情报检索试验程序以外，上海交通大学、陕西机械学院也于 1979 年分别设计了试验性检索系统。同年，北京大学图书馆及图书馆学系、清华大学与北京图书馆共同协作引进了美国 MARC 磁带，对国外机读目录进行了试验性研究。

（三）情报系统的机读目录检索试验

国内情报系统开展机器检索实践肇始于 1965 年，试验单位有中国科技情报所、89920 部队等，当时试验设备为进口法国 BULL 公司的穿孔卡片计算机，主要是基于美国武装部队技术情报局（ASTIA）叙词表进行电子计算机文献检索试验。后来由于政治运动干扰，研制检索试验全部停止[①]。

"748 工程"项目启动后，一机部情报所于 1975 年对 500 篇铸造专业的外文文献进行主题标引，联合一机部计算中心在 DJS-C4 型国产计算机上编制检索程序，对外文文献的主题词进行顺排档的计算机程序编制，于 1977 年底通过终端和计算中心的电话线连接，向计算中心提问检索，并将检索结果显示在终端上，也可以通过电传机打印出结果。这一研究成果曾在 1978 年全国科学大会上得以展示。1979 年，中国科技情报所主导并联合南京大学等单位研制出中国标准文献交换用磁带，同年，在一机部情报所牵头负责下，多家单位一起共同设计出 QJWS-2 情报检索程序[②]。

在引入国外磁带开展定题服务方面，一机部在 1974 年开始购置物理、电工与

① 陈豫，2013. 面向信息服务的信息技术[M]. 北京：国防工业出版社.
② 刘荣，等，1986. 图书馆现代技术[M]. 武汉：武汉大学出版社.

电子学、计算机与控制等方面的 INSPEC-IABC（《科学文摘》）磁带、英国 ISMEC
（《机械文献题录》）磁带、COMPENDEX（《工程索引》）磁带、METADEX（《金
属文摘》）磁带，到 1978 年共向本部近 100 个用户、500 多个课题进行了定题检索
服务。化工部情报所从 1975 年起陆续引进 CAS（《化学文摘》）、POST（《聚合物
科学与技术》）、EE（《生态和环境》）、CBAC（《生物化学活性》）、ENERGY（《能
源》）、CIN（《化学工业摘记》）6 种磁带，并利用南京化学工业公司研究院计算站
的 S4000 型计算机开展 SDI 服务。此外在 20 世纪 70 年代末期，还有地质部情报
所、冶金部情报所、石油部情报所、交通部情报所利用进口磁带在计算机上开
展定题检索服务。

（四）公共图书馆系统的机读目录检索试验

北京图书馆作为国家图书馆，在全国图书馆自动化、标准化、网络化中处于
中心地位。1975 年北京图书馆在国内公共图书馆界率先成立计算机组，开始图书
馆自动化工作。1978 年，北京图书馆引进美国国会图书馆的 MARC 磁带，决定从
国外图书馆机读目录入手研制中国的机读目录 MARC。并在随后一年购置了国内
图书馆第一台大型机——日本 NEC 公司的 ACOS-630 计算机[①]，进行磁带识读、
建库、检索等功能的模拟试验和模拟系统的建设工作[②]。

在北京图书馆第二次科学讨论会（1978）上朱南同志提交的《利用 MARC II
机读目录系统建立书目数据库共享情报图书资源的探讨》，以及中科院图书馆沈迪
飞同志在中国图书馆学会成立大会（1979）发表的《谈谈我国图书馆应用计算机
的起步问题》两篇论文中，均提出从国外引进 MARC 磁带，试编西文图书书目数
据库的思想，他们的意见得到了参会同志的热烈响应。会外各相关单位就机读目
录的研制问题广泛交换意见，形成了比较一致的看法，即必须由图书馆行业推动
协作，先利用 LC-MARC 磁带在计算机上逐步试验，建立北京地区西文图书机读
目录数据库，成功后再进行中文图书机读目录的研制。1979 年底，北京图书馆、
中科院图书馆、北京大学、清华大学、中国人民大学和中国图书进口公司 6 家单
位经过多次协商，决定成立"北京地区研究试验西文图书机读目录协作组"，从此，
我国图书馆界研制机读目录的事业进入一个新的阶段。

实际上，国内在 20 世纪 70 年代的 MARC 本土化试验只有极个别单位在进行，
如南京大学仿制 MARC 格式设计的 NDTS-78 系统。其原因主要有以下两个方面：
一方面，国内没有引进美国国会图书馆的 MARC 磁带；另一方面，这些单位基本

---

① 袁名敦，耿骞，1997. 图书馆自动化[M]. 北京：北京师范大学出版社.
② 孙培欣，1991. 北京图书馆的自动化[J]. 情报学报（5）：334-337.

上在试验机读目录检索时，大多利用本单位内其他部门或其他单位的计算机，而很少有自己的计算机设备，因为当时这些设备价格相当昂贵。而大多数单位开展所谓的 MARC 本土化试验，是基于机器检索的，其所建立的机读目录并不是严格意义上的 LC-MARC 格式，所以只是简单的机器检索而已！真正意义上的大规模的 MARC 本土化试验应是在 MARC 协作组成立后开始的。但是，不管怎样，20世纪 70 年代的机读目录检索试验及计算机检索、建库方面的知识经验积累，为 80年代图书馆自动化的起步打下了很好的基础。

第二章 图书馆单项业务自动化系统的研制
（1980—1985）

  1979 年，全国文献工作标准化技术委员会及中国图书馆学会成立，为 20 世纪 80 年代中国图书馆自动化、标准化有序发展提供了行业组织保障。在书目数据标准化制定方面，国家标准局正式发布《文献著录总则》（GB 3792.1—83），《检索期刊条目著录规则》（GB 3793—83）、《文献目录信息交换用磁带格式》（GB 2901—82）等一系列文献著录标准。特别是在 20 世纪 80 年代初，我国发明了中文字符处理技术，并颁布了《信息交换用汉字编码字符集 基本集》（GB 2312—80），解决了当时最迫切的汉字输入问题后[①]，国内图书馆自动化需求集中迸发。与此同时，图书馆行业学会推动图书馆力量联合，主动跟踪国外机读目录的发展，积极翻译机读目录格式方面的资料，并投入研制机读目录实践和图书馆单项业务系统。这些标准的制定和研制实践，有力地推进了我国图书馆自动化发展。

  20 世纪 80 年代初 CCDOS 等汉字操作系统出现后，国际上流行的软件如 BASIC、dBASE II 等被汉化推广应用，以及汉字操作系统的国产计算机、IBM PC 兼容机的应用进一步推动了计算机在国内各行各业的应用，大大地促进了图书馆单项业务自动化系统研究及使用。以 1980 年 MARC 协作组工作启动、《文献目录信息交换用磁带格式》标准出台为始，通过模拟系统、试验系统的研制，逐步积累行业系统的研制经验，以上海交通大学图书馆、深圳图书馆的流通管理系统投入使用为讫，这一时期因受汉字输入、硬盘容量、网络等条件限制的影响，从编目为先、标准化的联合目录建设思想主导，逐渐过渡到实用为主的流通管理系统等单项业务系统研制为主阶段。

第一节 MARC 协作组的创建

  从 1980 年成立的以北京图书馆为首的 6 家单位组成的"北京地区研究试验西文图书机读目录协作组"开始[②]，由孙蓓欣组长、沈迪飞副组长领衔的一批图书馆自动化研究队伍，在北京地区率先启动了行业联合研制机读目录项目，推出了 MARC 西文图书编目模拟系统和新书联合通报试验系统。协作组的主要成就、贡献和影响如下。

---

① 孙宝刚，秦晓江，2016. 大学计算机基础与应用[M]. 重庆：重庆大学出版社.
② 李纪有，宋继忠，1986. 图书馆目录教学参考资料[M]. 北京：书目文献出版社.

一、MARC 协作组的实践

（一）MARC 系统设计规划

协作组通过对美国国会图书馆研制 MARC 磁带的资料收集、翻译和讨论，就 MARC 的历史与现实、MARC 试验计划、书目查询的信息格式、图书机读格式说明书等资料深入研究，并提出了我国西文图书机读目录处理系统的总体设想：利用 LC-MARC 磁带进行西文图书编目处理的模拟系统的研制，并就设想组织相关单位反复讨论，制定了比较详细的系统任务书，内容涵盖了系统目标、功能要求、设备条件、处理流程、文档设计、数据准备、工作进度、经费负担等方面。系统任务书并附有详细的应用程序研制要求和研制流程图，为研制机读目录系统迈出了可具实际操作的第一步。

（二）西文图书目录编制的模拟系统的成功研制

协作组在依托 LC-MARC 磁带的基础上，对 MARC 磁带的信息结构记录格式进行深入的分析和研究，确定了所需研制的模拟系统的文件组织方式与数据结构形式。协作组历经 6 个月的时间，于 1981 年初成功研制出西文图书目录编制模拟系统。该系统一方面充分利用了 LC-MARC 的技术成果，另一方面从国内的实际情况出发，针对我国已经购入的西文图书和未购入的西文图书，分别建立两个书目记录主文件，并选择、对比、分析美国主流书目系统采用的索引文档格式，采用适应当时我国实际需要的书名、著者、ISBN、LCCN 四个逆转文件为索引，确定批量查询的处理方式[①]。

模拟系统采用模块化结构，具备对西文图书进行编目处理的全部功能。系统将要编目的西文图书，先从 LC-MARC 检索到书目记录，抽取书目记录信息，如果没有检索到书目记录，则自编数据新增书目记录信息，这两种书目记录信息均存入主文件，并从主文件中抽取书名、著者、ISBN、LCCN 信息，建立相应的索引文件。系统具备打印目录卡片和书本式新书通报功能，如果图书馆具备计算机、打印机、磁带读写等设备，LC-MARC 就完全可以进入实际应用。

MARC 编目模拟系统的研制，标志着图书馆依靠自己力量进行单项业务自动化应用软件的研制已达到一定水平，以至于美国图书馆自动化专家艾弗拉姆（Henriette D. Avram）1981 年来华对这一成果做出了较高的评价，这一评价主要是针对我国图书馆完全依靠自己的力量，没有借助馆外专业的计算机公司技术力量的研制行为而做出的[②]。

---

① 吉林省图书馆学会，四川省图书馆学会，等，1988. 陈源蒸论文选[M]. 成都：成都东方图书馆学研究所.
② 陆玉英，安树兰，1983. 用计算机编制西文图书目录卡片的成果报告[J]. 大学图书馆学报（8）：35-40.

（三）MARC 模拟系统的实际应用

在系统的实际应用当中，主要体现在为采购西文图书文献方面提供参考书目订单。当时中共中央党校准备采购有关国际共产主义运动的图书，但国外书商没有这方面的专题书目。协作组利用近两年的 LC-MARC 磁带，通过程序以杜威分类号、国别、语种检索途径，从 41 万种书目磁带记录中，选出千余种国际共运方面的图书资源。查找检索所用时间为 10 天，尽管以现在的眼光来审视，这种检索效率甚为低下，但就当时条件来讲，已是高效率的检索工作，如果凭人工检索是很难做到的[①]。LC-MARC 磁带本身具有丰富的资源价值，通过程序编制的技术手段可以解决 LC-MARC 磁带的实际应用问题，借助这种磁带资源为我国引进西文图书开辟了一个新的书目信息来源。

（四）北京地区西文新书联合通报试验系统的建成

在吸收、总结模拟系统的设计和应用局限性经验之后，由于著录标准、设备等客观条件限制，模拟系统中自编数据量较少，但自编西文图书目录数据是建立我国西文图书机读目录无法回避的工作，即使采用 MARC 磁带，还是存在相当部分图书需要自编数据。因此，协作组决定以 5 个参加馆的西文新书目录卡片为数据源，试验用计算机自编数据编制《北京地区西文新书联合通报》。试编输入将近8000 条记录，协作组通过输入碰到的各种问题，加深了对 MARC 款式的理解，并总结经验写出《MARC 款式编辑细则》。这种试验编目不仅为西文图书机读目录的格式编辑培养了技术人员，而且为今后研制中文图书机读目录积累了经验[②]。

西文新书联合通报系统是一个实用性的试验系统，并且它是在没有实现标准化的情况下进行的，因为当时北京图书馆及北京大学、清华大学、中国人民大学、中科院图书馆各馆著录规则不一，各馆在著录 ISBN、分类号方面不一致，如有的采用《中国图书馆图书分类法》，有的采用《中国科学院图书馆图书分类法》，有的采用《中国人民大学图书馆图书分类法》，有些馆著录 ISBN，有些馆又不著录等，所以在采用新书通报自动归并为一个分类表打印联合通报方面，只有通过软件的方法来加以处理归并。正是对这些问题的处理和经验总结，图书馆在软件编制方面、标准化方面才不断积累了经验，从而推出更具实用性的产品。

二、MARC 协作组的影响

北京 MARC 协作组工作开展分为两个时期：一是从 1980 年到 1981 年的北京地区代表性图书馆集中活动，主要开展了系统设计、MARC 模拟系统研发和利用

---

① 安淑兰，1981. 引进 MARC 磁带的首次应用[J]. 计算机与图书馆（4）：58.
② 陈源蒸，1985. 应用计算机试编《北京地区西文新书联合通报》的成就、存在问题与改进意见[J]. 图书情报工作（4）：22-30.

MARC 磁带辅助采购书目；二是从 1982 年到 1983 年分散到各馆开展工作，如北京大学与清华大学合作，为中国人民大学、上海交通大学、复旦大学开展利用 MARC 磁带打印新书卡片服务，与中国人民大学合作，研制北京地区西文新书联合通报系统。MARC 协作组开展活动和试验，是在图书馆界孙蓓欣、沈迪飞、陈源蒸、董成泰、万锦堃、陆玉英、安树兰等一批图书馆人共同努力下，胸怀研制我国图书馆自动化系统的梦想，有组织地集结在同一个目标下开展研制和分析工作。历经三年多时间，通过研制实践至少在宏观把控、研制思路等方面为 20 世纪 80 年代的图书馆自动化系统发展，提供了一些经验和思路。正如沈迪飞先生在《我所亲历的图书馆技术变革（1974—1998）》一文中提及的，MARC 协作组以"先建机读目录，进而发展为联合编目"为思想宗旨，即使他离京远调至深圳图书馆担任 ILAS 总工程师，也始终遵循这一思想宗旨，组织南京图书馆、湖南图书馆、辽宁图书馆、汕头大学图书馆和深圳图书馆，将重心放在研制中文机读目录上，成功推出 6.5 万条符合新国家标准的中文机读目录，为 ILAS 的推广打下了坚实的基础[①]。

（一）明确了"编目为先"的重要思想

图书馆自动化的起点应当从西文图书的编目开始，这也是 MARC 协作组工作的共同想法和重要思想的总结。在 20 世纪 70 年代中后期，甚至 80 年代初，在汉字输入没有得到解决之前，图书馆能否实现自动化的关键，就在于能否建设一个规模比较大的西文书目数据库。这一思想先后有刘国钧先生、朱南、沈迪飞前辈提及和强调过。北京图书馆也制定了利用国外 MARC 磁带进行西文图书编目的工作思路，并打印出西文图书目录卡片，为全国图书馆提供服务。同时也指出尤其要重视编目成果的共享，国家图书馆重点在于集中编目和统一编目，而其他图书馆重点是联合编目和共同编目，如同美国的国会图书馆和 OCLC[②]。

（二）意识到标准化的重要性，促进标准的制定与推广

MARC 协作组在试编和建设书目数据库时期，是在缺乏统一标准的情况下进行的，因而在总结时发现了各馆著录标准不统一的问题，如著者款目、主款目的取法与 ISBD（M）的规定不一致，书目信息比较简单，输入记录时大多没有主题字段。分类法也不统一，分类标准的不统一造成不同分类法的转换存在很大困难，著者和书名著录规则不一样。正如艾弗拉姆所称："MARC 的一个最重大的成果就是推动了标准的建立。"美国在进行 MARC 研制过程中，产生了机读目录款式、字符集、地区与语言代码等标准，并且在 MARC 国际化时，国际图联制定 ISBD

① 沈迪飞，2016. 我所亲历的图书馆技术变革（1974—1998）[J]. 图书馆论坛（9）：52-61.

② 戎行，孙蓓欣，陈源蒸，1983. 讨论摘要[C]//北京大学图书馆. 西文图书编目标准化与自动化研讨会会议录（1983 年）. 大学图书馆通讯.

与 AACR 2 规则，为国际书目信息交换提供了方便的工具。

我国 MARC 协作组在进行计算机编目工作应用时，也强烈意识到计算机编目工作必须依赖标准化，著录不一的情况也必然会推动标准化工作的进行。正因为各馆著录所依标准的不统一，MARC 协作组通过与全国文献工作标准化技术委员会沟通、反映，引起他们重视标准化的制定工作。在 MARC 协作组的影响下，在全国高校图书馆工作委员会的资助下，1983 年 8 月"西文图书编目标准化与自动化研讨会"如期召开，会议委托北京图书馆、中科院图书馆、北京大学图书馆等单位，根据 ISBD 和 AACR 2 编制《西文文献著录条例》，并于 1985 年 8 月出版发行[①]。

（三）强调了合作的重要性

图书馆自动化的核心就是要对书刊资料进行计算机编目，美国等发达国家图书馆自动化经验表明，通过计算机来实现书目机读化，单靠任何一个图书馆单打独斗是难以实现的，必须借助国家的力量或图书馆界集体的力量[②]。就当时我国实情来看，图书馆进行计算机编目的实践，如果由某一个图书馆来承担，无论是从技术力量、设备条件、所需费用来看都是不现实的。因此 MARC 协作组依靠北京地区图书馆集体的力量，以协作的方式来进行 MARC 编目试验，借助图书馆之间的协调与合作，统筹、计划、部署各馆的技术力量，这样可以整合优势，弥补劣势，避免重复的人力、物力、财力的投入浪费。这种以馆际合作的力量来共同承担计算机编目试验和实践的模式是很有成效的，值得在全国范围内推广。正是这种合作的成功案例，推动了国内部分地区图书馆事业网络化、社会化发展，加强了图书馆馆际横向合作，如 20 世纪 80 年代初期上海地区，以上海交通大学、复旦大学两校为主提出了"上海高校情报检索网络计划"，其目标是通过高校间的合作，建立分布式文献数据库，实现联机检索、共享情报资源。通过网络环境实现图书的联机编目、馆际查询和馆际互借，图书馆自动化应当和情报检索结合起来，情报检索让读者知晓其所需要的文献资料有哪些，至于在哪些地方则由图书馆自动化管理来完成[③]。

（四）培养了一支图书馆自动化实战队伍

起因于 1979 年联合国开发署邀请美国国会图书馆高级系统专家厦特朗先生和计算机情报检索专家丁子锦教授，在北京举办图书情报部门应用计算机讲座，主讲研制机读目录系统工作及经验教训，北京地区主要图书馆参会后就研制我国机

① 罗健雄，1989. 现代文献著录标准化及其进展[J]. 四川图书馆学报（4）：36-42，67.
② 龚蛟腾，2016. 城镇化进程中基层公共图书馆建设研究[M]. 北京：知识产权出版社.
③ 陈喜乐，2007. 网络时代知识创新与信息传播[M]. 厦门：厦门大学出版社.

读目录问题达成一致意见，为此成立"北京地区研究试验西文图书机读目录协作组"，各协作单位配备相应技术人员和管理人员参与机读目录的研制，如北京图书馆的孙蓓欣、朱南、周兵，中科院图书馆的沈迪飞、余光镇，北京大学图书馆的陈源蒸、董成泰、安树兰、陆玉英，清华大学图书馆的万锦堃等，这些图书馆自动化技术亲身实践者，通过带、帮、传进而影响到各自图书馆人员的自动化意识，从而在图书馆馆内建立或扩大了研究图书馆自动化队伍，如 1983 年北京大学图书馆自动化部与学校计算机研究所共同建立图书馆自动化与情报检索研究室等①。

协作组提供的《MARC 的历史与现实》《MARC 实验计划》《书目查询的信息格式》《图书 MARC 格式说明书》等技术资料，是图书馆程序研发及管理人员必不可少的工具书。这些人员通过不断学习和研制试验，初步掌握了一些图书馆自动化的实践操作知识。MARC 协作组还多次举办学术交流活动，如邀请 MARC 的主要研制者、美国图书馆自动化专家艾弗拉姆来华讲学，面对面地进行了比较深入的讨论②。

MARC 协作组成员不断试验、总结、历练，结合工作实践，从而积累了实战经验。试编工作最初和美国国会图书馆 MARC 试验计划类似，就是重复工作量的试验，即将各馆已编好的目录卡片进行一次 MARC 款式的自编数据处理，再发展到利用 LC-MARC 磁带书目信息打印目录卡片，仿照 OCLC 将各成员馆的书目记录试编建立一个统一的文档，加注各馆的索书号的联合编目、集中存储编目建库的思想，后又发展到因磁盘容量、计算机性能条件等限制，联合编目、分布式存储的试编思想③。

第二节　国内图书馆单项业务自动化系统研制的兴起

从 1979 年 MARC 协作组的酝酿、1980 年的正式成立，到 1985 年由北京大学图书馆牵头北京地区 13 家图书馆编制成功《北京地区西文图书联合目录》，在这近 6 年时间内，特别是 1986 年前后，由于汉字输入技术得到突破性进展、计算机价格下调，一些大中型的公共图书馆和高校图书馆开始购置计算机设备用于图书馆自动化领域。这一时期国内图书馆开始面向应用，兴起单项业务自动化系统的研制。

---

① 倪晓建, 2007. 北京地区图书馆大事记：1949—2006[M]. 北京：北京图书馆出版社.

② 陈源蒸, 2007. MARC 协作组——我的图书馆生涯（28）[EB/OL]. (2007-07-01)[2017-10-25]. http://blog.sina.com.cn/s/blog_4bd4c87b010009hf.html.

③ 陈源蒸, 1985. 应用计算机试编《北京地区西文新书联合通报》的成就、存在问题与改进意见[J]. 图书情报工作（4）：22-30.

一、流通管理系统的研制

20 世纪 80 年代中后期，条形码设备和光笔阅读设备通过引进和自主生产，投入图书馆应用领域。流通管理系统研制迈向了实用化阶段，国内高校图书馆、公共图书馆纷纷推出自主研制的流通管理系统，进行对流通事务的计算机管理。据当时统计，进入实质性应用图书流通管理系统至少有 12 家以上[①]。包括北京师范大学、大连海运学院（现为大连海事大学）、东北师范大学、福州大学、郑州纺织工学院（现为中原工学院）、济南大学、昆明工学院（现为昆明理工大学）、杭州商学院（现为浙江工商大学）、安徽大学等图书馆。但就当时来讲，影响较大的有南京大学图书馆研制的"激光条形码计算机中文图书流通管理系统"、上海交通大学图书馆研制的流通管理系统 SJTUCS、深圳图书馆联合多家单位研制的"实时多用户计算机光笔流通管理系统"。

（一）南京大学图书馆激光条形码计算机中文图书流通管理系统 NDTLT

由于技术的发展，计算机的微处理器从 8 位升级到 16 位甚至 32 位，运行速度大大提升。从国外引进的 IBM PC 系列机价格能为大、中型图书馆所接受，且国内在此机型上开发出长城 0520 机在国内市场上大量供应用，与其匹配的外部设备如磁盘、磁带、打印机、深圳汉卡、网络产品配件十分丰富。加上流通系统所需要的激光光笔条形码阅读设备及微型机中文功能的完善，硬件配件、输入、显示、打印软件市场供应不成问题。南京大学图书馆考虑到流通系统的实现环境基本具备，1985 年初开始启动在 IBM PC/XT 微型机研制中文图书流通管理系统——NDTLT，用于图书馆全开架图书的借阅管理。

流通管理系统采用 **dBASE II** 程序设计语言和数据库管理系统（后又移植到 **dBASE III**），该软件既可以用于编制应用程序文件也可以用于建立数据库文件。NDTLT 共设计应用程序文件 40 多个，数据库文件 27 个，数据索引文件 20 个[②]。系统录入了该馆综合开架借书处中文语言文字学类所有图书的书名、作者、索书号、登录号、出版者、价格、条形码号等信息，录入了全校 13000 多名读者的姓名、职别、系别、学号、条形码号等信息。系统具备借还、续借、查询、流通统计、挂失、预约、图书赔偿等功能，全部操作通过中文菜单提示引导，借书时间为 4 秒之内，还书时间不超过 3 秒[③]。

NDTLT 历经约 10 个月时间研制完成，获 IBM 微机用户协会应用软件评审交易会优秀软件三等奖。整个研制过程中由于条形码标签及生产标签的设备均为从

---

① 辛希孟, 1996. 中国图书情报工作文库：第 3 卷[M]. 北京：中央编译出版社.

② 田晓娜, 1994. 中国学校图书馆（室）工作实用全书[M]. 北京：国际文化出版公司.

③ 南京图书馆, 1986. 激光条形码计算机中文图书流通管理系统（NDTLT）研制报告[J]. 江苏图书馆学报（3）：63-66.

国外进口，南京大学图书馆为节省外汇开支，成功研制出打印条形码标签的软件，能够依托当时普通的 9 针、24 针打印机打印出带有条形码的中文借阅证。

整个软件系统虽然投入使用，平均每天借阅量达 600 册次，大大提高了外借效率，但由于数据规模不大，仅限于某类一定数量的中文图书，且在书目建库时没有遵循 MARC 数据标准，因此离全面推广使用有一定距离。

（二）上海交通大学图书馆流通管理系统 SJTUCS

香港环球航运集团原主席包玉刚先生向上海交通大学捐赠 1000 万美元用于建设一座现代化的图书馆，以其父名命名为包兆龙图书馆，于 1985 年 10 月落成使用。为了尽快在这座现代化图书馆采用计算机来进行流通外借管理，包兆龙图书馆通过杨宗英、史树民、董相端、余幼兰、陈伟、胡风生、顾文蒸主要研制人员利用 COBOL 自行编程设计，从实用性和安全性出发，成功研制出联机多用户图书流通系统——SJTUCS。该系统运行在由一台 HP3000/39 小型机（内存 1MB、硬盘 65MB、磁带机），4 台带光笔、本地打印机及 HP2392A 显示器的中英文终端，2 台可供打印出条形码的宽行打印机，1 台带有光笔的 HP150 个人计算机组成主机——终端网络环境下，以 IMAGE/3000 作为数据库管理系统，利用光笔和条形码快速信息输入技术，从而能够迅速处理图书流通业务[1]。

联机多用户图书流通系统具备流通借还、续借、预约、查询、罚款和统计功能，完全立足于尽快实用的现实需求。1986 年 4 月就投入试运行，1987 年 2 月正式为全体师生员工服务。到 1988 年 7 月数据库图书记录 30 多万册，读者记录 18000 多个，系统运行稳定性较好，荣获 1987 年上海市科学技术进步三等奖。系统很快实用化最为成功的因素，是避开了书目数据库建设的繁杂录入，利用索书号、条码号等简单标识建立简单书目数据库，没有书名、作者、出版社、主题词等信息的人工录入，并且采取图书边流通边建库的形式，减少了前期数据输入工作量，极大地促进了实用化进程。

SJTUCS 图书流通系统在实用方面还考虑了一个重要的方面，就是在双机系统费用昂贵的情况下，实行辅机后备方案，以用于主机系统故障时启动辅机进行独立借还，主机恢复后，再将辅机外存数据更新到主机系统数据库中。在该系统中，主机故障发生后，是用 HP150 个人计算机充当辅机使用。应当说，这是国内图书馆应用计算机系统中较早考虑应急管理机制的系统研制思路[2]。

上海交通大学包兆龙图书馆使用的图书流通管理系统，不受馆藏文种限制，代表了当时没有编目库支持下的图书流通管理系统的一种研制方向，适合馆藏规

① 杨宗英，史树民，1986. 包兆龙图书馆与现代化设施[J]. 图书馆学通讯（2）：11-16.

② 胡风生，董相端，1987. SJTUCS 光笔输入多用户图书流通系统结构化菜单的屏幕设计[J]. 计算机工程与应用(5)：59-63.

模大而计算机存储空间小的大型图书馆部署，但其最为关键的缺点就是没有相应的书目数据库作为支撑，不便于读者对书目信息的进一步了解。

（三）深圳图书馆实时多用户计算机光笔流通管理系统

由深圳图书馆领衔，北京工业大学、北京大学分校、首都图书馆、香港康富电脑有限公司共同组建的研制团队，主要成员为余光镇、李竺、张京萍、贾璐、李白露，他们通过将近一年的努力，开发出"实时多用户计算机光笔流通管理系统"，并于 1986 年 12 月正式投入借阅管理运行[①]。系统采用美国 Charles River Data System 公司的宇宙 32/115T 高档小型机，利用 COBOL 语言编写应用程序，预定实现对 80 万册中外文图书、5 万个读者进行管理。

当年开发、当年运行的流通管理系统在当时并不多见，特别是运行一年多后，书目数据库记录有 4 万多条、可流通图书 35 万册，在当时国内是名副其实的、很先进的图书流通管理系统。数据库规模和很强的实用性归功于联合研制和有着丰富的自动化系统研制经验的核心人员。其中担任主持研制任务的余光镇同志，在 1984 年之前一直在中科院图书馆从事情报检索和数据库建库工作，先后参与 QJ-111 情报检索、CPI 数据库、INSPEC 国际物理学文摘数据库——80 万条记录、科学院图书馆流通管理系统、科学院图书馆计算机系统总体方案等项目的试验和实践[②]。光笔流通管理系统经过一年的运行，实现借还一本书平均 2～3 秒，单项检索为 5.5 条/秒，多项为 3 条/秒，光笔读取条形码技术的采用，极大地提高了图书流通率，并且在藏书数量、读者需求、读者类型、流通量、工作量方面有完善的业务统计功能。就当时来讲，该系统是我国最大的流通管理系统，在设计思想、光笔条形码技术、图书馆业务实用化程度等方面居国内领先地位，达到了同期国外流通管理系统的先进水平。

实时多用户计算机光笔流通管理系统的建设，是与当时深圳图书馆新馆建设密切相关的。1985 年深圳市有关领导要求深圳图书馆新馆成为采用计算机管理的现代化图书馆，并且在开馆时实现读者用计算机查找书目和借还图书。随后深圳图书馆制订出《深圳图书馆电脑应用总体设想方案》，其核心就是建立中央书目数据库模式，实现书目资源共享，方案提出构建高档小型机+多台微机的局域网的自动化管理系统部署框架，最终目标是建立图书馆集成系统或图书馆综合系统。

在政策支持方面，深圳图书馆研制流通管理系统得到深圳市有关领导、文化部图书馆事业管理局及科技办的有力支持。该系统的成功投入使用在全国公共图书馆界影响较大，得到了时任文化部图书馆司司长杜克同志的好评，并由此建议

① 魏建华, 1987. 实时多用户计算机光笔流通管理系统[M]//张白影, 荀昌荣, 沈继武. 中国图书馆事业十年. 长沙: 湖南大学出版社.

② 吴仲强, 1999. 中国图书馆学情报学档案学人物大辞典[M]. 哈尔滨: 亚太国际出版有限公司.

由深圳图书馆承担，文化部委托，在此基础上研制一个更先进、高水平、多功能、实用性强的图书馆的自动化集成系统[①]。因此，在一定程度上可以说流通管理系统的研制成功，对后续集成管理系统的立项起了极大的推动作用。

综观以上图书馆流通管理系统，数据库的规模由于硬盘及外存容量有限，书目数据库的数据量大多较少，大多在 4 万条以下，馆藏数据（条码数据）多至 30 多万条，书目著录信息较为简单，借还速度一般在 3 秒左右。因此，在这一时期应用的图书馆流通管理系统主要是中小型图书馆藏书流通管理。而对于馆藏量百万以上的图书馆，由于硬盘容量及书目数据标准、投入费用等一系列复杂问题，其部署流通管理系统考虑的因素较中小型图书馆多得多。

二、书目检索系统的研制

书目检索系统是一项具备很强实用性的建设工程，我国在研制初期就非常注重馆际合作、条块合作。一些有影响的、有代表性的国内高校图书馆、公共图书馆、科学院图书馆之间通过相互合作，开始从实用角度建立图书、连续出版物等文献类型的联合目录系统。它们在研制过程中的探索、实践，并投入初步实用，为我国图书情报界在书目计算机检索和管理方面的合作、资源共享的思想统一，做出了非常重要的贡献。

在 1985 年前后，图书馆等文献情报机构先后建立了至少 14 个书目检索系统。这些检索系统在名称上有些称为独立的检索系统，有些是和编目模块联结在一起称为编目检索系统，有些是联合目录性质的检索系统，大部分是专为一馆所用的业务检索系统，涉及的是单个馆的馆藏。图书馆针对自己单个馆藏开发研制的书目检索系统，较有影响的有上海图书馆的"全国报刊索引"[②]、内蒙古图书馆的"微机蒙文图书目录管理系统"[③]、天津大学图书馆的"实时多用户联机书目检索与管理系统"、武汉大学图书馆的"文献目录检索系统"、广东中山图书馆的"广东地方文献数据库子系统"等。由图书馆行业力量或图书馆系统推动的书目检索系统，大多数据规模相对较大，最有影响的为北京大学图书馆牵头研制的"机编西文图书联合目录系统"、中科院研制的"西文连续出版物联合目录系统"，此外还有"中国科学院地学情报网西文书目微机管理系统"、四川大学图书情报系的"成都地区高校图书馆西文期刊计算机管理及联合目录系统"等。下面分别列举图书和期刊两种不同文献类型的且在国内有较大影响的书目检索系统。

① 吴晞，2001. 时代的链接：深圳图书馆十五年[M]. 北京：北京图书馆出版社.
② 张萍，1986. 用微机编辑《全国报刊索引》的尝试[J]. 图书馆杂志（1）：27-28.
③ 田怀烈，1987. 微机蒙文图书目录管理系统[J]. 图书馆学通讯（2）：12.

（一）北京大学图书馆机编西文图书联合目录系统

"机编西文图书联合目录"是一种联合目录数据库，主要研制任务由北京大学图书馆承担。西文馆藏目录主要来源于北京地区中科院图书馆、中国医学科学院图书馆、中国农林科学院图书馆、全国地质图书馆、中国人民大学图书馆、北京大学图书馆、清华大学图书馆、北京师范大学图书馆、北京农业大学图书馆、中国政法大学图书馆等科研院所和高校图书馆。目录编制和系统研制的任务委托北京大学图书馆自动化研究室负责，从 1985 年开始研制至 1986 年 3 月提供服务，收入各单位馆藏西文新书目录 2 万余种，出版纸质《机编西文图书联合目录》四期，共计 400 万字[①]。

机编西文图书联合目录系统先后运行在 HP3000/68 和 VAX11/750 机型上，应用软件全部采用 COBOL 语言编写。HP300/68 主机系统内存为 3MB，外存为 800MB，带有磁带机 2 台，终端 24 台，激光打印机 1 台，所使用的操作系统为 MPE。1987 年将机编系统整体迁移到 VAX11/750 机型上，操作系统为 VMS。当时计算机随机存储器容量有限，处理美国国会图书馆磁带的数据量太大，只能通过建立磁带档，这就决定了该系统只能是一个批处理系统[②]。

系统功能分为四大部分：一是接收外来 MARC 数据功能，能接收光盘、磁带、软盘等多种载体的数据源，系统为引进的全套 LC-MARC 建立检索系统，主要包括对磁带记录的预处理，建立主文档和 ISBN、LCCN 倒排档；二是系统具备二次检索功能，通过一次检索后能利用二次检索缩小检索结果，并且对 ISBN 检索词有自动检验功能；三是可建立西文联合目录数据库，自动编辑排版生成《机编西文图书联合目录》，并附有著者、书名、主题索引；四是系统可输出多种载体形式的目录产品功能，如卡片、磁带、软盘等。

机编西文图书联合目录系统尽管是一种批处理系统，但它的研制直接推动了北京地区内著录标准化、西文图书编目建设，也为国内建立馆际、地区性和全国性的馆藏联合目录提供了宝贵经验，是 20 世纪 80 年代目录工作计算机化应用的一项重要成果。

（二）中国科学院西文连续出版物联合目录系统

由中科院图书馆（1985 年更名为文献情报中心）牵头的"中国科学院西文连续出版物联合目录系统"（简称"联合目录系统"）项目从 1983 年 4 月启动到 1987 年 7 月结束，历时 4 年多时间，主要研制人员为方珍、张希轩、王雅丽等 14 人。西文连续出版物目录系统收录中科院文献情报中心和上海、武汉、成都、兰州 4

---

① 董成泰，李淑敏，张文然，1988. "机编西文图书联合目录"系统研制报告[J]. 现代图书情报技术（S1）：17-19，46.
② 陈源蒸，1982. 论机编西文新书联合通报——图书馆界走向自动化的理想途径[J]. 计算机与图书馆（1）：1-5.

个地区分院及院属各研究所 114 个单位收藏的西文连续出版物 13000 种，涉及 68 个国家和地区的 24 种文字[①]。

该系统主要建立了计算机编目系统，可进行联合目录编目、查询，能进行系统自身的扩充、更新和维护。著录格式采用国际标准，可生成书本、卡片、磁带三种目录，书本目录附带分类号、ISSN、缩略关键题名三种索引文本。此系统具备 10 项以上多种途径的联机检索和统计分析功能，该院 114 个单位的西文连续出版物馆藏情况在该系统有详细的反映，这些功能为科研查找文献和馆际互借提供方便，为统一中科院系统的连续出版物编目工作打下了基础，为建立全国各文献数据库创造了条件。

联合目录系统于 1987 年 12 月 1 日通过中科院组织的院级鉴定，20 多名图书情报专家和计算机专家参加了鉴定会，认为"该系统收录了全国一半以上的西文连续出版物数据记录，在大规模数据处理方面属国内首创，其研制成功为建立全国联合目录数据库创造了经验，奠定了一定的数据基础，也为促进我国情报资源共享提供了现代化手段，整个系统已达到国内先进水平"[②]。

联合目录系统软件是由 5 个功能部分构成的，根据系统研制目标和功能要求，这 5 个部分又可组合成两个相对独立的子系统，即：一个是编目子系统，由数据录入、数据整理和输出转换 3 部分软件构成；另一个是建库检索子系统，由数据录入、数据整理、建库和检索服务 4 部分软件构成。在这 5 部分软件中，除了检索服务要求实时响应外，其他部分都可以用批处理方式进行。

数据录入软件系统是在 TSX 操作系统下研制的，原始编目记录采用 TSX 源操作系统，分散录入递交的数据必须符合记录输入格式的规定，并且转换为统一的 RT-11 的文件格式，这样容纳了当前较为广泛通用的录入途径，系统数据建设可操作性强。数据输入可接受三种方式：第一种数据录入的方式主要在 PDP-11 系列或 VAX-11 系列机上进行，在 VAX-11 系列机上录入的字符流文件，通过 VMS 等服务程序最终转换成 RT-11 文件；第二种数据录入的方式是以读取纯数据磁带获取数据，通过编制专门的读带程序转换成 RT-11 文件；第三种数据录入的方式是以 dBASE III 编制的屏幕选项格式编目，但这种数据录入方式需要在 IBM PC 机或其兼容机上进行，并且录入后的 dBASE III 数据也要通过转换程序将其统一为 RT-11 文件格式。

数据整理软件是整个联合目录系统的核心软件，其功能是将分批获得的记录输入文件进行格式校验，并建成联合目录主文档，同时生成一些辅助文档。数据整理模块具体作用是对数据录入后的工作单一式数据记录，也称为刊种信息记录（主要包括连续出版物题名、辑名、国别代码、ISSN 字段等）进行查重，同时也

① 中国科学院计划局，中国科学院文献情报中心，1988. 中国科学院科学技术成果汇编[M]. 北京：科学出版社.
② 徐引篪，1988. "中国科学院西文连续出版物联合目录系统"通过院级鉴定[J]. 图书情报工作（2）：47.

对数据录入后工作单二式记录①，即馆藏信息记录（包括单位代号、原版刊号、影印刊号、索刊号等馆藏信息）进行查重，并根据刊种信息记录和馆藏信息记录中题名、辑号、辑名、ISSN 号、国别代码是否完全相符，来决定是否将馆藏信息插入刊种信息记录的特定标识字段内，经过查重、插入等软件程序，最终形成联合目录主文档和主文档索引文件。

输出转换部分软件模块主要任务是生成书本式、卡片式和机读式三种联合目录产品，将联合目录主文档的内容中的各字段根据目录产品的需要，转换成规定的格式进行输出。

建库软件功能主要将联合目录主文档，输出为定长与变长相结合的数据库文档，并建立各种原始索引，并根据原始索引建立相应的字段的索引结构，索引结构里包含了索引项代表编目记录的个数，还与编目记录在数据库中的逻辑地址进行对应②。设计的索引结构在当时来讲，就是减少常驻内存，提高对编目记录的查找速度。

检索服务软件包括联机检索模块和打印模块，可提供 ISSN、题名、题名关键词、题首字母缩略字、责任者、责任者关键词、出版者、出版者关键词检索及与上述检索项相匹配的国别代码、出版地的限定检索。

书目检索系统通过制定统一的数据标准，来统一书目数据的规范化，从而奠定对编目数据质量的控制；通过分散于各地的图书馆来对各自馆藏文献分工著录，核实馆藏并编目，加快了加工建库速度和保障了馆藏位置的真实性；通过集中审定和集中机器处理来进行编目数据的查重、查错、合并记录，以达到控制输入数据的质量。在数据标准方面，主要遵循 ISBD、AACR 2 编目著录规则，参照 UNIMARC 来制定机读目录格式和编目工作单，制定规范的收藏单位代码表及利用统一的标准字符集等。这些数据标准化为数据著录规范、人机数据处理接口规范、共享联合目录数据交换及目录产品输出提供了重要的技术保障。

（三）广东省外文新书联合目录系统

广东省立中山图书馆（简称中山馆，创建于 1912 年，1955 年与广州市中山图书馆合并为广东省中山图书馆，2002 年更名为广东省立中山图书馆）从 1980 年开始重视图书馆自动化系统的研制。馆内冯詠轩、莫少强、刘戈果、黄延生等 6 人参加 DJS-130 国产小型机汇编语言程序设计，从试编查询、借阅、归还、催还、统计等初步功能的试验性图书流通管理程序开始，积累了图书馆自动化系统经验③。

---

① 王雅丽，晏章军，兰社生，等，1988. 中国科学院西文连续出版物联合目录系统的实现技术[J]. 现代图书情报技术（S1）：12-16.

② 张希轩，晏章军，王雅丽，等，1988. 中国科学院西文连续出版物联合目录系统研制概况[J]. 现代图书情报技术（S1）：2-6.

③ 莫少强，2018. 我国图书馆技术史上的先行者和探索者——广东省立中山图书馆自动化建设回眸（1980—2012）[J]. 图书馆论坛（6）：25-36.

1980 年初，中山馆应广东省许多单位引进外文文献要求，恢复编制全省的外文新书联合目录。编制工作由广东省中心图书馆委员会负责，中山馆负责系统软件设计。研制完成的系统运行在租用省计算机中心的 ONYX C8001 微型计算机上，采用 BASIC 语言设计程序，系统具备数据录入、自动编目、文献检索、数据库管理等 4 个模块，1983 年各单位录入新书数据 1.2 万种，定期出版《广东省西文图书联合目录》，共出版新书联合目录 8 期。之后在 1984 年，针对标准文献的种类与数量增长，中山馆与广东省商检局合作，由莫少强、吴林等人联合研制开发了标准文献管理系统（SLM），该系统涵盖了采购、登录、编目、检索等业务环节，是当时中南地区首个标准文献管理的计算机系统，可用于基层图书情报室的标准文献的目录检索。

中山馆对西文文献、标准文献的目录检索系统的研制，为后续引进 IBM 5550 微型计算机开发研制"广东地方文献数据库子系统"和"IBM PC/XT 多国文字图书情报管理系统"奠定了技术基础，也培养了核心研发人员，如骨干成员莫少强、冯詠轩等人。

三、采访编目系统的研制

1983 年，四机部的严援朝研制的 CCDOS 等汉字系统出现后，一大批国际上流行的软件如 BASIC、dBASE Ⅱ、WordStar 等被汉化推广应用[①]。CCDOS 开创了我国中文信息处理技术的全新局面，配备汉字操作系统的国产计算机、IBM PC 兼容机在市场上得到了广大用户的认可，市场法则下用户群的快速增加进一步推动了计算机在国内各行各业的应用。也正是这一时期，国内实用的特别是中文图书采访、编目系统，开始在不同类型的图书馆主导下研制，并投入实际应用。中小型图书馆研制的采编业务管理系统，重点在采访、编目等单项应用系统方面，如武汉河运专科学校（现为武汉理工大学）图书馆研制的"中文图书微机编目及检索系统"、兰州铁道学院（现为兰州交通大学）图书馆研制的"中西文图书采编管理系统"、昆明工学院图书馆研制的"图书采购、编目、流通微机辅助管理系统"、杭州商学院（现为浙江工商大学）图书馆研制的"图书采购编目系统"等。大中型图书馆研制的采编业务管理系统，更多地将关注点聚集在编目系统和联合编目等方面，强调的是标准化和可交换性，如清华大学图书馆研制的"微机—光盘图书编目系统"、中南工业大学（现为中南大学）图书馆研制的"西文图书采编及西文期刊联合编目微机管理系统"等。

（一）武汉河运专科学校图书馆的编目检索系统

由李世人、刘位美、鲁仁春三位主要研制人员完成的"中文图书微机编目及

① 张行，1985. CCDOS 操作简述[J]. 计算机应用研究（2）：36-42，48.

检索系统"①，启端于 1984 年末，主要目标是用微型计算机来替代手工编目，通过输入机编目录，为读者和馆员提供书目检索功能，实现该校图书馆工作的现代化，提升图书馆服务水平，软件系统于 1985 年 7 月研制完成，1986 年通过了由交通部主持的技术鉴定，并于 1987 年荣获交通部科技进步三等奖。系统是基于 dBASE II 语言在 IBM PC/XT 微型机上开发成型的，主要功能有图书编目、图书检索、典藏统计等业务功能。系统将馆藏所有自然科学图书书目信息输入系统，可根据需要打印纸质目录卡片、书袋卡片、典藏卡片及书本式目录。在书目检索和统计方面，可进行书名、著者、分类号、出版期、出版地等单项和组配检索，检索响应时间一般在 3 秒以内。典藏统计功能则可以根据典藏地点随时统计馆藏图书的种数和册数，具备分类统计功能②。

"中文图书微机编目及检索系统"这一软件系统包含 dBASE II 语言程序文件（*.PRG）、索引文件（*.NDX，*.NTX）、数据库文件（*.DBF）等主要文件。系统采用模块化结构设计，程序运行中以菜单形式分别显示，并辅以汉字提示输入功能。系统投入应用后，发现一些问题：一是微机和终端设备非常有限，终端同时开放给读者和馆员利用并不现实，因而应用具有很大的局限性；二是磁盘存储容量有限，微机硬盘容量只能存放不到 2 万条书目数据，程序和索引文件与书目数据库只能分开放置，将程序及索引文件放在软盘上，这样非常不利于系统运行的稳定性。

但不管怎样，这是中小型图书馆在微机应用于编目、检索方面的一次开拓性试验，为今后利用 dBASE 语言开发图书馆自动化系统积累了经验，奠定了基础。

（二）兰州铁道学院图书馆的采编管理系统

20 世纪 80 年代，兰州铁道学院图书馆在图书馆自动化技术的应用和图书馆管理方面处于国内领先地位，如早在 1982 年就实现书刊全面开架借阅管理，在 80 年代中期就开始制作馆藏机读编目数据，实现了借阅、查询计算机管理③，自主开发出"中西文图书采编管理系统"产品投入使用。

"中西文图书采编管理系统"是由兰州铁道学院图书馆魏庆怀等人于 1985 年初步研制而成，这一软件应用系统，部署在 IBM PC/XT 微机上，操作系统为 CCDOS，软件采用汉字 dBASE 数据库语言进行编程。1987 年 7 月投入使用，实现了该馆采编工作的全面微机管理，系统具备自动查重、检索、多种项目的业务统计等功能，具备书目记录的追加、删除、修改、显示库内容等编目业务功能，

---

① 全国高等学校图书情报工作委员会秘书处，1990. 高校图书馆计算机应用经验交流会文集[C]. 北京：北京师范大学出版社.

② 武汉河运专科学校图书馆计算机应用组，1990. IBM PC/XT 中文图书微机编目及检索系统[C]//全国高等学校图书情报工作委员会秘书处. 高校图书馆计算机应用经验交流会文集. 北京：北京师范大学出版社.

③ 兰州交通大学图书馆馆情介绍[EB/OL]. (2017-01-02)[2018-03-01]. http://lib.lzjtu.edu.cn/node/265.jspx.

具备图书登入、验收、打印采访单据和编目单据等采访业务功能。

该系统于 1988 年 7 月通过甘肃省教委和甘肃省计算机办公室主持的鉴定，签定认为，这一系统是一个较成熟的实用系统，达到了国内先进管理水平。系统设计思想正确，具有特色，在程序结构、数据库的建立和功能设置等方面，较为全面地考虑了图书馆采编业务需求，体现了人机界面交互性特点。同时运用软件模块化结构设计方法编制多级菜单，能够通过主控程序模块控制系统中各种功能模块。

（三）引进光盘编目系统

国际上特别是美国的图书馆自动化的一个重要特征，就是实现联机编目来共享编目资源。著名的 OCLC 系统，就是让分布在全世界的图书馆参加 OCLC 系统，成为 OCLC 成员馆，通过联机编目网络从 OCLC 数据库中获取编目数据，一般西文数据可得到 90% 的满足率，其余的 10% 的书目数据如果没有，作为成员馆可以按照 OCLC 编目规则在终端上做屏幕编辑，将记录输入 OCLC 数据库，又可为其他成员馆所共享[①]。

在 20 世纪 80 年代，我国国情决定了图书馆不能参与 OCLC 联机编目网络，其中最主要的原因是加入成本太高，光是国际远程通信费用成本，就远远高出我们的负担成本。所以北京图书馆、北京大学图书馆当时也只能就财力情况引进了 LC-MARC 磁带，对于 OCLC 联机编目不能奢求。

到了 1985 年，随着计算机技术的发展，光盘技术为国内图书馆开启了共享 OCLC 联机编目成果的可能。CD-ROM 光盘储存量 500M 字节相当于大型磁盘机组的存储容量，能够满足图书馆书目数据量应用需求，并且光盘驱动器和 IBM PC、IBM PC/XT 微型机配合使用，价格低廉，国内有一定经济实力的大中型图书馆基本上都能承担。

国外针对 OCLC 数据库推出多种光盘数据库软件系统，如推出 LC-MARC 数据的美国图书馆公司 The Library Corporation 的系统产品，人民币订购价格为 1500 元/年，按月更新数据，因为具备不受网络通信成本影响、价格低廉、更新及时等优势，深受全球图书馆用户的欢迎[②]。

针对联机编目网络在我国没有形成，OCLC 联机网络编目成本太高的现状，我国在 1986 年开始引进美国 The Library Corporation 公司光盘编目的采购编目系统 BiblioFile。例如，北京大学图书馆、清华大学图书馆、北京师范大学图书馆、上海交通大学图书馆等单位[③]，利用引进的光盘系统，进行西文图书的编目与采购。有的图书馆试图在此基础上通过编制一些程序，建立自己的机读目录数据库，如

① 石树文，1990. 以 LC-MARC 光盘为数据源的采编系统 BACS[C]//全国高等学校图书情报工作委员会秘书处. 高校图书馆计算机应用经验交流会文集. 北京：北京师范大学出版社.

② 谢琴芳，1991. 基于 BiblioFile 光盘编目系统的西文原始编目[J]. 大学图书馆学报（4）：31-35.

③ 杨宗英，郑巧英，1988. 光盘技术在包兆龙图书馆的应用[J]. 现代图书情报技术（2）：2-6.

北京师范大学图书馆依托 BiblioFile 光盘系统数据源编写的西文书目采编系统 BACS。但是这些采编系统还有很多缺点。第一是面临计算机存储容量不够的问题，当时 IBM PC/XT 计算机产品外存大多在 20MB 左右，按图书书目记录平均 1KB 计算，最多只能建 2 万条书目记录，光书目记录就占了 20MB 容量，还不包括其他的索引文档。而图书馆机读目录又至关重要，对于采购查重是必不可少的，如果购买外存大于 100MB 的 IBM 386 微机，价格对于中小型图书馆来说难以承受。第二是提供的检索功能较差，主要体现为检索项较少。

但是不管怎样，北京大学、清华大学、上海交通大学、北京师范大学等图书馆引进 BiblioFile 光盘编目系统，能够在此系统光盘上（总共 5 张光盘，其中 4 张为美国国会目录数据库书目记录，有 1 张为书目采购数据盘）所拥有的 350 万条书目记录上，检索到所需要的书目记录，并能够对其进行修改、编辑，并打印卡片目录和书标，也可将编好的书目记录转存到软盘。通过 BiblioFile 光盘采购子系统（ANYBOOK）能够读取采购光盘上 150 万条书目采购记录，检索到所需采购书目后，系统自动形成书名、著者、订购日期等订单信息，并在系统中可查找到出版商、书商的详细地址、电话，以便于采购[1]。

除了引进 BiblioFile 光盘编目系统外，上海交通大学等一些图书馆针对 Dialog 等国际联机检索系统通信费、版权费等成本过高，在 20 世纪 80 年代中后期引进了光盘检索系统，如美国医学索引光盘系统 MEDLINE，美国技术情报服务（National Technology Information Service，NTIS）光盘，图书馆与情报科学文摘（Library and Information Science Abstract，LISA）光盘等，这些光盘检索系统带有检索软件和操作文档，只需要配备 IBM PC 兼容机、光盘驱动器，就可进行情报检索和开展定题服务，检索结果可随意转存到磁盘。

据 1988 年全国高等学校图书情报工作委员会秘书处发布的有关高校图书馆计算机应用成果的不完全统计，232 所高校图书馆拥有小型计算机及高档微机 31 台，微机 364 台，引进光盘和磁带数据源 12 种，建立国际联机检索终端 10 个，有 131 所高校自行或合作开发了图书馆应用软件，已投入使用的有 110 个[2]。另外据 1987 年吴曼华、郑章飞在《电子计算机技术在图书馆的应用》一文中的不完全统计[3]，全国通过鉴定的图书馆计算机应用成果有 125 项，包括集成系统 5 项、流通管理系统 13 项，书目检索系统、文献检索系统、机读目录系统 35 项，书刊内部管理系统 60 项，其他系统 12 项（包含翻译系统、自动标引系统，人事档案系统、工

---

① 金洲，1987. 介绍图书馆自动化的最新发展：激光存贮检索系统在图书馆编目、采购中的应用[J]. 大学图书馆通讯（1）：43-46.

② 全国高等学校图书情报工作委员会秘书处，1990. 高校图书馆计算机应用成果展示会简况[C]//全国高等学校图书情报工作委员会秘书处. 高校图书馆计算机应用经验交流会文集. 北京：北京师范大学出版社.

③ 吴曼华，郑章飞，1987. 电子计算机技术在图书馆的应用[M]//张白影，荀昌荣，沈继武. 中国图书馆事业十年. 长沙：湖南大学出版社.

资系统等）。未经鉴定的系统项目至少有 150 项以上。

从上述可以看出，20 世纪 80 年代是研制图书馆单项业务管理系统的主要时期，由于受计算机数量、存储容量等诸多限制，大部分图书馆在系统实用性方面存在数据量较少、硬件设施较差、技术平台落后等问题，研制出来的系统并没有全面推广应用，有些只是局部应用。但是，也有一些图书馆如上海交通大学图书馆、深圳大学图书馆、深圳图书馆等研发的系统全面投入使用。

第三节　用于图书馆自动化系统研制的主要软硬件设备

20 世纪 80 年代中期，我国微机推广应用发展很快，总计有 10 万多台微机应用于国防、科研和国民经济各个领域，涉及机械、电子、冶金、轻工、纺织、食品、化工、交通、邮电通信、建筑、公安、文教、卫生、气象等行业。据 1985 年中国电子学会《电子学报》编辑部编辑的《全国微型计算机应用成果选集》一书介绍，1984 年参加全国微型计算机应用成果展览交流会的项目成果，包括了全国 22 个省，中央 12 个部、委提供的 17 个大类共计 1500 多项应用成果[1]。

图书馆应用计算机作为全国计算机应用的一个极小的组成部分，始终是与国内计算机技术总体发展水平相适应的。计算机在各行各业的应用，除了计算机价格昂贵这方面的限制外，另外一个最为重要的限制是计算机汉化问题。20 世纪 70 年代我国经历了研究和试验各种汉字编码输入、汉字处理软件研制阶段，主要解决汉字的输入、输出和各种汉字文件报表的打印问题。这一阶段对汉字信息的处理是独立于操作系统之外的，一般借用汇编机器语言来实现，计算机系统所配置的各种高级语言不能直接调用和处理汉字，因此这类系统在国内推广应用受到较大的限制。

从 70 年代末到 80 年代初期，汉字处理软件着力解决各种高级语言的汉化问题，主要是从修改高级语言的编译程序或解释程序本身来实现的，大体上有两种技术方法：一是将高级语言如 BASIC、COBOL、FORTRAN 增加汉字的输入、输出语句，并将高级语言本身的命令语句汉化；二是高级语言的语句仍用英文书写，只增加汉字处理功能，一般所说的汉字 BASIC、汉字 COBOL 均属此类软件[2]。这两种方法以第二种方法与计算机系统兼容性好，在实践中实现起来比较简便而受欢迎，但是，汉字处理软件因着力于高级语言本身，其部署的操作系统本身没有汉化而导致整个系统仍属不太完善的中文计算机系统。

从 80 年代初期到 80 年代中期，汉化软件从对高级语言的汉字支援向计算机

---

① 吴几康, 1986. 前言[G]//中国电子学会《电子学报》编辑部. 全国微型计算机应用成果选集. 北京：中国计量出版社.

② 李亦何, 1991. 软件的汉化技术[M]. 上海：同济大学出版社.

操作系统的汉字支援过渡，因为对计算机操作系统的汉化，可以实现对各种高级语言的汉字支援，而不需要对每一种高级语言进行汉字支援，从而更易于推广计算机的应用。同样对操作系统的汉化也有两种技术方法：一种方法是对操作系统按照中文信息处理的办法彻底汉化，但这样做不能与原有计算机系统软件兼容；另一种方法是对操作系统只作局部修改，只增加操作系统的汉字处理功能，使操作系统对原计算机系统的软件仍然兼容，这种方法是国内发展中文计算机操作系统的主流[①]。

计算机汉化技术的突破和完善，国外 IBM PC 的引入和国产化，微型计算机价格的下降，各种高级语言程序的汉化，汉字输入技术的改善和普及，使得图书馆行业与国内其他行业一样，计算机的应用开始呈现扩大之势，利用计算机开发的各类图书馆业务系统也多了起来。综观这些应用系统研制所依赖的软硬件设备，从图书馆应用的角度出发，对所应用的软件、硬件、组网技术归结如下。

一、用于图书馆自动化系统研制的软件系统

20 世纪 80 年代计算机软件系统有程序设计语言和数据库系统，小型机使用的操作系统一般为 MPE、VMS、UNIX、CP/M 等软件系统，微机所用操作系统一般为 DOS、CCDOS、UNIX 等。开发所用的程序设计语言一般为 COBOL、FORTRAN、C 语言、BASIC、dBASE 等软件语言，数据库系统有 MPE、IMAGE、dBASE 等。

（一）程序设计语言

20 世纪 80 年代应用于图书馆自动化系统的研制的程序设计语言有 dBASE Ⅱ、dBASE Ⅲ、COBOL、BASIC、Pascal、C 语言等软件语言。其中最受欢迎的、用得最多的为 dBASE 语言。dBASE 作为第一个在微型计算机上广泛使用的关系型数据库管理系统，1980 年由 Ashton-Tate 在 CP/M 系统上发布，然后又在 Apple Ⅱ、Apple Macintosh、UNIX、VMS 和 IBM PC 的 DOS 平台上发布，并在 DOS 平台上成为 80 年代中期最畅销的软件。该软件包含数据库引擎、查询系统、表单引擎和编程语言 dBASE[②]。

程序设计语言的简单性、易学性和灵活性，是其易于推广的一个重要标准。由于具备上述优点，dBASE 语言成为图书馆自动化系统研制过程中用得最多的一种程序设计语言。dBASE 语言的广泛使用，缩短了图书馆自动化系统软件的开发周期，大大地推动了图书馆自动化的进程。据 1988 年北京大学图书馆举办的"全国高校图书馆计算机应用成果展示会"统计，23 个图书馆展出的 43 个图书馆自动

---

① 何克杭，高放，1986. 汉字信息处理与插接兼容技术[G]//中国电子学会《电子学报》编辑部. 全国微型计算机应用成果选集. 北京：中国计量出版社.

② dBase[EB/OL]. (2017-01-08)[2018-03-05]. https://en.wikipedia.org/wiki/Dbase.

化应用系统，其中 13 个应用系统是采用 dBASE 语言开发设计的。其中包括北京大学、北京化工学院、北京工业大学、华北电力学院、大连理工学院、东北电力学院、上海交通大学等高校图书馆[①]。

COBOL 语言全称为 Common Business-Oriented Language，原意是面向商业的通用语言，是专门为企业管理而设计的高级语言，可用于统计报表、财务会计、计划编制、作业调试、情报检索和人事管理等方面，中国引进 COBOL 语言后对其增加了汉字处理功能。COBOL 语言是一种典型按文件系统方式进行数据处理的语言，在 70 年代末和 80 年代初，COBOL 语言是国内图书馆较早利用的程序设计语言，如在 70 年代末，中科院、南京大学等计算机中心和图书馆联合，利用 COBOL 进行情报检索程序的编制试验。到了 80 年代，联合目录系统、MARC 转换系统、流通系统、采购管理系统等应用系统，采用 COBOL 语言设计的较多，如中南工业大学图书馆利用 COBOL 语言研制的"微机西文期刊联合目录"，北京大学图书馆研制的"西文图书联合目录"、USMARC 转 UNIMARC 系统，北京师范大学图书馆研制的"西文图书试验性流通系统""西文图书光盘辅助采编系统"，北京工业大学图书馆研制的"实时多用户计算机光笔流通管理系统"等。

BASIC 语言是由 Dartmouth 学院 John G. Kemeny 与 Thomas E. Kurtz 两位教授于 20 世纪 60 年代中期所创，全称为 Beginner's All-purpose Symbolic Instruction Code，意为初学者多符号指令码。此种程序设计语言在 70 年代到 80 年代末经历了微机上固化 BASIC 和结构化 BASIC 两个阶段[②]。BASIC 由于其语言简单、易学的基本特性，很快地就普及流行起来，几乎所有小型、微型计算机，甚至部分大型计算机，都可供使用者以此种语言撰写程序。在微型计算机方面，BASIC 语言可配合微型计算机操作功能的充分发挥，使得 BASIC 早已成为微型计算机的主要语言之一。图书馆在 80 年代中后期采用 BASIC 来研制图书馆业务系统的有北京农业大学图书馆的"西文图书标准化编目系统"，江苏工学院图书馆的"图书馆书目软件""期刊管理软件""专利管理软件""流通管理软件"。

Pascal 是一种计算机通用的高级程序设计语言和结构化编程语言，还是一种自编译语言。它由瑞士 Niklaus Wirth 教授于 60 年代末设计并创立。Pascal 语言语法严谨，层次分明，程序易写，具有很强的可读性，是第一个结构化的编程语言[③]。正因为上述特点，Pascal 语言可以被方便地用于描述各种算法与数据结构。尤其是对于程序设计的初学者，Pascal 语言有益于培养良好的程序设计风格和习惯。它一问世就受到广泛欢迎，迅速地从欧洲传到美国。传入中国的大概时间应在 70 年代末期，在图书馆应用 Pascal 语言来编制程序应是在 80 年代中后期，如北京农业大

① 本刊记者，1988. 展示成果，交流经验，促进高校图书馆的计算机应用工作——高校图书馆计算机应用经验交流会暨成果展示会综述[J].大学图书馆通讯（6）：15-18.

② BASIC—Wikipedia[EB/OL]. (2017-01-10)[2018-03-06]. https://en.wikipedia.org/wiki/Dbase.

③ 徐国伟，罗文华，1983. 第十五章　UNIX 的 Pascal, Fortran 77, Ratfor[J].计算机工程与应用（12）：49-55.

学图书馆研制的"西文期刊目录系统"、空军政治学院图书馆研制的"中西文兼容图书馆集成系统"（1987）、安徽大学图书馆研制的"ADTLG 多用户通用图书流通管理软件"（1987）等。

C 语言创始于 1972 年，20 世纪 80 年代，美国国家标准局为避免各开发厂商用的 C 语言语法产生差异，制定了一套完整的 ANSI C 作为 C 语言的最初标准[①]。国内在 20 世纪 80 年代初期开始应用 C 语言编制程序，图书馆大多在 80 年代中后期采用 C 语言编制图书馆自动化系统程序，如清华大学图书馆利用 C 语言软件工具研制的"微机—光盘图书编目系统"和"中国大学学报数据库"（CUJA），杭州商学院图书馆研制的"图书流通管理系统"等。

除上述程序设计语言以外，还有些图书馆利用汇编语言、CDS/ISIS[②]、TPS-6[③]（事务处理系统）等编程工具，研制图书馆自动化系统。例如，北京大学利用 CDS/ISIS 开发图书采访系统、资料库检索系统和编目系统，武汉大学图书馆利用汇编语言开发文献目录控制系统，天津大学图书馆利用 TPS-6 研制出实时多用户联机书目检索与管理系统。

（二）数据库软件

在微型机上应用的数据库软件按难易程度在 20 世纪 80 年代大概有三种形式：第一种是适合初学者的数据库软件，有 Condor 计算机公司的 Condor 3，Microrim 公司推出的 R：base，Pacific Software Manufacturing 公司的 Sequitur，Ashton-Tate 公司的 dBASE；第二种是适合有编程经验和计算机基础的用户的数据库软件，有 Relation Database System 公司的 Informix，微型数据库系统公司的 Knowledge Man，ABW 公司的 RL-1，Alpha Software 公司的 Data Base Manager；第三种是多用途文件管理系统的数据库软件，侧重在报表文件的生成与管理，它们并不是真正意义上的 DBMS，主要有 Micropro 公司的 InfoStar，Lotus Development 公司的 Lotus 1-2-3，PearlSoft 公司的 Personal Pear，创新软件公司（Innovative Software）的 T.I.M（Total Information Management）等[④]。80 年代国内图书馆在微型计算机上研制业务自动化系统用得最多的是 dBASE 数据库产品，如北京大学、北京农业大学、上海交通大学等高校图书馆均是采用 dBASE 作为数据库软件。这主要是由于 dBASE 是一种具有灵活编程能力的微机关系型数据管理系统，具备易学、易上手等特点。

而国内在小型机上或高档微型机上采用的数据库软件主要有网状数据库管理系统 IMAGE/3000，关系型文献数据库管理系统 MINISIS，运用的数据库查询语言是 QUERY/3000。这主要是因为加拿大国际发展研究中心开发的通用化信息管理

① 史蒂芬·普拉塔，2005. C Primer Plus（第五版）中文版[M]. 云巅工作室，译. 北京：人民邮电出版社.
② 黄丁年，1987. 微机汉字通用情报检索软件 Micro C-CDS/ISIS 的功能和特点[J]. 微型计算机（6）：64-67.
③ 罗大卫，1984. TPS-6 系统数据库设计[J].哈尔滨工业大学学报（2）：23-29.
④ 埃默森，达诺夫斯基，1986. IBM PC 微型机数据库及软件包评价[M]. 王勇领，译. 北京：纺织工业出版社.

系统 MINISIS，集数据处理、情报检索和图书管理三大系统为一体，得到 IFLA 的认可，此种数据库软件系统适合在 HP 3000 系列小型机上运行[①]。所以上海交通大学、空军政治学院、云南大学等高校图书馆纷纷引进。还有一种数据库软件就是 CDS/ISIS，它是由联合国教科文组织（UNESCO）开发的数据库管理系统，在国际上得到广泛应用。北京大学图书馆的图书馆采访系统、资料库检索系统、编目系统就是利用的 CDS/ISIS 数据库管理系统。

（三）操作系统

20 世纪 80 年代在图书馆应用的计算机操作系统，大体上分为微机或 PC 机操作系统、小型机操作系统两种，并且 80 年代随着 16 位微型计算机的出现，逐步取代了 70 年代的 8 位计算机。微机上的有 IBM PC、Apple、长城系列运行的 DOS 操作系统，CP/M 操作系统，XENIX 操作系统，MAC OS 等；小型机及高档微机上的有 MPE/V、XENIX、OASIS 等操作系统[②]。国内在 80 年代研发的大多数图书馆单项业务系统是运行在 DOS 操作系统之上的。

DOS 是磁盘操作系统的缩写，是个人计算机上的一类操作系统。从 1981 年直到 1995 年的 15 年间，磁盘操作系统在 IBM PC 兼容机市场中占有举足轻重的地位。而且，若是把部分以 DOS 为基础的 Microsoft Windows 版本，如 Windows 95、Windows 98 和 Windows Me 等都算进去的话，那么其商业寿命至少可以算到公元 2000 年。微软的所有后续版本中，磁盘操作系统仍然被保留着。

CP/M 操作系统英文全称为 Control Program/Monitor（控制程序或监控程序）。该操作系统的创始人 Gary Kildall 博士，通过数据研究公司 Digital Research，为 CP/M 呐喊欢呼，其后 CP/M 陆续被各国微机厂商采用，创建于 1973 年，被推崇为"标准八位机软件总线"。可是因为在向 16 位 CPU 的转化上错失机会，在以 IBM 的 PC/AT 以及兼容机为中心的 16 位 PC 市场上，CP/M 惨败给 Microsoft 的 MS-DOS，从而在市场上消失。

UNIX 系统是一个多用户、多任务的分时操作系统，XENIX 是 UNIX 版本中的一个变种，它是微软公司在 UNIX SYSTEM Ⅲ 的基础上率先开发出的，可以运行在微型计算机上[③]。国内应用是在 1982 年，Joy 创建了 Sun Microsystems 公司并提供了工作站 Sun-1，运行 SunOS。而 AT&T 则在随后的几年中发布了 UNIX System V 的第一版。这个具有强大影响力的操作系统，最终造就了 IBM 的 AIX 和 HP 的 HP-UX。

① 云南大学图书馆技术服务部，1990. 用 HP3000/52 计算机系统建立云南大学图书馆计算机管理系统[C]//全国高等学校图书情报工作委员会秘书处. 高校图书馆计算机应用经验交流会文集. 北京：北京师范大学出版社.

② 莫少强，1984. 广东省西文图书自动编目系统简介[J].广东图书馆学刊（3）：23-27.

③ Xenix 操作系统[EB/OL]. [2018-03-08]. http://baike.baidu.com/link?url=VUUrnS0qB4lhtaG9pYVQNCNBDXIPugh F5QlbSpaX1HJ-clLs3DmRjiBmSVKGHmdlqPLAmivJxjwofJbKeTW5ZK.

（四）汉字输入工具

CCDOS 是 Chinese Character Disk Operating System 的缩写，即中文磁盘操作系统，也称汉字操作系统，是我国原电子工业部第六研究所的计算机科技人员在 PC-DOS 基础上经过扩充改造研究而成，具有西文和汉字的处理能力[①]。CCDOS 含有 16 点阵汉字字模库文件 CCLIB，包含国标一级、二级汉字 6763 个以及各种符号，以数据库文件形式存储在磁盘上。在 CCDOS 系统中，控制输入汉字的输入方式由 Alt+功能键来选择，有区位码输入、首尾码输入、拼音码输入、快速码输入、ASCII 输入等方式。

国标区位码输入是将数字 0～9 作为输入码，需要输入 4 个数字确定具体的区位码，以便显示具体的汉字。这种汉字输入方法的麻烦之处是要记住汉字的区位码，这是相当不易的[②]。

拼音输入汉字的方法很多，有全拼、简拼、双拼双音、全拼双音等。由于拼音码的重码汉字很多，在只输入单个字母时，通常要按多次键才能做出有效的选择。

五笔字型输入法是由河南省中文信息研究会王永民等人研究出来的一种新的汉字编码和汉字输入法。五笔字型输入法具有输入有规则可循、输入简便、重码率低、便于盲打等优点，深受全国用户的欢迎。国家科委成果局 1987 年 11 月开始组织向全国推广五笔字型输入技术，后来发展成为我国应用最广、装机机种最多的、在国内外影响最大的汉字输入技术。五笔字型输入法开始学习时要记忆的东西较多，但是经过短时间的学习与实践后马上就会适应。

输入法特别是汉字输入法的成功研制，大大地加快了图书馆自动化系统研制进程，所以在 80 年代末期，国内很多图书馆开始建立中文图书的书目数据库，如 1986 年底，深圳大学图书馆研制的 SULCMIS 系统，其书目数据库就存入 1 万余条书目记录。

二、用于图书馆自动化系统的硬件设备

20 世纪 80 年代国内出现了微型计算机，使计算机类型变成了大、中、小、微系列。用于图书馆自动化系统应用的计算机硬件产品，8 位的有 APPLE Ⅱ、紫金 Ⅱ、ZD-065、TRS-80、CROMEMCO 等，16 位的有 IBM PC 系列、长城 0520 系列等。综观此时期世界主流计算机，主要有 IBM 公司的大型机、DEC 公司的 VAX-11 系列小型机和 HP 公司的计算机与外部设备等。在 80 年代，图书馆一般采用主机终端模式来组建图书馆自动化系统网络，称为主机终端网络，如空军政治学院图

---

① 吴良占，孙达传，陆坚，1993. 计算机汉字输入与文字处理教程[M]. 北京：人民邮电出版社.
② 王晓龙，白小华，1989. GB 2312-80 中 1 至 9 区字符的快速输入[J]. 微电子学与计算机（3）：33-35.

书馆在 1987 年采用一台 HP 3000 小型主机，外加 7 台 HP 2694 中西文兼容终端和
2 台 HP/VECTRA 中西文兼容工作站组建主机终端网络。另外也有采用 3COM Ethernet
微机局域网络的，如福建师范大学图书馆 1986 年利用网络服务器+IBM/AT, IBM/XT
兼容机，通过 3COM Ethernet 网络软件及 ETHERLINK 板等设备联成局域网，成
为我国第一个把微机局域网成功应用于图书馆自动化的可实用系统[①]。

（一）IBM PC 计算机

1981 年 IBM 公司宣布个人计算机 PC 横空出世，并以前所未有的广度和速度，
向办公室、学校、商店、家庭进军，同时把相关技术文件全部公开，促使全世界
各地的计算机厂商争相仿造 IBM PC，从此 IBM PC 兼容机走上世界舞台[②]。1984
年，在 IBM PC/XT 基础上更进一步，率先采用 80286 微处理器芯片，能管理多达
16M 内存，可同时执行多个任务的 IBM PC/AT，取得了微型机计算机市场上的霸
主地位，IBM PC 被公认为 IBM 公司在 20 世纪最伟大的产品。IBM PC 计算机在
80 年代被大量引进到国内各个行业，图书馆行业也引进了为数不少的 IBM 计算机，
如北京图书馆、清华大学图书馆、北京师范大学图书馆、北京工业大学图书馆、江
苏工学院图书馆等。运行图书馆自动化系统的硬件基础都离不开 IBM PC 计算机。

（二）DEC 计算机

在 20 世纪 80 年代初期和中期，DEC 公司在整个计算机行业的排名仅次于 IBM
公司，成为全球第二大计算机厂商，号称"小型机之王"，产品有 PDP-8 系列、PDP-11
系列、VAX-11 系列、VAX8600 等。这些小型机产品被国内一些资金实力较强的
高校图书馆引进。例如，北京大学图书馆引进 VAX-11/750 小型机，利用它运行西
文图书联合目录软件系统；北京农业大学图书馆引进 PDP-11/23 小型机，并利用
此机型运行西文图书采购管理系统、西文期刊目录系统、西文图书标准化编目系
统。在网络战略方面，DEC 公司联合 Xerox（施乐）公司、Intel（英特尔）公司，
实施"以太网"联合计划，强化小型机的联网能力和运算能力。

（三）HP 计算机

HP（惠普）公司提供产品信息技术基础设施、PC 与接入设备、全球服务的图
像与打印设备。在 20 世纪 70 年代以 HP 3000 中档机投入市场，1982 年 HP 公司
开发出电子邮件系统，该系统成为基于微型计算机的第一套商用广域网，此后利
用 32 位"超芯片"技术推出 HP 9000 桌面式主机，开创了分布式数据处理的新时
代，把计算机带出机房，供整个机构的人员使用。1986 年推出创新型 RISC（精简

---

① 陈学长，1989. 汉字微机以太网图书馆管理信息系统[J]. 微型机与应用（1）：39-41.

② 贾永年，2015. 计算机变迁 60 年[M]. 北京：国防工业出版社.

指令体系结构）的多系列计算机。国内图书馆在 80 年代也购置了 HP 小型机，如北京大学图书馆 HP 3000，上海交通大学图书馆的 HP 3000/39、HP 3000/930 等[①]，其中上海交通大学图书馆在 HP 3000/930 机型上运行光笔联机图书馆管理系统。

（四）国产计算机

国产计算机在小型机方面，在 80 年代的产品主要有 NCI 2780 系列，1987 年推出 TJ2220 系列计算机，这些国产计算机小型机产品很少应用于图书馆行业。国产计算机在微机产品方面，有以 1985 年推出的长城 0520 CH 为标志的第一台中文化、工业化、规模化生产的微机，售价 3.2 万元人民币，包括 10M 硬盘、256K 内存、8 英寸的显示器，就配置来讲，超过当时的 IBM PC 和日本的 NEC 981，其汉字处理水平等性能超过了当时包括 IBM 在内的国际知名品牌。至 1987 年、1988 年，连续推出长城 286 和长城 386 高级微机，中国计算机发展公司正式更名为中国长城计算机集团公司[②]。

除了上述硬件产品外，应用于图书馆自动化系统的还有光笔读取设备、条形码制造设备、打印机设备等。

综观国内外计算机发展，从小型机到微型化、个人化，从 8 位至 16 位，从 286 到 386，计算机的运算速度越来越快，计算机规模化的生产带来的价格下调，加速了计算机在包括图书馆行业在内的各个行业的应用。

第四节　影响单项业务计算机管理系统应用的因素

20 世纪 80 年代，图书馆应用计算机技术的发展速度较快，短短十年已取得较多的研制成果，不少成果已投入实际应用，部分图书馆达到局部业务的自动化管理水平。虽然研制的图书馆业务应用系统总体数量不少，但从全国范围来讲，还存在着地区差异和行业差异，从成果转化来讲，真正投入使用的并不多。影响系统实用性不高的因素主要有以下几个方面。

一、宏观层面因素

（一）地区差异

图书馆自动化系统的研制需要投入大量的资金来购置硬件设备、开发软件系统等，因此资金的投入与地方的经济发展水平是有直接关系的。大城市、经济发达地区、沿海城市、经济特区城市发展较快，如北京、上海、广州、江苏、成都

---

① 陈进，2013. 思源籍府　书香致远：上海交通大学图书馆馆史：1896—2012[M]. 上海：上海交通大学出版社.
② 长城电脑[EB/OL]. [2018-03-10]. http://baike.so.com/doc/1836305-1941905.html.

等地的图书馆自动化系统发展水平较高，研制成果较多[1]。而经济落后地区如西藏、新疆、宁夏等西部地区图书馆自动化系统的研制成果较少，有的地区图书馆自动化还没有起步。

（二）行业差异

从图书馆行业来讲，隶属不同系统的图书馆，其图书馆自动化系统的发展也存在着较大的差距。总体上来讲，高等学校系统图书馆因高校人才聚集、资金支撑条件最好，研制的成果最多，其次是中科院系统图书馆，相对二者来讲较差的是公共图书馆，其硬件设备和人员条件都很薄弱。行业之间的差异也影响图书馆的自动化系统的研制、部署和应用[2]。

（三）缺乏规划

整个 80 年代除了极少数地区图书馆联合目录系统的研制有一定的项目规划外，绝大部分图书馆自动化系统的研制，是通过各自所属行业渠道向上争取各自的项目资金。设备资金到位后，各个单位各自为政，自成体系地进行研发。由于各自为政，互不通信息，造成很多重复的研制劳动，既浪费了人力、物力、财力，又浪费了宝贵的时间。通过资金投入研发出来的产品，书目数据库质量不高、数据量少，功能大多相同，书目数据难以共享，同质化现象普遍。缺乏统一规划、标准化的直接后果，就是国内研制出来的高水平、高层次的图书馆自动化应用系统很少。

二、微观层面因素

影响单项业务计算机管理系统在图书馆应用的微观因素，就是判断软件系统本身设计的科学性和规范性，系统对外源书目数据和输出书目数据的规范性，数据容量规模，以及数据是否具备共享性，等等。如果这些不适应图书馆实际工作需要，业务系统的通用性、可操作性以及可持续性就存在问题。

（一）应用系统软件本身实用性不强

由于图书期刊等文献的出版发行部门，特别是期刊刊名、出版周期、增刊、缺期等信息时常发生变动，一些应用软件系统若事先没能考虑到这些变动信息，使用计算机应用管理就会出现被动、难以应付的局面，这种现象在期刊管理系统

[1] 全国高等学校图书情报工作委员会秘书处，1990. 高校图书馆计算机应用经验交流会文集[C]. 北京：北京师范大学出版社.
[2] 高雄，2013. 现代图书馆管理概论[M].西安：西安地图出版社.

中尤为突出①。在没有计算机管理的手工管理工作中，工作人员凭经验可以比较容易解决，但如果利用计算机来管理，应用系统的研制过程中没有考虑到这种变化的特殊性，很容易给管理工作带来不便。另外，这一时期研制出来的单项业务系统，往往在业务处理流程中过于简单、功能不强，不能担负图书馆的实际工作，也影响了系统的实用性。

（二）书目数据不规范

书目数据缺乏标准化和规范化，影响了书目数据的共享性，造成了书目数据建设的重复性。虽然在文献分类、著录、标引方面制定了统一的规则，但各个图书馆在自行建设业务系统的时候，考虑计算机存储容量、输入工作量等因素，往往舍弃一些重要的书目著录字段信息②。

尽管在国家层面，国家标准局出台了《文献著录总则》（GB 3792.1—83）、《检索期刊条目著录规则》（GB 3793—83）、《文献目录信息交换用磁带格式》（GB 2901—82）、《文献书目信息交换用数学字符编码字符集》（GB 6513—86）等文献著录、目录信息交换方面的标准，国内图书馆风向标——北京图书馆在 1986 年推出《中国机读目录通讯格式》和《中文图书书目记录输入单》，并运用了上述各项文献著录国家标准，但是，由于上述硬件、技术及输入成本等因素制约，国内图书馆在书目信息输入时各个图书馆没有采用统一标准。如有些图书馆在研制流通管理系统时，对书目信息的输入采用简单输入方式，只输入索书号、条码号、册数等字段信息，对书名、出版社、作者等基本信息都不输入。

（三）数据录入重复和数据存储冗余

图书馆在开发业务系统时，同一图书馆开发了采购、编目、流通、期刊等多项业务系统。由于各系统之间相互独立，因而从图书馆工作的全过程看，在采购系统中要输入书名、作者等项，在编目系统中也要输入书名、作者等数据，流通系统建立流通文档时又要输入这些数据。书目信息数据在采购、编目、流通的文档中都有。这种重复输入和冗余保存增加了数据录入的工作量，浪费了有限而又宝贵的存储空间，同时，由于录入可能出错，使得同一种书目在不同系统的文档彼此不一致，更新异常数据记录时，也可能存在没有将存储于不同系统的文档中数据全部更新的情况③。

① 司莉，俞君立，贺定安，2000. 我国文献分类计算机化的发展与近期目标研究（上）——20 年来的成就与存在问题[J].图书情报知识（2）：12-16.
② 沈鸣，曹福元，朱亦宁，1993. 江苏省高校图书馆自动化发展与思考[J]. 大学图书馆学报（5）：7-8.
③ 耿骞，1990. 集成系统与我国图书馆自动化[C]//全国高等学校图书情报工作委员会秘书处. 高校图书馆计算机应用经验交流会文集. 北京：北京师范大学出版社.

（四）受硬件存储限制，数据容量小

综观 20 世纪 80 年代国内图书馆自动化系统的发展，无论是计算机的外存磁盘还是计算机本身所带的固态硬盘，磁盘的存储容量都很小。由于大多数图书馆的计算机是 IBM PC 系列，硬盘容量大多在 10MB 左右，即使是国外小型机如 HP 3000 所标配的硬盘也只有 65MB，这些硬盘存储容量相对于图书馆庞大的文献数据量来讲，远远不能满足图书馆的业务需求[①]。由此可见，计算机硬盘是影响图书馆自动化的另一个重要因素，没有足够的书目数据、流通数据、编目数据、采购数据作为支撑，图书馆自动化系统软件的实用性大受影响。

（五）软件研制尚未形成商品化

在 20 世纪 70 年代末 80 年代初，欧美国家出现了专门为图书馆研制计算机管理系统的商业公司，实现了图书馆自动化系统的集成化、实用化和商业化。商业化系统的出现使图书馆能专注于资源建设和服务质量的提高[②]。经过多年探索，从 20 世纪 80 年代中期开始，发达国家的图书馆基本上不再独立研制软件，更多的是作为功能需求方来深度参与系统开发过程，引入商品化系统[③]。

80 年代中后期汉字技术的突破，我国图书馆界出现了研制图书馆自动化系统的高潮，但就总体水平来讲落后于国外同期的系统，且低水平重复研制现象较严重。主要是研制出来的软件系统应用水平较低，标准化程度较低，书目数据库建设未形成规模，产品未走向商品化市场。

（六）软件通用性不强

在 80 年代，凡是应用计算机比较好、比较快的图书馆，均离不开图书馆的上级单位的重视和支持，因为牵涉到购置专用的计算机软硬件设备，除此之外，还要有既懂计算机又懂图书馆业务的专业人员。据相关学者统计，在全国 1063 所高校，平均每 3.5 个高校才有一台微机，其中相当一部分还是 Apple 机，实现图书馆自动化靠单台微机是难以完成的，况且近 4/5 的高校图书馆在计算机应用方面还是空白。

拥有较好计算机设备条件的高校图书馆、公共图书馆、科研院所图书馆，研制图书馆业务系统时，存在着分散重复的现象。各馆基本上是从本馆的角度出发开展计算机应用工作，软件的研制、数据源的录入都是各搞一套，数据格式不规范，软件通用性不强，因而影响到资源共享，所研制出来的软件产品在全国不能通用，从而不能发挥软件、硬件和资源的共享效益。

① 蔡冰，2001. 公共图书馆自动化建设应注意的几个问题[J]. 图书情报论坛（3）：38-40.
② 李广建，张智雄，黄永文，2003. 国外图书馆自动化系统的现状与趋势[J]. 现代图书情报技术（3）：33-36.
③ 陈定权，2016. ILAS 三十年（1985—2015）：发展历程与未来走向[J]. 图书馆论坛（6）：34-42.

第五节　国内图书馆联机检索的应用

我国科技情报系统在情报检索系统方面，相较于图书馆来讲拥有更好的物质条件与技术力量，早在 20 世纪 70 年代中期就开始引进国外文献数据库进行检索试验工作，1981 年北京文献服务处建成 BDS 联机情报检索系统，并在西安、上海、成都设置远程检索终端，提供政府报告 GRA、国外特种文献题录、新到期刊论文文摘等数据库的检索服务[①]。北方科技信息研究所的国际联机检索服务始于 1981 年 12 月，通过检索服务实践和技术指导方式，在随后几年协助国内高校、科研院所、部属单位、国防工业办公室等单位建立联机分终端，地域涉及南京、包头、长沙、长春、西安、重庆、济南、南昌、石家庄、贵阳等城市。北方科技信息研究所先后与美国的 DIALOG、ORBIT、BRS、DMS/DRI，欧洲空间组织的 ESA-IRS，英国的 INFORLINE 和法国的 FIESTA 等七大联机系统签订用户使用合同，开展联机检索服务[②]。其他建立国际联机检索数据终端的还有石油化工部情报所、中国科技情报所、水电部情报所等单位。

一、国内联机检索网络系统的建设

我国自 1983 年建立第一台远程联机检索系统以来，至 1989 年 5 月底全国已设置远程终端 71 台，其中高等院校 12 台，分布在除青海、新疆、西藏三省区以外的各大省区市，从检索课题数量来看，将近 50% 的课题属于高等院校用户[③]。这些联机检索国家网络系统的形成，得益于我国提前布局建设自己的远程联机检索网络。1983 年以来，我国为了尽快建立起自己的远程联机检索国家网络系统，到 80 年代末前后投入近 1 亿元人民币，购置大型机 18 台，中小型机 70 台，微型机近 1000 台，引进各种类型的磁带十几种。拟将我国自建的中、外文数据库先后投入实际应用，从而降低联机检索的实际费用，为国内远程联机检索终端的发展创造良好的国内环境。

1987 年北京文献服务处自行设计了 BDSIRS 情报检索系统软件，成功地代替了 UNIDAS，可节省外存空间 70%，建库机时 40%，装入文献总量达到 400 万篇，联机检索终端 60 个，分布于全国主要城市，这是我国自建的第一个实用性联机情报检索系统，随后邮电部、北京市计算中心等单位也陆续建立了这样的系统。

① 曾民族，1984. BDS 联机情报检索系统的建设和近期设想[J]. 国防科技情报工作（3）：19.
② 梁幼眉，1991. 国际联机检索服务的回顾与展望[J]. 情报理论与实践（4）：21-23.
③ 黄炼，1990. 我国高校远程联机检索的过去　现在　将来[J]. 大学图书馆学报（6）：12-16.

二、国际联机检索终端的建立

为了能够充分、及时地了解、利用国际上的信息资源，以解决引进磁带品种过少、回溯检索困难的问题，国家建工总局等中央 9 家单位于 1980 年在香港租用大东电报局的线路，安装 DIALOG 与 ORBIT 两个系统的联机检索终端，开展回溯检索服务[①]。1982 年以后，随着国内通信条件的改善，各大城市先后安装了几十台国际联机检索终端，世界上一些重要的情报检索系统在中国都有用户。1983 年 10 月，中国科技情报所国际联机检索服务部开业，通过意大利公用数据网与欧洲空间组织情报检索中心（ESA-ISA）联机，可检索该中心 53 种数据库，还可转接 DIALOG 和 ORBIT 两系统查找信息，是当时国内最大的国际联机检索服务机构[②]。

国内联机检索终端建设起步于 20 世纪 80 年代初，北方通过北京电信局，经卫星地面站由意大利的公用数据网与 EURONET 网、TELENET 网或 TYMNET 网连接，检索欧洲和美国等国家的数据库。南方则通过香港大东电报局，经卫星地面站与 TELENET 网或 TYMNET 网连接，检索美国、加拿大和我国香港等国家和地区的数据库。在 80 年代中期，全国各地拥有近 40 个国际联机检索终端用户。

（一）科技情报系统的联机检索建设

1980 年，由建工总局研究院情报所（后改为中国建筑技术发展中心情报所）等单位在我国驻香港处建立了我国第一台国际联机情报检索终端[③]，之后科技情报系统纷纷建设自己的联机检索终端。石油化工部情报所于 1981 年 3 月开通电传类型的联机检索终端，同年年底兵器部第 210 研究所建立起数据类型的联机检索终端。到了 1983 年，水电部情报所、中国科技情报所、国防工业办公室情报站、兵器部第 52 研究所四家单位通过 VT-100、ADM-36、IBM PC、电传等设备建立起联机检索终端，湖南省情报所、福建省情报所、兵器部第 55 和第 204 研究所、广东情报所在 1984 年利用数传、ADM-11、T-1000（SIEMENS）、电传等设备分别建立起各自单位的联机检索终端。1985 年和 1986 年，联机检索终端建设步入一个快速增长阶段，如冶金部情报所、江苏省情报所、中国科技情报所重庆分所、四川五机局情报站、四川省情报所、黄河水利委员会、长江流域规划办公室、华中电管局动能经济研究所、湖北省情报所、山东国际信息检索中心、国防工业办公室情报所、兵器部第六设计院、河北省情报所、厦门市情报所、辽宁省情报所、上海市情报所、黑龙江省情报所、中国气动力研究与发展中心、深圳市情报所 19 家单位在这两年先后建立起国际联机检索终端，终端设备除了上述设备以外，还包括国产长

① 路晓村，1981. 利用国际联机系统开展科技情报检索服务[J]. 计算机与图书馆（2）：55-56.
② 陈宝通，1984. 国际公用数据检索系统在我国建立并试用[J]. 科技情报工作（1）：1-5.
③ 于宏，邓汉成，1986. 当前我国国际联机检索的几个问题[J]. 现代图书情报技术（3）：38-39.

城 0520、HERCULESPC/XT 等设备①。国际联机检索终端检索用户群体除了建设单位外，还包括其他研究所和大专院校的科研人员、工矿企业、专利申请用户、各级政府部门和管理机构等单位。

（二）高等院校的国际联机检索建设

高等院校从原来委托科技情报系统单位筹建的国际联机检索站进行科研课题的检索，进行到图书馆配备专人负责对国际联机检索的推广应用，再发展到建设自己的联机检索终端。在高等院校开展国际联机检索业务方面，北京大学图书馆从 1980 年就设置专职人员负责收集检索课题，通过校外的国际联机检索站，为全校科研人员提供国际联机检索服务。

华东工学院（现为南京理工大学）1983 年 1 月利用 IBM PC/XT 建成国际联机检索终端，是在高等院校系统中最早建成单位②，随后上海交通大学在同年底建立了电传类型的国际联机检索站。1985 年上海医科大学利用 Philips PACT220 ESR设备建立国际联机检索终端，一年后国内著名高校开始重视国际联机检索站的建设，到 1989 年，清华大学、重庆大学、中山大学、上海医科大学、北京科技大学等 11 所高等院校相继建立终端，联通国际著名的 DIALOG、ORBIT 等国际联机数据库。

国际联机检索提供的检索查询服务主要有：各学科、各专业的国外发展水平；国外有关部门和专家的研究动向、成果和水平；国外正在进行的科研项目情况；各国各项经济发展趋势，为产品开发和科研课题提供各种信息；关于各国的经济统计，市场预测；为引进先进技术和设备，承包工程以及中外合资经营及可行性研究提供信息；关于世界专利和标准；代购代订学术价值高而难以获得的学术论文、研究报告和各种特刊；关于特定公司的信用情况；等等。国际联机检索的费用主要包括数据库使用费（包括机时费、打印费，其中机时费按小时计算，价格在 30～150 美元）、通信网络费、长途电话费、手续费等③。

综观本阶段 1980 至 1985 年这 6 年时间，图书馆自动化系统主要侧重于机读目录检索试验、流通业务系统编制、编目系统等单项业务应用，其主要特征是以国产 DJS、IBM、长城等型号计算机作为主机。运行模式是单机运行，在数据输入方面从纸带输入发展到键盘输入，但汉字输入主要采用区位码法，汉字输入效率不高。在数据存储方面，相对于磁鼓、磁带等存储介质来讲，磁盘存储相对更有效率，从原来巨型磁盘发展到 5.25 英寸硬盘，容量从几百 KB 至几十 MB，由于容量不足，需要外存设备来存储数据。具体技术及功能特点归纳见表 2-1。

① 江秋明，1987. 我国国际联机检索工作概况、问题与对策[J]. 情报学刊（3）：54-56.

② 江苏省高等教育局，1986. 江苏高校大型精密仪器设备汇编[G]. 南京：江苏省高等教育局.

③ 佚名，1986. 国际联机检索终端投入使用[J]. 特区经济（2）：59.

表 2-1　单功能图书馆自动化系统技术及功能特点

系统技术		功能模块		标准及接口应用		应用时期及反响
类目	内容	单功能	说明	标准及接口	说明	
主机	国产 DJS-120 等机型，IBM、长城、VAX 等系列	机读目录检索试验	试验阶段，独立模块运行	《文献著录总则》（GB 3792.1—83）	除了大馆输入遵守外，大部分馆采用简单输入	20 世纪 70 年代至 80 年代中期，产品实用化程度低。拥有计算机的图书馆很少，系统只能在极少数大型图书馆应用。70 年代只有国产机，80 年代才开始有 IBM、HP、DEC 计算机。计算机价格昂贵，且磁盘容量制约了自动化系统的发展与应用。系统应用仅在本单位试用或应用
系统架构	单机	流通系统	仅小规模应用，流通系统规模受磁盘容量限制，应用规模较小	《检索期刊条目著录规则》（GB 3793—83）	除了大馆输入遵守外，大部分馆采用简单输入	
数据输入	纸带输入、键盘输入，汉字输入存在困难，输入存在重码汉字较多的问题	编目系统	主要是西文编目的应用	《文献目录信息交换用磁带格式》（GB 2901—82）	基本上不遵守，除了大馆进行 MARC 磁带数据转换外	
磁盘容量	磁带、磁鼓、磁盘，单块磁盘容量从几百 KB 至几十 MB			LC-MARC	部分系统提供磁带或磁盘接口程序进行转录	
操作系统	无操作系统或 DOS、CCDOS、XENIX、MPE/V 系统			字符集支持	英文及汉字支持较好，其他语种支持程度差	
底层数据库	dBASE II					
程序设计语言	COBOL、dBASE II、汇编语言、BASIC 等①					
系统界面	字符界面 CGI					
扫描技术	光笔、条形码扫描器					
组网模式	无网络					
书目数据库规模	几千条至几万条					

---

① 凌崇光，陈大强，1980. DJS-100 系列电子计算机用 BASIC 语言自学入门[J]. 电子技术应用（1）：8-18.

　　单项业务自动化系统时期，实际上每项业务并不是独立、非绝对的单项，如流通管理系统，其程式的编制和数据的录入并不仅是针对流通数据，其中也包括书目数据的录入，读者数据的录入，因此也牵涉到书目管理、书目检索和读者管理等，只不过这些程序的编制相对简单。总的来说，单机单项业务系统发展到单机多项业务系统，再到后来随着计算机技术、数据库技术、磁盘技术的发展，计算机本身软硬件集成化技术支持图书馆软件集成系统的成型。因此，图书馆行业也像其他行业一样，要求各类业务相对集中在一个平台来运行，以便于数据的集中管理、业务的统一管理。

第三章 图书馆自动化集成管理系统
（1986—1993）

　　毫无疑问图书馆自动化之始是机器编目，建设好书目数据库之后，图书馆流通、检索、连续出版物、读者管理等应用模块就拥有了开展业务的书目资源基础。实现自动化的图书馆无论是编目还是流通、不管是期刊管理还是读者检索，图书馆的业务运行都更加顺畅，管理效率也得到了大幅提升。在计算机软硬件技术发展下，集成技术和编目成果的共享化，特别是图书馆自动化集成管理系统的研制成功，使得国内图书馆自动化推广和应用更有成效。

　　图书馆自动化集成系统的概念产生于 20 世纪 70 年代末，1978 年美国国家医学图书馆用"集成图书馆系统"来命名其新研制成功的自动化系统。随后经过近十年的发展，到了 80 年代中后期，已经出现了 ILS、Geac、NOTIS、DOBIS 等专业图书馆集成系统。集成化不仅是图书馆自动化发展的趋势，而且是计算机在各领域应用的共同趋势。计算机在各行业的应用经历了单个程序阶段、程序包阶段、信息系统阶段，最后发展到 80 年代中后期的集成系统阶段[①]。集成系统不但包括计算机本身在各个应用领域内的集成，还包括对具体行业内各业务子系统计算机应用的集成。集成系统技术是计算机关键技术如网络技术、存储技术、硬件接口等硬件技术和软件技术发展的结果。图书馆自动化系统作为计算机应用领域中的一项内容，其发展水平必然要受到整个计算机应用领域发展水平的影响。

　　我国在 1986 年左右开始了图书馆自动化集成系统的研制工作，以福建师范大学图书馆、深圳大学图书馆、空军政治学院图书馆和东北电力工程学院图书馆研制实用化的集成系统为肇始，以深圳图书馆推出集成化管理系统 ILAS 为代表，到深圳图书馆科图（现为深圳市科图自动化新技术应用公司）、北京金盘、北京息洋、大连博菲特等公司成为产品化市场供应商为止，我国图书馆自动化集成系统从单项业务系统经验积累、集成系统研制实用，到全国推广自动化集成系统，经历了主机终端局域网、客户端/服务器局域网模式阶段，最后实现了图书馆自动化集成系统的快速发展和推广应用。

第一节　集成系统技术模式发展

　　图书馆集成管理系统较之原来的彼此独立的图书馆单项业务管理系统，具备

---

① 全国高等学校图书情报工作委员会秘书处，1990. 高校图书馆计算机应用经验交流会文集[C]. 北京：北京师范
　大学出版社.

如下特点：一是业务系统完备性，涵盖了图书馆所有可用计算机实现的功能；二是全面性，将原来彼此独立的子系统综合起来进行数据库的设计和数据流程设计，各子系统之间可共享数据结构或数据文档；三是消除数据冗余，避免重复输入；四是集成系统本身作为一个整体，留有数据交换接口，便于同外部进行数据交换[1]。

集成系统技术模式从主机选择上来讲，由于资金、技术、时间等因素影响，国内图书馆自动化集成系统大体上有小型机管理模式、微机多用户管理模式（又称为主机终端模式）和客户端/服务器模式。小型机相对国内大多数图书馆来讲，因为其购买投入资金过大，一般中小型图书馆是没有能力购置的。但小型机速度快、容量大、支持并发用户数多，因此深受经济能力较强的国内大型图书馆欢迎。

一、基于局域网的主机终端模式

随着计算机操作系统环境的改善和设备的快速发展，开始在局域网出现以主机/终端方式为主要标志的集成系统，集成系统通过整合系统模块，带来了系统模块之间的协同工作，实现了图书馆核心数据与主要业务功能的集成化管理，数据的实时性大为提高，业务与服务质量也迅速提升。图书馆自动化系统中集成系统的使用促使图书馆进行业务机构的重组，为图书馆传统业务变革做出了贡献。

终端设备是相对于主机、PC计算机而言的，在20世纪80年代，计算机主机价格相对来说比较昂贵，而终端设备便宜很多。一般终端设备包括一台视频显示器、一套键盘和一个串行口。它与PC的区别是，终端除了能连接到一台主计算机之外不能做其他事情。当与主机连接时，它将数据显示在显示器上，并发送键盘输入的数据到主机上。终端与主机的通信通过串行接口进行[2]。

主机终端模式一般应用于微机多用户管理。图书馆自动化管理系统部署在主机系统上，主机通常用高档微机，多个用户共享一台主机，用户通过控制系统和终端设备与主机系统通信，每个用户终端被轮流分配主机CPU资源，由于主机CPU处理速度远远高于人的操作速度，因而终端操作用户感觉不到延时，完全像操作一台独立的机器。由于多用户系统所有处理都交由主机系统完成，终端只是从键盘接收输入送入主机和从主机接收数据到显示器，当用户增加到一定数目，主机处理终端提交的任务负担过重，终端用户操作体验性能差，觉得速度很卡，这就必然要求主机有很高的I/O吞吐率和数据处理性能[3]。

主机终端模式的优点是：①数据集中存储和管理，便于数据安全管理，终端不保存数据。②具有多任务机制，可以让不同的终端同时做不同的工作，可多用户处理事务；业务数据处理在主机上，可有效防止病毒传播。③任务有优先级。

① 张怀涛，刘巧英，张新勤，等，2008. 复合图书馆管理研究[M]. 长春：吉林文史出版社.
② 本刊编辑部，1996. 终端与PC的区别[J]. 电子标准化与质量（4）：44.
③ 王敬福，沈玉美，1994. 图书馆自动化管理模式探讨[J]. 上海高校图书情报学刊（4）：40.

④主机终端模式（微机多用户模式）操作系统主要是 UNIX 系统产品 XENIX，与 DOS 操作系统相比不易感染病毒。⑤系统建设成本比微机局域网要低些。⑥可用 PC 做仿真终端，增加了笨终端的灵活性。⑦减少维护工作量，降低硬件成本投入。当然，任何事物都存在两面性，主机终端模式在图书馆自动化系统应用也存在缺点：①主机承担风险过大，数据、系统均在主机上，主机故障会导致整个系统不能运转；②系统扩充能力有限，当连在主机的终端设备数量达到一定值时，系统性能会迅速下降；③终端离开主机不能独立运行，且上机时间和地点均受限制；④字符终端是笨终端，离开主机不能独立进行计算机工作，造成硬件资源浪费；⑤多用户争用主机资源，导致用户进程时快时慢，响应时间不确定。

随着技术的发展和计算机成本的下降，常用的 PC 机通过安装终端仿真程序既可以用作终端也可以进行独立的应用系统操作。PC 计算机经常用于小型或大型计算机的访问点[①]。如有一个适当的终端仿真软件，PC 机就可以具有一个终端的所有功能。任何 PC 机都能起到主计算机或终端的作用。两者的主要区别是软件问题：通用程序允许 PC 机既可以作为一个终端使用，也可以作为主计算机使用。只需要在 PC 计算机中装入主机终端的仿真通信软件，在联机作业时 PC 计算机作为终端运行，在脱机作业时，仍具有 PC 机的全部功能。

清华大学在 20 世纪 80 年代末 90 年代初，使用日本富士通公司小型机 K670/40，操作系统是 CSP/FX，内存是 32MB，外存为 3GB。工作站使用的是独立的操作系统 APCS Ⅲ，图书馆自动化管理系统为 ILIS，运行在小型机上[②]。工作站和终端通过 Modem、Hub 连接到小型机上，在馆藏目录检索方面，读者通过终端设备以 Telnet 方式登录到 ILIS 主机的前端机 DS90（操作系统 UNIX）上，成为 DS90 的仿真终端，用字符方式查询（见图 3-1）。

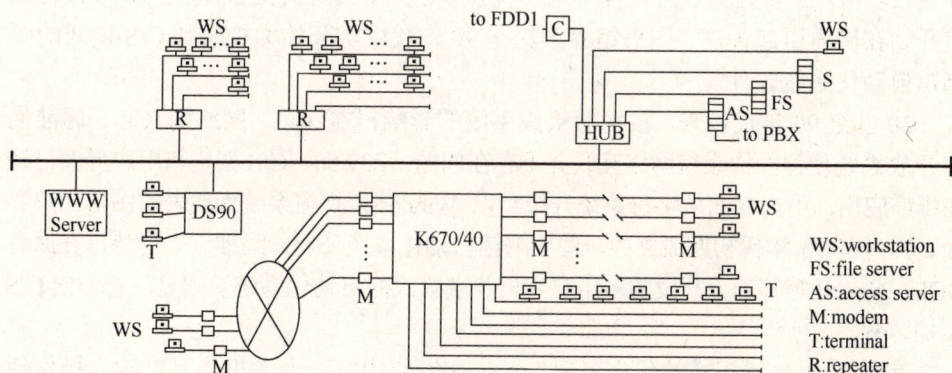

图 3-1　清华大学图书馆自动化系统网络示意图

① 曹建平，1994. K650/30 小型机的特点及问题[J]. 晋图学刊（2）：66-67.

② 嵇玥，1996. 清华大学图书馆自动化建设之现状[J]. 北京图书馆馆刊（3）：107-110.

二、基于客户端/服务器模式

客户端/服务器（Client/Server，C/S）体系结构是在计算机硬件小型化、高速化，计算机网络技术不断成熟、实用化的基础上孕育产生的[①]。从硬件方面来讲，C/S 模式是将原来由主机承担的工作任务分散到两个或多个处理器上，即多台计算机上。具有友好的用户界面的计算机硬件，如工作站、PC 机运行前端应用软件的客户端程序，可使用网络客户机的任何共享资源，或来自服务器的共享信息资源，以完成客户机上所需要的任务[②]。服务器则负责对客户提供数据或为客户应用程序进行响应服务。

从软件方面来讲，客户端负责用户界面和表现逻辑方面的工作，用户界面主要完成客户端的人机界面、屏幕处理、报表生成、文字处理等工作，不能直接访问数据库中的数据[③]。表现逻辑则向各种各样的应用提供一个统一的数据访问接口，如 SYSBASE 数据库中，提供了一个 ANSI 的标准 SQL 超集作为它的表现逻辑。服务器端则负责事务逻辑和数据访问工作，服务器端的事务逻辑主要完成数据的安全性、完整性以及事务的完整性等管理工作，并可以进行跨越多个机器上的多个数据事务的协同工作。数据访问除了负责对数据库的管理之外，还负责完成所有客户端对服务器的数据库的访问请示，在服务器内可以用编写的存储过程来实现数据访问和事务。服务器端强调对数据安全性和完整性的集中管理。C/S 结构模式在性能和控制方面具有主机终端模式不可比拟的明显优点，并能降低应用开发和维护的代价成本。

C/S 模式架构产生于网络技术的进步和计算机广泛性应用的背景之下，这种网络应用架构能工作在不同系统、不同厂商的计算机设备上，具备支持软硬件的兼容性、多用户、多任务、可视性等诸多优点。C/S 模式架构在 20 世纪 90 年代初期就开始在国内引起关注，图书馆界大约在 90 年代中期开始力推研制 C/S 模式的图书馆自动化系统软件。

20 世纪 90 年代以来，技术对集成系统的影响日益深刻，网络的兴起、标准化和开放系统使得异构系统网络互联并不存在问题。Z39.50、C/S 架构和用户界面已经在推广应用，用户界面从字符系统升级到以 Windows 视窗系统为代表的图形用户界面。国内在 90 年代初期成立的一些图书馆自动化系统公司，瞄准这一趋势，在原有 DOS、Novell 等基础上开发的多用户主机终端模式的自动化系统基础上，着力向 C/S 架构转变。

客户端/服务器模式的优点表现在：①在网络中每一台微机均可以独立操作使用，上机时间和地点不受限制；②各工作站微机均有数据、事务处理能力，减轻

---

① 张晶，1999. 浅析图书馆计算机应用系统的操作平台[J]. 牡丹江师范学院学报（自然科学版）（1）：76-78.

② 谭立湘，1995. 客户机/服务器技术的应用[J]. 计算机工程与应用（4）：9-13.

③ 张佳昆，1996. 客户机/服务器环境下服务器技术发展现状与前景[J]. 微电脑世界（2）：20-26.

了服务器的负担；③扩充能力强，增加用户时，只需增加新的工作站或服务器即可；④网络软件通过权限加密，可提供服务器的安全性[1]。当然，客户端/服务器模式也不是十全十美的，这种技术模式的缺点也十分明显：①数据处理分散，各工作站均可以按自己的习惯组织处理数据；②缺少 UNIX 安全机制，数据非法窃取可能性大；③没有优先任务级别，重要的和紧急的事情无法优先处理；④工作站配置复杂、地点分散，不易于管理，维护任务重；⑤DOS 等操作系统在网络上容易感染病毒。在 20 世纪 90 年代初期，深圳大学、东北电力学院、上海医科大学等所属图书馆均是使用微机局域网的客户端/服务器模式的自动化集成系统[2]。

1998 年，作为 ILAS 的升级换代产品 ILAS II 正式推出，深圳市科图自动化新技术应用公司将采用客户端/服务器模式的新一代网络版系统产品 ILAS II 引入市场，为我国图书馆从自动化向网络化过渡提供了令人瞩目的技术平台。北京息洋、北京丹诚、北邮、大连博菲特、重庆图腾等专营图书馆自动化系统的公司，面对网络化的发展趋势，在 1995 年左右，各自将自己原有的系统从 DOS 或 Novell 版，升级到面向 Windows 版的 C/S 网络结构体系，数据库也从原来的 FoxBASE 或 FoxPro 迁移到功能更为强大、更支持 C/S 结构模式、有分布式存储功能的 SQL Server、Oracle、Sybase 等数据库平台。

三、不同技术模式下的图书馆自动化系统比较

1986 至 1993 年这 8 年时间，图书馆自动化系统应用以主机终端、客户机和服务器两种模式为主，虽然这一时期自动化系统架构模式从主机终端，向客户机、服务器两层架构迁移，但在一些新兴的图书馆自动化专业公司，也在调试和研制多层架构的自动化系统。例如，北邮的 MELINETS 系统既有 Client/Server 架构，也有 Browser/WebServer/DbServer 三层架构。

（一）两种技术模式系统介绍

主机终端模式的图书馆自动化系统分为小型机多用户系统和微机多用户系统，前者国内应用较多的有日本富士通 ILIS 系统和广东省中山图书馆 ZSLAIS 系统，后者应用较多的有图书馆研制的 ILAS 系统。

以小型机多用户系统日本富士通系统为例，分别从服务器主机操作系统等多个层面分析如下。

国外系统：日本富士通 ILIS 系统[3]；

服务器操作系统：自主的操作系统 CSP/FX；

---

① 王雷，闫峻，1995. 客户/服务器体系结构数据库管理系统[J]. 航空计算机技术（4）：32-37.
② 徐欣禄，1994. 图书馆自动化系统的微机多用户与局域网选择[J]. 图书馆理论与实践（3）：19-21.
③ 陈晰明，1994. ILIS 数据库的建立浅说[J]. 晋图学刊（2）：63-65, 55.

服务器硬件[①]：K 系列小型计算机，有 K650/30、K670/40、K672/20；

远程终端硬件：F9450Ⅱ；

与主机通信规程：FTS；

主机 ILIS 软件开发语言：COBOL；

智能终端软件开发语言：BASIC；

工作站操作系统：APCS Ⅲ；

数据库：由众多数据文件构成，包括物理文件（PF）、逻辑文件（LF）、顺序文件（SF）、索引文件（ISF）等；

用户：国家教委组织引进，有十几所高校，20 世纪 90 年代初有清华大学、山西大学（1992）、太原工业大学（现太原理工大学）等；

功能模块：采访、编目、期刊管理、流通、公共目录检索；

数据标准：支持 LC-MARC 记录转换和转录他馆书目数据；

技术模式：主机终端模式；

流通借阅：账号不支持典藏地识别借还；

预约：只支持单册预约，不支持图书种类预约；

终端支持：支持哑终端运行和智能终端运行；

网络支持：支持国内、国际标准协议网络；

数据备份：支持磁盘、磁带、光盘设备等多种介质备份。

富士通 ILIS 系统的数据文件体系、书目文件格式和馆藏书目格式分别如图 3-2、图 3-3、图 3-4 所示。

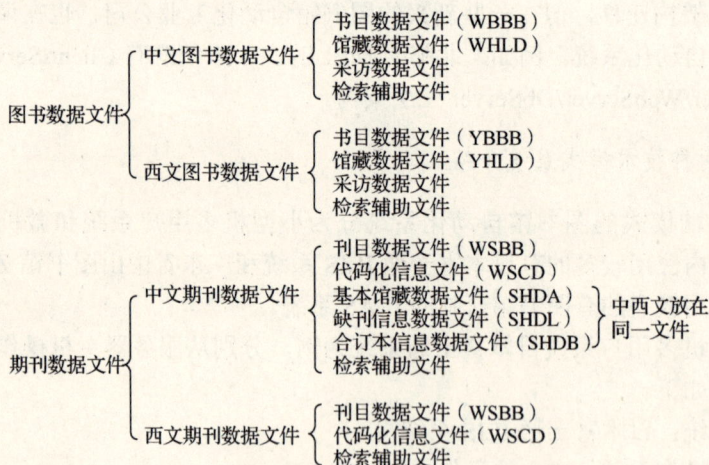

图书数据文件
- 中文图书数据文件
  - 书目数据文件（WBBB）
  - 馆藏数据文件（WHLD）
  - 采访数据文件
  - 检索辅助文件
- 西文图书数据文件
  - 书目数据文件（YBBB）
  - 馆藏数据文件（YHLD）
  - 采访数据文件
  - 检索辅助文件

期刊数据文件
- 中文期刊数据文件
  - 刊目数据文件（WSBB）
  - 代码化信息文件（WSCD）
  - 基本馆藏数据文件（SHDA）
  - 缺刊信息数据文件（SHDL）   中西文放在同一文件
  - 合订本信息数据文件（SHDB）
  - 检索辅助文件
- 西文期刊数据文件
  - 刊目数据文件（WSBB）
  - 代码化信息文件（WSCD）
  - 检索辅助文件

图 3-2　富士通 ILIS 系统数据库数据文件体系

---

① 朱世平，1994. 图书馆集成化管理系统的建立[J]. 计算机系统应用（3）:10-12.

8	2			240					1
书目号	记录序号	长度	TAG	信息	"1F"	……	信息	"1F"	标志位

项目1　　　　　　　　　　　　　　　　项目2

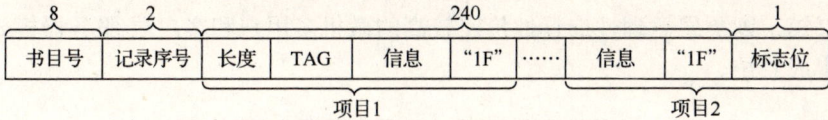

图3-3　富士通 ILIS 系统中文图书书目文件格式图（251 字节）

馆藏数据记录总长191字节

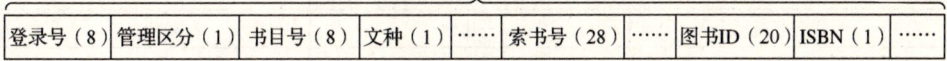

登录号（8）	管理区分（1）	书目号（8）	文种（1）	……	索书号（28）	……	图书ID（20）	ISBN（1）	……

图3-4　富士通 ILIS 系统馆藏图书书目文件格式图（191 字节）

微机多用户系统在国内应用最为广泛的当首推深圳图书馆 ILAS 系统[1]，该系统是由文化部下达的项目，由深圳图书馆联合国内几家省馆共同研制的图书馆自动化集成系统。ILAS 软件系统降低了硬件投入成本，图书馆也可以购买微机来实现图书馆自动化系统项目，不需要非得购置昂贵的小型机[2]。ILAS 在 386 和 486 微机上就可以建立多用户或多个用户局域网的图书馆自动化系统，达到图书馆采购、编目、流通、期刊、联机检索、参考咨询等业务全部实现计算机操作的目标。

而客户端/服务器模式国内最早产品之一有深圳大学图书馆计算机系统 SUMLIS[3]，该产品研制成功后先后在深圳大学、五邑大学、中山大学等十几所广东省内高校应用，该系统于 1986 年研制成功，采用"3+以太网"的网络模式，使用多用户 dBASE Ⅲ plus 数据库，系统具备采访、编目、流通、期刊管理、书目检索等 7 个子系统，适于中小型图书馆部署。

（二）两种技术模式自动化系统的比较

根据陈睿等对主机终端和客户端/服务器两种模式的比较（表 3-1），可以明显看出客户端/服务器模式的低成本优势，图书馆采用主机终端模式容易受制于经费和部署的可扩充性的限制，因而中小型图书馆往往选择性价比高和易于部署的客户端/服务器模式系统，因而在 20 世纪 90 年代中后期，大多数主机终端模式的系统产品，也不得不升级产品，如 ILAS 产品在 1997 年升级成客户端/服务器模式 ILASⅡ产品。

为了更为直观地比较两种模式的自动化集成系统，笔者从服务器硬件、操作系统、工作站或终端、底层数据库、开发设计语言、客户数量、标准化等角度，分别罗列了不同模式的几个应用系统做出比较（见表 3-2 和表 3-3），可以看出大型图书馆不管采用哪种技术模式，都是应用小型机的较多。在集成系统应用初期一般采用主机终端的技术模式，而受制于资金和技术等因素困扰的数量众多中小

① ILAS 系统研制组, 1992. 图书馆自动化集成系统的设计[J]. 现代图书情报技术（3）：30-35.
② 陈定权, 2016. ILAS 三十年（1985—2015）：发展历程与未来走向[J]. 图书馆论坛（6）：34-42, 26.
③ 张育桓, 1990. 广东省高校图书馆计算机应用的研究和开发工作[J]. 广东图书馆学刊（1）:71-75.

型图书馆，则更愿意理性选择性价比较高的微机多用户和客户端/服务器模式的自动化集成系统。

表 3-1　主机终端模式和客户端/服务器模式应用效能的比较[①]

比较项目	主机终端模式	客户端/服务器模式
主要硬件	小型机或超级微机	微机
投资状况	一次性	阶段性
馆藏规模	大中	中小
服务方式	闭架、半开架	全开架、半开架
数据管理方式	集中式	分布式
中央数据库依赖性	较强	较弱
对通信系统的依赖性	弱	强
重复数据项	少	多
存储器利用率	较高	较低
服务器故障影响	较高	较低
操作系统费用	较高	较低
应用系统开发和维护费用	较高	较低
硬件价格	较高	较低

表 3-2　图书馆集成系统——主机终端模式

系统名称及比较类目	日本富士通 ILIS 系统	深圳图书馆 ILAS 系统（一直到 ILAS5.0 版）	广东省中山图书馆 ZSLAIS[②]	上海交通大学包兆龙图书馆 MILIS
服务器	小型机 K 系列	超级微机 386、486、小型机 VAX Ⅱ、HP 9000 等	IBM AS/400 中型机和小型机	HP 3000/930 小型机
终端或工作站	F9430 等系列、PC 终端	PC 仿真终端	IBM 5550 微机、IBM 529 终端	中西文终端、亚洲工作站
服务器操作系统名称	UNIX	XENIX（UNIX 产品）、SCO、VMS、	OS/400	MPE
工作站操作系统	DOS	DOS	DOS	DOS
底层数据库	关系数据库文件：RDB	自主研制的 C-Tree 数据库 LDBMS，可变长字段数据格式	AS/400 关系数据库，固定长字段数据格式	MINISIS 关系型数据库、IMAGE 网状数据库
业界标准	MARC	CNMARC	中、日、俄文兼容，简体和繁体兼容，CNMARC	中、西、日文兼容，简体和繁体兼容，MARC

① 陈睿，谢新洲，1989. 图书馆自动化系统：微型机局域网与超级微机或小型机多终端分时系统的比较研究[J]. 大学图书馆学报（6）：1-7.
② 莫少强，1991. 广东省中山图书馆自动化集成系统的现状及其发展[J]. 图书馆论坛（3）：80-84.

续表

系统名称及比较类目	日本富士通 ILIS 系统	深圳图书馆 ILAS 系统（一直到 ILAS5.0 版）	广东省中山图书馆 ZSLAIS	上海交通大学包兆龙图书馆 MILIS
检索技术	支持逻辑检索	支持逻辑检索、索引检索、限次检索、组配检索、二次检索	支持关键词、自由词及逻辑组配式的查询	支持关键词、自由词及逻辑组配式的查询
用户	国家教委组织引进、清华大学等图书馆用户	深圳图书馆、天津市图书馆等 20 多家用户，后发展到近 3000 家用户	广东省内公共图书馆等用户	上海交通大学
开发语言	COBOL（小型机）、BASIC（微机）	C 语言（主机）	COBOL、RPG、BASIC、SQL、Query（主机）	SPA、COBOL
功能	采访、编目、期刊管理、流通、公共目录检索	采购、编目、流通、期刊、联机检索、参考咨询	中外采编、中外文期刊、地方文献、古籍善本、书目参考咨询、公众信息服务、行政管理等 11 个子系统	采购、编目、流通、期刊、公共查询、资金管理等 6 个子系统
MARC	支持 LC-MARC 记录转换和转录他馆书目记录	CNMARC（带有 6.5 万种标准书目数据）	支持 LC-MARC、CNMARC 及数据导入导出	支持 LC-MARC、USMARC、UNIMARC 等源数据导入
支持网络	主机-终端	Novell 网络、TCP/IP、以太网	SNA 网络	主机-终端
用户界面	CGI 字符界面	CGI 字符界面	汉化字符界面	CGI 字符界面
投入运行时间	1990	1988	1991	1986
备份技术	磁盘备份	日志备份和磁带备份	支持磁盘镜像备份	磁盘备份

表3-3 图书馆集成系统——客户端/服务器模式

系统名称及比较类目	深圳大学图书馆 SUMLIS	北京丹诚软件 DataTrans-1000	北京邮电大学 MELINETS
服务器	3 Server 网络服务器	微机（586）、小型机	微机、服务器或小型机
客户机	IBM PC/XT、IBM PC/AT	个人微机（486）	PC（个人电脑）
服务器操作系统名称	西文 MS DOS3.1、汉字 CC-DOS 2.1、汉化3+以太网服务软件	UNIX、Windows NT	UNIX、Windows NT
客户机操作系统	西文 MS DOS3.1、汉字 CC-DOS 2.1	Windows 3.1 或 NT 工作站	Windows
底层数据库	多用户 dBASE III plus 关系数据库	自主研制的数据库，可自由摘挂的积木式数据库	Sysbase 或 Oralce

续表

系统名称及比较类目	深圳大学图书馆 SUMLIS	北京丹诚软件 DataTrans-1000	北京邮电大学 MELINETS
业界标准	MARC	支持馆际网络编目和 ISO2709	GBK 大字符集、Z39.50、ISO10160/10161 馆际互借协议
检索技术	支持题名、主题词、分类号、登录号、ISBN 号等途径检索	支持 WWW 检索、逻辑组配检索	支持 WWW 检索、逻辑组配检索
用户	深圳大学、五邑大学等十几所院校	国内 500 家图书馆用户	国内 80 家图书馆用户
开发语言	dBASE Ⅲ plus	C 语言、DTScript 语言	PowerBuild、C、JAVA
功能	采购、编目、期刊管理、流通、馆藏文献检索	公共查询、内务管理（含采购、编目、典藏）、流通管理、批处理程序、联机数据共享和统计、网络目录等	采购、编目、典藏流通、连续出版物、公共检索、Z39.50 公共检索、馆际互借、编目中心子系统、人事管理、设备管理等
MARC	支持 LC-MARC 记录转换转录到软盘再转录到本系统功能	CNMARC	CNMARC、USMARC
支持网络	3+以太网络	TCP/IP 网络	TCP/IP 网络
用户界面	CGI 字符界面	GUI 界面	GUI 界面
投入运行时间	1986 年	1996 年	1997 年
备份技术	支持软盘及磁带备份	日志恢复和磁带备份	支持磁盘备份及磁带备份
服务器硬盘容量	70MB	1GB	500MB

第二节　公共图书馆研制的自动化集成系统

公共图书馆在研制图书馆自动化集成系统中，国家图书馆由于其地位和馆藏规模、馆藏文献语种等特殊性，一开始是引进支持多语种的美国自动化系统 CLIS 系统，同时也着手研制自己的文献管理系统（文津文献管理系统），并于 1996 年前后投入使用。在省级图书馆研制自动化集成系统的，广东省中山图书馆的 ZSLAIS 系统，应用较为成功，而影响最为广泛的公共图书馆自动化系统，则首推深圳图书馆牵头研制的 ILAS 系统，在 20 世纪 90 年代及 21 世纪初期，其用户遍及全国各地，用户数量 4000 余家。

一、深圳图书馆研制的 ILAS 系统

深圳图书馆成功研制了实用的多用户光笔流通管理系统，得到了文化部主管

领导及曾民族、沈迪飞等图书情报专家的充分肯定，他们建议在此基础上，继续研发出具有国内外先进水平的图书馆集成系统。1988 年 1 月 13 日，在深圳图书馆刘楚材、张慰慈、何沛霖等馆领导的积极呼吁下，文化部图书馆司杜克司长等领导的大力支持下，省文化厅、深圳市特区地方政府的经费保障下，文化部科技司、图书馆司与深圳图书馆签订了文化科技三项费用专项合同，下达了图书馆自动化集成系统重点科研项目任务书，文化部立项经费共 21 万元，这还不包括广东省文化厅、深圳市财政及深圳图书馆自筹经费①。经费的保障和政策的支持，以及在时任深圳图书馆馆长刘楚材等领导下的自动化系统队伍的锐意进取，深圳图书馆在新技术浪潮下开启了新的历史征程。

（一）ILAS 项目的人才保障

在文化部的强有力的政策支持下，项目组从全国 23 个省市抽调既精通 IT 技术又熟悉图书馆业务的技术人才，在深圳举办图书馆自动化研究班，培训期为半年，并且保障他们原有单位的工资关系，培训期间加班费用由深圳图书馆补贴，培训内容为 C 语言程序设计、文献编目、图书馆自动化等内容，培训结束后，学业成绩优秀的学员深圳图书馆争取把他们留下来解决编制，其中也有一些优秀学员也愿意回到原来单位。深圳图书馆自动化研究班的成功举办，为 ILAS 项目研制提供了强大的人力资源保障，可以说是 ILAS 研制的启蒙力量②。

在文化部、深圳图书馆等有关领导的努力争取下，从中科院图书馆引进我国知名的图书馆计算机应用专家沈迪飞，并委托其担任项目总工程师。项目组成员包括深圳图书馆的余光镇、吴晞，湖南图书馆的朱光华、甘琳，湖北图书馆的马瑞，黑龙江大学信息管理系的王林、赵洗尘，武汉大学图书情报学院的王大可，铁五局科研所的刘明晶，辽宁省图书馆的李东来，这些图书馆专业、计算机专业的两栖人才为 ILAS 系统的成功研制贡献了他们的智慧才华。

（二）ILAS 系统采用的技术

文化部教科司、图书馆司针对当时我国图书馆自动化应用与发展现状和存在的问题做出研制 ILAS 系统的决定，提出"集中力量，搞一套集成系统，包括硬件、软件和实施方案，供全国公共图书馆使用"的设想，并将项目的研制工作交给深圳图书馆承担并组织开发③。这是在我国图书馆自动化系统整体应用水平低、软件研制没有形成产品化、标准化程度不高、书目数据库建设未形成规模、配套设备与技术跟不上的背景下提出的研制思路，图书馆自动化集成系统重点科研项目任

① 刘楚材, 2001. 深图创业史上弥足珍贵的篇章——ILAS 系统诞生始末[M]//吴晞. 时代的链接：深圳图书馆十五年. 北京：北京图书馆出版社.

② 根据笔者 2015 年 12 月 28 日对深圳图书馆王大可研究员采访录音整理。

③ 陆长旭, 1992. "图书馆自动化集成系统"在深圳通过技术鉴定[J]. 图书情报工作（2）：63, 62.

务书明确提出了系统研制是为了"免除各地低水平重复研制而形成的人力、物力、财力和时间上的浪费，减少对进口软、硬件的依赖，各图书馆以最优的性能价格比，实现较为先进的、规范化和实用性强的集成系统"。

ILAS 系统采用的软件方案，是在 UNIX 操作系统的支持下，在引进的数据库核心 C-Tree 基础上开发的 LDBMS，再在此数据库平台上研制图书馆自动化应用软件包[①]。决定 ILAS 成功研制的关键技术主要有：①以 UNIX 操作系统为开发平台，走国际大型通用应用系统开发路线；②从美国 FairCom 公司引进数据库核心 C-Tree 软件包，并在此基础上开发 LDBMS，根据书目数据的特征和处理需要，增加外部数据处理接口、构造 SQL 解释语言层，从而形成分布式数据库管理系统；③选用兼容性强的 C 语言作为软件开发工具，严格采用系统工程和软件工程方法进行开发和管理，使研制出来的软件系统适应性强、易于移植；④严格书目数据库建库标准，项目组书目建库时，事先进行集中培训、统一标准，然后在建设时采取分散加工、严格把关、保证质量、合作建库的办法，为以后的 ILAS 系统推广的数据库建设打下良好的基础；⑤多种应用环境支撑，ILAS 为用户提供多种选择的设备配置方案和应用环境，可以采用微机单用户方式、多用户方式和局域网络方式运作[②]。

（三）ILAS 系统的推广

ILAS 能够成功推广应用最为关键的因素之一，是经过 17 个不同类型的图书馆试用或实用，特别是深圳图书馆带头进行实用。项目总工程师沈迪飞深知应用是软件成果的生命，为了避免"软件的鉴定会就是软件的追悼会"的现象的发生，项目组狠抓应用，依靠用户参与对 ILAS1.0 进行改进与研制，通过用户的参与和应用，将研制与应用紧密结合，使 ILAS 从科研成果初步成长为软件产品。

拥有了众多图书馆的试用和实用后，在 1991 年 11 月 23—24 日，文化部召集相关专家对 ILAS 系统进行技术鉴定：专家们一致认为由深圳图书馆主导研制，湖南、黑龙江、湖北、甘肃、四川、江苏、辽宁、广东等省级公共图书馆参与研制的 ILAS 产品，是一个实用、集成、功能齐全的自动化应用软件。特别是该软件系统配套带有标准化的 CNMARC 书目记录 6.5 万条，可供回溯建库套录使用。深圳图书馆为了推广 ILAS 产品，还与深圳先科激光技术研究所合作开发成功该库的 WORM 光盘版[③]。ILAS 系统通过在深圳图书馆全面正常运行，已初步形成产品化

① 沈迪飞, 2001. 众里寻他千百度——我与 ILAS[M]//吴晞. 时代的链接：深圳图书馆十五年. 北京：北京图书馆出版社.
② 胡振宁, 2017. 高校图书馆总分馆体系分析及建设对策——以深圳大学图书馆体系规划为例[J]. 大学图书馆学报（1）：53-57, 111.
③ 郑会钦, 毛卓明, 陈大庆, 1991. 深圳大学图书馆管理集成系统（SULCMIS）的研制、推广与发展[J]. 图书馆论坛（4）：8-14.

集成系统，并全部或部分推广到 17 个省区市图书馆。鉴定委员会认为，该系统的微机系列图书馆自动化集成系统的功能完备性、整体系统的集成性和通用性、技术的实用性和先进性、产品化程度、软件的可维护性和可移植性、推广的范围和产生的效益等综合指标居国内领先水平，并达到国际 20 世纪 80 年代同类系统的先进水平[①]。

在商业化运作和推广方面，深圳图书馆于 1987 年前瞻性地在全国率先成立图书馆自动化系统产品推广公司——深圳市科图自动化新技术应用公司，为后来的 ILAS 市场化和市场推广奠定了基础。1991 年 ILAS 鉴定会结束后，深圳科图公司开始在全国推广。包括采购、编目、流通、联机检索、期刊、参考咨询 6 个子系统的 ILAS 全部配齐仅 5 万元人民币，赠送一套当时全国最大的、标准化的、存有 6.5 万条书目记录的书目数据库，并且用户享受免费维护和培训，而同样的系统，从国外引进需要 30 多万美元。具有实用性和价格优势的 ILAS 产品在当年年底就卖出 40 多套。从此 ILAS 成为 20 世纪 90 年代图书馆自动化系统的畅销产品，全国 1700 多个图书馆使用 ILAS 系统[②]。

多用户版（主机终端模式）的 ILAS 产品一直发展到 5.0 版，直到 20 世纪 90 年代中期，随着 Client/Server 技术模式的成熟和成功应用，主机终端模式才慢慢退出历史舞台。

二、广东省中山图书馆研制的 ZSLAIS

ZSLAIS 为广东省中山图书馆自动化集成管理系统的简称，该系统是 1989 年文化部图书馆司下达的研制省级图书馆自动化系统的科研项目，项目由广东省中山图书馆负责实施，历经 5 年建成[③]。这是我国建立的第一个以省馆为中心的地区性图书馆自动化网络系统，ZSLAIS 的建成实现了实用化省级图书馆自动化管理，在我国率先建成覆盖全省地域的公共图书馆自动化网络。

（一）系统设计的指导思想与原则

当时进行 ZSLAIS 系统设计是基于广东省中山图书馆 360 万册藏书，每天接待 4000 名读者的大型现代化图书馆需求，且还需要承担起本省图书馆自动化网络规划和建设的重任提出的。因此要求主机系统能够连接绝大多数图书馆微机或主机系统，具有良好的实时联机检索功能，书目数据库要发挥编目中心和检索中心的作用，因此著录要遵守国家标准进行详细著录。

在集成性和兼容性方面，大型书目数据库不仅支持本馆各项业务的操作和处

---

① 陆长旭，1992. "图书馆自动化集成系统" 在深圳通过技术鉴定[J]. 图书情报工作（2）：63，62.

② 沈迪飞，2016. 我所亲历的图书馆技术变革（1974—1998）[J]. 图书馆论坛（9）：52-61.

③ 莫少强，1995. 广东省中山图书馆自动化集成系统的设计与实现[J]. 图书馆论坛（1）：20-23.

理，同时可为网络成员馆提供数据源，能够在 IBM AS/400 中小型机、Novell 局域网和单用户微机上运行。在支持语种方面，做到中文、西文、日文、俄文兼容，简体汉字和繁体汉字兼容，国产微机和 IBM PC 机能够联网兼容。

在用户接口方面遵守多级用户、多级接口的原则，根据不同的用户需求，设立不同的用户接口，提供不同的服务。同时系统设计要从便于维护、易于扩充的原则进行设计。

（二）研制经过

ZSLAIS 的研制经过三个阶段，耗时 5 年。第一阶段主要是设备选型和本馆系统研制，在 1989 年就选择了刚推出不久的 IBM AS/400 型号主机和流行的 Novell 局域网。AS/400 拥有强大的集成化的关系数据库系统、通信协议、安全性及网络特性、文件维护及打印能力，也称为数据库机，具有多语种处理功能，可连接 20 多种不同语言键盘的终端，并且其汉化达到操作系统内核一级。而 Novell 网络操作系统 NetWare V3.11 是一个全 32 位操作系统，支持所有重要台式操作系统，提供网络式管理，最大用户数可达 250 个，并支持外存储器的跨物理链接，具有很强的组网性能。本馆系统研制利用 IBM AS/400 提供的 SEU、DDS 和 SDA 等开发工具，采用"原型法"进行开发，一年多时间就开发了流通管理、中外文采编检、中外期刊管理、地方文献等子系统，并投入运行。5 年来共建成 22 个业务管理分系统[1]。

第二阶段主要是根据广东省文化厅制定的《广东省公共图书馆计算机信息管理系统"八五"规划》，为广东省内市馆选购 AS/400 小型机系统，购置 Novell 微机局域网，并在上述环境中开发"图书馆电脑管理集成系统"软件（三个版本）。其 V3.0 适用于 AS/400 中小型机，V2.0 适用于 Novell 局域网环境，V1.0 适用于微机环境。三个版本采用统一的数据结构、业务管理流程和中文菜单驱动，先后在 20 多个图书馆投入使用，为广东省公共图书馆自动化网络打下了基础。

第三阶段是根据网络规划开发、研制远程联机编目和检索分系统，重点解决 AS/400 主机之间，AS/400 与微机系统的远程联网技术关键。对于 AS/400 主机级的联网，主要利用 AS/400 操作系统提供的 APPN 通信功能，可实现远程登录通过、分布式数据管理等功能[2]。对于 AS/400 与微机的联网，采用了台湾冠泰电脑公司提供的 5250 异步终端仿真技术。

---

① 广东省立中山图书馆，2012. 广东省立中山图书馆志[M]. 广州：广东教育出版社.
② 莫少强，1994. 我国第一个地区性公共图书馆自动化网络——ZSLAIS 的建设与发展[J]. 现代图书情报技术（6）：5-9.

（三）系统总体评价

ZSLAIS 成为广东省图书馆的网络中心、编目中心和书目检索中心，系统已同中山大学图书馆、广州市信息中心以及佛山等 10 多个市、县、区馆联网，实现了联机编目和检索。ZSLAIS 联网成员馆在本地输入其 ISBN 号并发送到编目中心，编目中心依据此 ISBN 号进行套录，成员馆收到套录结果后即可用于采访或编目处理。使用 AS/400 系统的图书馆可直接主机级联网套录数据，使用微机的图书馆可启动 PC Support 软件从远程主机 AS/400 系统将书目数据传送至本馆微机。

ZSLAIS 系统实现书目文献联机检索，网络成员通过文献检索与公共查询分系统，检索广东省中山图书馆所有的文献数据库，检索途径有题名、责任者、分类、主题、丛书名、ISBN、ISSN、ISRC 等 10 多项。1994 年，广东省中山图书馆 ZSLAIS 获文化部科技进步一等奖，1996 年 12 月获国家科技进步三等奖。

三、北京图书馆研制的"文津"文献管理系统

北京图书馆下属部门北京现代文津信息技术研究中心研制开发的"文津"文献管理系统[1]，支持国家图书馆采访编目、流通及 Internet 公共查询服务工作。1996 年，文津 Novell 网络版替代了运行多年的美国 CLSI 流通图书管理系统[2]，随后一年文津 UNIX C/S 网络版在编目部、采访部通过验收并正常运行，1998 年文津信息技术研究中心和北大方正技术研究所合作开发的文津 Internet 公共查询系统正式投入运行，至此文津系列软件有文津 UNIX C/S 版、文津 Internet 公共查询服务系统、文津 Windows NT 网络版、文津 Novell 网络版、文津单机版、文津 DOS 版等 6 个版本的产品。

（一）文津文献管理系统产品的特点

1. 系列化

该产品是基于北京图书馆大型机系统，结合国家图书馆规范、严谨的业务流程开发而成的。在功能和价位上分为高、中、低三个档次的版本，对应支持大、中、小型规模的图书馆业务自动化，各个版本的数据均可兼容，且具有相同的操作界面，并能够从低版本平滑过渡到高版本。

2. 标准化

网络协议采用国际标准 TCP/IP 协议，中文书目数据采用标准的 CNMARC 格式存储，并输出格式规范的书目卡片。在 Internet 公共查询系统中，应用了国际标

① 孙承鉴，刘刚，1998. 北京图书馆自动化、网络化建设的现状与展望[J]. 北京图书馆馆刊（3）：3-10.
② 镇锡惠，1997. 北京图书馆中文采访、编目、检索、流通业务子网的实现（一）[J]. 北京图书馆馆刊（2）：113-115.

准 SGML 语言，遵循严格规范的业务流程和支持图书条码管理，条码格式及数据校验采用文化部颁布的《图书馆行业条码》标准。

3. 网络化

文津图书馆管理软件提供采购、编目、流通、检索、连续出版物管理等内部网络工作环境，既可以建立单位内部局域网，又可以外连到 Internet 广域网，并能授权用户进行图书预约和书目下载。

4. 先进性

文津 UNIX C/S 版是国内最先研制成功的基于客户端/服务器分布式网络模式的新一代图书馆管理软件，该模式在北京图书馆中文编目和中文采购等多个业务部门得到应用，使用多台服务器，服务器之间实现动态数据共享和网络分布式处理。在系统核心数据库方面，采用国际上通用的数据库产品如 Oralce、SQL Server、Fox、Access 等数据库，而不是自行开发的封闭的数据库系统，从应用系统底层，保证了网络上并发数据库操作的安全性，并使建立在成熟数据库之上的应用软件的功能随着数据库性能的稳定升级而得到不断完善。为降低用户采用成熟数据库产品的成本投入，文津 Windows NT 版可以灵活选择 SQL Server、Fox、Access 等数据库产品[①]，利用 Windows 环境下的 DLL 动态链接的技术，可执行程序变得灵活、小巧。在公共查询模块，实现了国际标准 SGML 语言对 CNMARC 数据的描述，标准的书目数据可以在 WWW 浏览器上以超文本方式链接并浏览。在公共查询系统中可以进行全文检索。

5. 安全性

系统采用双重安全保护措施，一方面在网络上通过网络权限设置进行不同业务功能的管理和控制，另一方面通过"文津"系统本身的用户权限、口令设置来控制不同的工作人员的操作范围。系统能够自动生成工作人员对数据库操作日志，并且提供数据测查、修复功能，防止系统断电造成的数据断链现象。

（二）业务系统的特点

文津文献管理系统包括采购、编目、检索、连续出版物管理、统计等功能，由于系统的复杂性，以下仅选一些与读者应用有关的功能介绍。

检索子系统的主要功能有键词浏览、多键检索、条件组合检索、卡片显示、卡片打印、馆藏信息显示、CNMARC 格式显示等。系统提供 3 种不同的公共检索

---

① 李曙东，1996. 北京图书馆中文书目数据已经上网[J]. 北京图书馆馆刊（4）：131.

方式：馆藏图书的总浏览、多条件组合检索、布尔式组合检索[①]。检索点有题名、题名拼音首字母、著者、著者拼音首字母、出版者、出版地、出版年、ISBN 号、关键词（包括主题复分及题名关键词）、中图法分类号、科图分类号、书目记录号等。检索系统能使读者及时了解馆藏图书的复本量和当前状态（在编、在架、借出），以方便读者借阅。检索后能以多种格式输出检索结果，如卡片式书目、书本式书目、CNMARC 格式等。

（三）对外公共查询的主要功能特点

检索系统具备强大的超文本链接功能，选中书目卡片上的相关题名、相关著者、相关主题、相关分类号等热键中的任意一项，均可进行链接检索。系统具备全文检索和逻辑关系组合检索功能，并可进行二次限定检索。也可以对中、西文的书目、期刊库进行任意的单库查询或多库混合查询。操作界面能够提供中英文切换功能，为特定权限的用户提供 MARC 书目数据下载和流通预约服务。

第三节　高校图书馆研制的自动化集成管理系统

高校图书馆研制和引进图书馆自动化集成系统，相较于公共图书馆而言，一直占据着很大的优势。无论是单机版、主机终端版还是 C/S 架构版，高校图书馆研制的自动化系统数量在 20 世纪 80 年代至 90 年代一直是领先的，除了经济财力优势外，人才优势也是一个重要方面。但是，大多数高校图书馆研制的集成系统没有推广，或者推广价值不大，因此往往适用面不广，没有发挥相应的效益。综观这一时期，笔者选择三个较有影响的高校图书馆研制的自动化集成系统进行介绍和对比。

一、深圳大学图书馆研制的 SULCMIS

深圳大学图书馆计算机管理集成系统（简称 SULCMIS）的研制于 1986 年起步，采取总体设计、分步实现的边设计边运行的指导思想，先完成图书流通管理子系统，再完成图书编目、馆藏检索、图书采购、期刊管理等子系统，达到图书馆业务计算机管理目标，然后再实现图书馆行政办公计算机管理和全校检索馆藏文献网络[②]。整个方案实施时间跨度为 5 年。

1987 年 12 月 22 日，SULCMIS 通过国家教委主持召开鉴定会，由来自全国 15 位图书情报界专家组成的鉴定委员会一致认为，该系统把采访、编目、流通、馆藏检索、期刊管理等功能有机地进行组合，采用集中统一的中央数据库管理，

① 镇锡惠，1998. 图书馆自动化系统与数字式图书馆技术研究[J]. 北京图书馆馆刊（4）：21-24.
② 毛卓明，张道义，1998. 深圳大学图书馆馆藏资源和自动化的建设与发展[J]. 图书情报工作（12）：29-33.

规范化设计和多文种统一处理等方法，成功地实现了图书馆业务的综合管理，集成系统的各功能模块均已投入各部门实际运行，已突破传统图书馆作业方式，完成了图书馆业务计算机管理系统的转换①。SULCMIS 研制成功并投入使用，在国内高等院校率先实现全国图书馆业务管理的计算机化，为我国中小型图书馆业务的计算机管理提供了成功的样例和具有推广价值的有益经验。SULCMIS 在图书馆业务管理集成系统的实现以及实用规模上，居于国内领先水平。集成管理系统的使用和推广使传统图书馆业务产生了巨大的变革，极大地提升了图书馆内部业务管理效率。

（一）对传统业务的变革和改观

1. 废除了目录卡片，采用藏、借、阅开架管理

馆藏查询不再依赖目录卡片，使用计算机进行著者、主题词、题名检索非常方便，制作目录卡片变得不那么重要，深圳大学图书馆使用集成管理系统以来，取消了馆员和读者使用的目录卡片共 300 万张②。所有图书的书标、条形码、期刊的装订清单均通过计算机、打印机完成，全部替代了传统的手工刻制，工作效率成百倍地提高。采用藏、借、阅全开架管理后，馆员从闭架管理中大量取书的体力劳动中解放出来，只需要进行图书上架和整架管理。

2. 提高了服务效率和工作效率

不管是对读者还是对馆员来说，借还手续大大得到简化，时间从手工借还的20～30 分钟，到计算机办理光笔输入条形码借还 2～4 秒时间，大大节省了读者的时间，加快了图书的流通。对于图书馆采访人员和编目人员，采编查重不再需要手工查重，只需要借助系统的查重模块即可进行可选形式的查重。

3. 培养了计算机人才，系统应用得到推广

在系统的研制和维护、改版和升级，数据的追加和录入，系统移植与培训等方面，锻炼了一支既懂图书馆业务，又懂计算机操作的人才队伍。SULCMIS 的运行稳定，并且成功移植到佛山大学、广东商学院、广州城建学院、武汉同济医科大学等 20 余个图书馆等单位。

（二）采取微机服务器+微机客户端模式

深圳大学图书馆对 SULCMIS 进行不断完善，硬件设备、网络软件、汉字系统、

① 郑会钦，毛卓明，陈大庆，1991. 深圳大学图书馆管理集成系统（SULCMIS）的研制、推广与发展[J]. 图书馆论坛（4）：8-14.
② 毛卓明，1988. 深圳大学图书馆微机管理集成系统[J].深圳大学学报（理工版）（3）：31-36.

数据库软件等随着技术的发展而不断更新。

在服务器主机配置方面，由开始 3COM 公司的 3SERVER 专用服务器（配备 140MB 外存、840KB 内存、80186CPU 及 60MB 数据流磁带后备机）[①]，1988 年后又增加一台 3S/200 型服务器（外存 103MB、内存 1MB），到 1989 年改用 AT386 作为主机，主机内外存、主频及 CPU 性能都得到了极大的提升。

在网络软件方面，由开始采用的 3+SHARE1.1 网络，到 1990 年后采用稳定性更强的 Novell 公司的 Netware2.12 ADV、Netware2.12 ADV/SFT 以及 Netware386 3.1 的网络软件。通过网络软件实现 IBM PC/AT、IBM PC/XT 工作站与主机的连通。

在操作系统方面由 CCDOS2.1 版升级到 16 位的多用户操作系统 XENIX（UNIX 系统的一种）。在应用软件开发、数据库软件和运行环境方面，淘汰了原来的 dBASE III plus 数据库应用软件，采用与之兼容、功能增强、速度提升数倍的 FOXBASE+2.0 数据库管理系统[②]。

（三）SULCMIS I 升级至 SULCMIS II

SULCMIS 在 DOS、CCDOS 及 dBASE III plus 的环境中研制成功，并先后升级两次，一次是从 dBASE III plus 升级到 FoxBASE，系统运行速度极大地提升，第二次是从 3+以太网移植到 Novell 网，系统在网络功能上效力更强。但在使用和推广中存在着一些问题，主要是数据联机处理、多语种处理、字段数量、字段值长度、数据规范化和数据交换、多种文献类型同时处理、图像处理、速度等一系列问题[③]。为了解决这些问题，深圳大学图书馆考虑到开发速度及与 SULCMIS I 兼容性，利用 dBASE 的 Clipper 编译器对有缺陷子系统模块重新设计开发，新系统在打开文件数（225 个）、大内存变量、备注字段值方面有极大的改善。[④]

SULCMIS II 在网络联机状态下能实时处理书目数据，通过网络上任何一个终端输入的书目数据可实时更新，并且该版本具备多文种版本，SULCMIS II 是在 DOS 下可直接执行的 EXE 文件，可以有不同语言的版本，确定有中文简体 CCDOS、中文繁体 Chinese Star DOS、英文 DOS、日文 DOS、俄文 DOS 等版本。在数据规范方面，通过建立参见号连接的方法将规范名称与不规范名称进行链接。在对外数据交换方面，系统具有将 LC-MARC、UNIMARC 数据转换到 SULCMIS II 系统的功能，也可以将系统规范数据向别的系统提供。

SULCMIS II 系统可以在单机、3+以太网、Novell 网上运行，其他网络如果能运行 DOS 系统也都可以应用 SULCMIS II 系统。深圳大学图书馆在 1991 年实现了微机 Novell 网络 SULCMIS II 系统功能的最小配置，即至少包括一台网络服务器

① 郑会钦，1989. 从深圳大学图书馆的实践探索现代化图书馆模式[J]. 广东图书馆学刊（2）：26-29.
② 毛卓明，张道义，1998. 深圳大学图书馆馆藏资源和自动化的建设与发展[J]. 图书情报工作（12）：29-33.
③ 崔立，1988.《深圳大学图书馆计算机管理集成系统》通过国家教委委级鉴定[J]. 高校图书馆工作（2）：55.
④ 周群，2017. 广东五邑大学图书馆计算机管理建设历程（1987—1998）[J]. 图书馆论坛，37（3）：35-43.

AT386，加不间断稳定电源 UPS1000、8 台 AT286 终端 PC、5 台打印机、1 台光笔识别器设备，所需要费用大概在人民币 20 万元以内[①]。

在 20 世纪 80 年代至 90 年代中期，国内规模相对较大的文献情报机构、部分高校图书馆相继开发各自的图书馆自动化集成系统，以期实现图书馆各项业务的自动化。这些研制的自动化系统大部分采用微机局域网多用户的主机终端模式的网络结构，实力较强的图书馆有的采用大、中型机结构。据 1995 年统计数据，国内已有图书馆集成系统 30 多个，较大的图书馆研制的图书馆自动化集成系统有：广东省中山图书馆自动化集成系统、北京大学图书馆自动化集成系统 PULAIS、中科院文献情报中心的分布式图书馆自动化集成系统等[②]。中小型图书馆研制的自动化集成系统大多集中在高等院校，如空军政治学院"中西文兼容图书馆计算机管理集成系统"（ALCMS）、东北电力学院图书馆研制的"整体化图书情报计算机管理系统"、成都电子科技大学图书馆研制的"图书馆微机网络管理信息系统"、福建师范大学图书馆研制的"图书微机网络管理信息系统"，此外还有华南师范大学、湛江医学院、华西医科大学等高校图书馆研制出的图书馆集成管理系统。

二、北京大学图书馆研制的 PULAIS

1994 年底在上海交通大学召开的第二届全国高校图书馆自动化研讨会上提出，针对当前计算机网络技术的发展特点以及未来应用趋势，提倡有条件的图书馆采用 C/S 结构的图书馆自动化系统。据了解，我国大陆第一个采用 C/S 结构的图书馆是上海师范大学图书馆，该系统 SNULAIS 为北京大学图书馆自动化部研制，于 1996 年 6 月正式开通，随后，东北大学也购置了这个应用系统[③]。

北京大学图书馆自动化系统起步较早，1979 年成立自动化五人研究组，1983 年与学校计算机研究所建立图书馆自动化与情报检索研究室，并多次派人赴美国进行技术培训[④]。MARC 协作组这一重要标志性图书馆自动化系统项目，为北京大学图书馆的自动化研究打下了技术基础，在 80 年代中期经过采访系统试验、北京地区西文图书馆联合目录的项目后，到 90 年代初，北京大学图书馆正式启动自动化系统的设计工作，并为此成立系统工程领导小组，建立了系统设计、软件开发、数据准备、硬件运行等小组，预定三年内初步实现北京大学图书馆自动化的工作目标。

（一）PULAIS 工程

北京大学图书馆自动化集成系统（Peking University Library Automation

① 张海华，李明明，唐健鹏，1996. 文献情报自动化与网络化建设[M]. 兰州：甘肃科学技术出版社.

② 傅守灿，陈文广，1996. 图书馆自动化基础教程[M]. 北京：北京大学出版社.

③ 吴志荣，1996. Client/Server 结构：计算机网络结构的一种新模式[J]. 上海高校图书情报学刊（3）：7.

④ 吴晞，1992. 北京大学图书馆九十年记略[M]. 北京：北京大学出版社.

Integrated System，PULAIS）研制工程于 1990 年 9 月正式开始，经过 4 个月的论证，制订出了系统分析与设计方案，并于 1991 年 1 月通过北京地区图书情报和计算机界知名专家论证，同年 3 月各子系统根据设计方案进行程序设计和数据准备，12 月基本上全面完成了程序设计任务[①]。

PULAIS 系统在 VAX 小型机运行，属于联机多用户的中西文兼容的图书馆自动化集成系统，包括流通管理、中西文编目、公共查询、期刊采编、图书采访等业务子系统。系统经过一年多的实用，于 1992 年 9 月通过鉴定，鉴定认为，该系统按照系统工程的方法进行系统分析和设计，坚持标准化和规范化，软件具有适应性及可维护性[②]。

（二）PULAIS 系统启动的原因

1. 国外软件系统汉化问题

PULAIS 系统设计思想是结合中国特色和北京大学图书馆的特点。尽管国外的图书馆自动化管理软件比较成熟，但是在业务流程、底层汉化等问题上必须做大量的改造、扩充工作，才适合我国国情和北京大学图书馆的实际[③]。但是国外自动化管理系统公司的各种技术限制使得这种改造开发工作很难开展，因此，从国外引进图书馆自动化管理系统的软件不符合国情、馆情。

2. 国外图书馆软件费用昂贵

国家经济条件有限，国内图书馆经费不足，对于北京大学图书馆来讲，花费数万美元或数十万美元购置硬件设备已经投入很大，如果再用数十万美元购置自动化管理系统软件，经济条件难以实现，何况国外软件还需要做大量的开发工作才能适应我国图书馆实际需求[④]。

3. 切合需求定制实用性系统

自己开发的最大好处，是可以结合自己的应用需求，不断改进、完善和优化应用系统，从而使系统更具实用性。另外通过应用系统的开发，可以锻炼出一支能够自主设计、维护和管理应用系统的图书馆技术队伍。

（三）PULAIS 系统设计思想及数据库架构

PULAIS 采用了程序设计、数据录入、程序试用同步进行的方针。在一些子系

① 闫海新，2002. 国产图书馆信息管理系统的现状及发展趋势[J]. 图书馆学刊（3）：41-42.
② 孙辉华，1993. 北京大学图书馆自动化集成系统的设计思想与技术[J]. 现代图书情报技术（2）：25-29.
③ 北京大学图书馆自动化部，1992. 北京大学图书馆自动化集成系统使用手册[Z]. 北京：北京大学图书馆.
④ 刘正伟，2000. 略论数字图书馆及其发展[J]. 图书馆工作与研究（4）：23-25.

统设计基本完成或部分完成时，就已经具有相当规模的真实数据，可以有条件及时地开始系统的试运行。这种设计思路一方面加快了程序研制的进度，另一方面可以检验系统设计、程序设计以及数据中存在的问题，再一方面通过试运行，为以后系统正式投入运行需要培训操作人员、实现手工作业向计算机作业提前做了准备工作[1]。

针对图书馆自动化集成系统文件结构在当时的三种类型，即一种是无冗余文件结构，一种是无冗余多文件结构，还有一种是冗余多文件结构，PULAIS 采用了冗余多文件结构的数据库类型，数据库存有完整的 MARC 书目记录作为主记录文件，并以书目主记录为基础抽取相应字段生成若干辅助文件，以提升整个系统数据检索、关联的速度。PULAIS 系统通过中央数据库的 MARC 主书目记录生成简单书目数据库，馆藏和流通数据基于程序软件自动实现抽取简单书目数据库中的题名、作者等字段，建立动态馆藏信息和流通日志方面的数据库。根据 MARC 记录建立的简单书目数据库，可为 PULAIS 其他子系统调用共享。

在提升检索效率方面，PULAIS 设置了一批辅助索引库，通过索引库可快速检索到简单书目库和其他库的信息。设置卷册库主要存放每册书的典藏信息、价格信息及流通状态信息等，并且将数据库中常用的、经常被修改的动态数据独立出来，以提高运行效率。除了上述这些库外，还有专用于系统权限的参数库，用于流通、采编等业务管理的日志库、预编库，等等。

在软件工具的选择方面，PULAIS 选择了小型机 VAX 上的一些系统软件和程序设计软件，如 VAX/VMS、VAX-C、VAX/FMS[2]。数据库采用了国际上主流数据库 ORACLE 及其相关的 SQL*PLUS、SQL*FORMS、PRO*CODL，此外还有 DOS、CDS/ISIS 等[3]。

（四）PULAIS 系统的开放性

PULAIS 正是因为北京大学图书馆数据量大，所以特别强调系统的开放性，书目数据的标准化和社会化。软件设计书目数据时，中文采用 CNMARC 标准，西文采用 USMARC，对外数据接口能提供接收 LC-MARC 机读书目数据，包括美国国会图书馆光盘 BIB 和 MARC 磁带，也能使用北京图书馆 CNMARC 中文机读书目数据（软盘），并且支持上海图书馆的期刊机读目录数据、西文采购机读目录数据（光盘 BIP）、高校中文回溯书目数据（软盘）、新华书店和中图公司的采访数据等。

PULAIS 从 1991 年投入使用到 1998 年引进汉化的 SIRSI 公司 Unicorn 图书馆

① 胡杰，孙辨华，1999. 数字图书馆及北京大学在图书馆自动化方面的实践[J]. 现代图书情报技术（2）：3-6.
② 林小群，2006. 海峡两岸图书馆自动化建设之比较[J]. 咸宁学院学报（5）：272-274.
③ 孙辨华，1993. 北京大学图书馆自动化集成系统的设计思想与技术[J]. 现代图书情报技术（2）：25-29.

自动化集成系统，到 1999 年正式启用 Unicorn 系统的中文版，持续应用 9 年之久[①]，其间应兄弟院校要求，在 PULAIS 基础之上设计出图书馆自动化集成系统 LAIS 和大学图书馆集成系统 ULIS，LAIS 采用 C/S 结构，使用了通用网关接口 WWW CGI 技术，上海师范大学、东北大学等图书馆等单位相继购置使用。ULIS 是在 Novell Netware 网络环境下运行的通用图书馆信息系统，在北京外国语大学、延安大学等图书馆使用[②]。

三、云南省高校图书馆研制的 YULANS

云南省高校图书馆自动化网络系统，简称 YULANS。该系统于 1995 年在全省九所高校图书馆正式投入运行，并于 1997 年 4 月通过云南省科委的技术鉴定。YULANS 系统实现了与 Internet 的互联，并且书目数据格式完全按照 CNMARC 标准化规范管理[③]。该系统以各校校园网为基础通过光纤和公共数据网连接，形成一个校际图书馆计算机网络系统。系统中的书目文献数据分布在各校校园网的数据库服务器上，系统采用 C/S 体系，网络上每一台客户端 Client 均可与多个服务器相连，实现了软件、硬件、文献资源的共享[④]。

在硬件结构方面，YULANS 选择 PC486 作为客户端硬件来负责分散的应用处理及前端应用处理，服务器端选择惠普公司 HP 9000/800 作为数据库服务器，主要负责图书馆集中管理方面的应用和对客户端提供数据或为客户端应用程序进行服务，这样把用户的工作分散到了客户机硬件和服务器硬件上执行。在软件环境方面，服务器上运行的操作系统为基于开放系统的 UNIX 类型的 HP-UX，客户端上运行的操作系统为微软视窗系统 Windows 3.1。在数据库管理系统方面，采用专门为 UNIX 设计的数据库管理系统 INFORMIX，该数据库以 C/S 为体系结构，其中 INFORMIX-Online 支持大型数据库管理，INFORMIX-star 支持网上分布数据库管理，通过数据库软件可将不同服务器上的数据库连为一体，在客户端上部署 INFOMIX-net，实现客户端与服务器的访问。在应用系统开发环境方面，客户端的应用程序开发工具选用了 Gupta 公司的 SQL Windows[⑤]，能够在 Windows 环境下支持 C/S 结构的前端开发工具，具备以标准的 SQL 接口支持多种数据库的连接，如 DB2、Oracle、INFORMIX、INGRES 等，对 Windows 提供完美支持，支持面向对象的程序设计等。

① 聂华，沈正华，2000. Unicorn 汉化系统的中文检索机制[J]. 大学图书馆学报（1）：52-55.

② 胡杰，孙辨华，1999. 数字图书馆及北京大学在图书馆自动化方面的实践[J]. 现代图书情报技术（2）：3-6.

③ 张越，1999. 云南省高校图书馆自动化网络系统中的采访子系统[J].现代图书情报技术（2）：20-22.

④ 李汉斌，1998. Client/Server 结构在图书馆自动化应用中的应用[J]. 云南大学学报（自然科学版），20（数学专辑）：317-320.

⑤ 佚名，1995. Gupta 熟悉的名字 SQL Windows 出色的产品[J].中国计算机用户（11）：16.

第四节　商业化公司研制的图书馆自动化集成系统

光学条码、计算机软硬件集成等技术的商业化应用日趋成熟，有技术优势的研发部门（一般是图书馆内的技术部门）依托图书馆力量通过实践发展起来的自动化系统，凭借行业力量及口碑式营销获得了一些市场用户。面对未来图书馆自动化系统需求快速增长的市场环境趋势，研发部门出于自身发展、市场地位等利益考虑，从图书馆完全脱离或部分脱离成独立经营性的自动化系统商业化公司。

在 20 世纪 80 年代末 90 年代初，我国市场经济观念已深入人心，哪里有需求哪里就会有市场。深圳图书馆在 1988 年成立的科图公司，专注推广 ILAS 产品并且创造了很好的社会效益和经济效益，形成了很好的示范效应，这也从另一个侧面说明了国内图书馆自动化系统产品化、市场化的刚性需求。

中国图书馆自动化从 70 年代起经过 20 余年的发展，到了 90 年代，已经步入全面实用化的图书馆自动化集成系统阶段。国内一些拥有软件系统开发实力的图书馆，也抓住了这一契机，通过注册专业公司来推动图书馆自动化系统产品的市场化。有些公司完全脱离了图书馆母体，有些公司则依托图书馆这个技术、资源平台，如深圳市科图自动化新技术应用公司、北京息洋电子信息技术研究所、长海兴业科技有限公司等主要经营图书馆自动化系统软件，另外还有提供图书馆书目数据服务的，如北京图书馆、上海申联图书服务部等提供商品化的数据服务[①]。同时还有系统开发比较成功的单位也把自己的系统投入市场参与竞争，如深圳大学图书馆等。

一、北京金盘公司研制的 GDLIS

北京金盘电子有限公司作为我国最早从事光盘应用系统开发和光盘电子图书制作的多媒体专业软件公司，以开发第一流的图书馆集成管理系统为目标，以多年从事档案管理和通用管理信息系统的成果和经验为基础，与四川联合大学西区图书馆（原成都科技大学图书馆）和华西医科大学图书馆合作，于 1995 年 10 月正式推出 GDLIS，当年就有 9 家大中型高校图书馆购买。GDLIS 相对于其他图书馆自动化集成系统的特点在于，它把当时最新的多媒体技术用于馆藏文献管理中，可以展示文献馆藏的实体外形，流通系统能够显示读者照片，并且有语音提示，这一点在当时来讲是比较先进的[②]。

GDLIS 可运行在微机局域网络平台，支持当时国内主流的 Novell 网络，并且也支持当时比较流行的 Windows NT 网络。在设计思想上采用 C/S 体系结构，以

---

① 傅守灿，陈文广，1996. 图书馆自动化基础教程[M]. 北京：北京大学出版社.
② 王怀汀，1996. 金盘图书馆集成系统的设计[J]. 情报理论与实践（2）：28-29，55.

关系数据库管理系统 RDBMS 为开发和管理平台，GDLIS 选择 SQL Server 作为服务器的首选管理平台，选择 FoxPro 作为客户端的开发平台。GDLIS 的客户端平台、服务器平台和网络操作系统平台全部采用微软的 FoxPro、SQL Server、Windows NT，同时利用 ODBC 技术，支持绝大多数具有 C/S 结构体系的 RDBMS，从而保障其能在多种硬件平台和多种操作系统之上运行。

金盘公司设计的 GDLIS 系统，严格遵循国际和国家标准，中文书刊采用 CNMARC、西文书刊采用 USMARC，并且软件的通用性、开放性和扩展性较好。主要是采用程序和数据分离，以 ISO 2709 作为 GDLIS 的标准数据交换格式，提供将 xBASE 类数据库转入 GDLIS 数据库。最大特点是该系统在 1997 年就可以实现在 Internet 网络上检索查询[①]。

二、息洋电子研制的图书馆集成管理系统

北京息洋电子信息技术研究所（简称息洋电子）的创建离不开北京师范大学图书馆的袁名敦教授。袁名敦教授是我国早期从事图书馆自动化研究的开拓者，北师大图书馆学系的创始人之一，他对计算机语言、图书馆自动化和 MARC 格式等方面都有较为深入的研究。在他的主导下，1992 年创立了北京息洋电子信息技术研究所，核心人员有杨静海、金培华、毕锋、谢涛等人，该研究所一直致力于图书馆计算机管理系统软件的开发，逐步形成了图书馆集成管理系统，即 GLIS 通用图书馆集成系统。到 1996 年，GLIS 系统累计销量达 150，在国内图书馆集成系统软件产品中已居第二位，在微机局域网平台的集成系统中居第一位[②]，形成"北有息洋、南有 ILAS"的强势地位。

息洋电子研制的自动化系统产品特别是通用编目系统 GCS，用户群囊括了当时国内最为活跃的大型图书馆或书目机构，如文化部的中文图书回溯建库项目的四家参与单位中的北京图书馆、上海图书馆、广东省图书馆就使用 GCS。其他的还有北京图联公司使用 GCS 制作北京大学、清华大学、北京师范大学三家高校图书馆的书目数据。复旦大学图书馆、中科院图书馆使用 GCS 用于中文图书编目、中文期刊联合目录编制。

据金培华统计，1996 年全国图书馆界正在制作的中文 MARC 数据有 70% 以上出自息洋软件，GCS 以标准化和实用性成为事实上最为普遍使用的编目软件。息洋研究所针对大型图书馆和书目中心的业务需求，利用远程联网技术的发展，将 GLIS 局域网系统升级为客户端/服务器版本，将局域网上的原有的 Netware 服务器提升为 UNIX 服务器，开发远程查询服务器 DOS 版、UNIX 版、GCS for TCP/IP 版、GSS for TCP/IP 版、大型联机书目中心系统（UNIX 版）等。

---

① 王怀汀，1997. 金盘图书馆集成管理系统的总体设计[J]. 现代图书情报技术（1）：34-37.
② 金培华，1996. 息洋电子 96 战略（一）[J]. 现代图书情报技术（1）：60.

　　此后由于经营理念、经营体制等诸多因素影响，息洋电子一分为二，分别是北京丹诚软件有限责任公司（主要人员包括金培华、毕锋、谢涛等，创立于 1996 年）和北京清大新洋科技有限公司（主要人员包括杨静海等）。前者推出的图书馆自动化系统产品有丹诚 DataTrans-1000/1500/2000，公司发展较好时期拥有 1000 家中小型图书馆用户；后者推出 GLIS 系列产品，到 2016 年，其官方网站宣称已拥有各类用户达 4000 家，用户数排在同行前三[①]。

三、北邮创讯研制的 MELINETS

　　"现代电子化图书馆信息网络系统"（MELINETS）是 1997 年由北京邮电大学图书馆马自卫研究员主持的信息处理与数字化图书馆研究所承担研制开发的文献管理集成系统。1999 年依托北京邮电大学成立北邮创讯信息技术有限公司（简称北邮创讯），后改为北京创讯未来软件技术有限公司，MELINETS 成为其主导产品。

　　北京邮电大学图书馆自 20 世纪 80 年代以来，其自动化系统的研制经历了单机、多用户、局域网等发展阶段。到了 90 年代，由于计算机技术、网络通信技术的发展，图书馆集成系统为了满足新形势下的信息服务要求，需要可伸缩性的多层次结构，能提供实时、在线的集成信息服务，解决多节点信息资源的共享，对 Internet 应用充分支持等。在这样的背景下，MELINETS 在 1996 年作为国家"九五"重点科技攻关项目立项，整个系统的开发十分重视 CERNET 网上功能的需求与实现，研制开发了在 WWW 浏览器下的公共检索系统、Z39.50 系统，适用于地区联机编目中心的编目系统。注重网络数据传输的标准化[②]。

　　MELINETS 采用客户端/服务器或浏览器/应用服务器/数据库服务器体系结构，操作系统可以选用 UNIX、PCUNIX、Linux、WINNT、Windows 2000 等，数据库采用 Sybase，适用于大、中、小各种类型的图书馆以及信息中心。产品一经推出，就有相当一部分图书馆安装使用 MELINETS，用户以高校图书馆和企业图书馆为主。

　　目前，MELINETS 系统用户已有 80 余家，适用于各种规模、各行业的图书馆、信息中心、档案馆、博物馆等。

四、重庆图腾研制的图书馆集成管理系统

　　重庆图腾软件发展有限公司（简称重庆图腾）的成长、发展，离不开重庆大学图书馆的支持，重庆图腾软件发展有限公司于 1992 年成立，"图腾图书馆集成

---

① 清大新洋——公司优势[EB/OL]. [2020-09-09]. http://www.infosea.com.cn/about/about3.html.

② 马自卫，高嵩，2000. MELINETS——一个崛起的中国图书馆自动化信息网络系统[J].现代图书情报技术（1）：8-11.

管理系统"研制版本，经历了从 DOS 版本、Windows 局域网版本到互联网版本等阶段。2001 年 3 月公司发布"图腾图书馆集成管理系统（7.0 版）"，2005 年 7 月正式发布"图腾图书馆集成管理系统（8.0 版）"。图腾 8.0 采用 Oracle 数据库，支持Windows/UNIX/Linux 平台。

（一）图腾 1998—1999 局域网版[①]

该版本具有全 Windows 图形界面，软件还为编辑多媒体目录设置了专门的模板，方便编目员选取。在维护方面，系统具有自动重建被破坏的数据库的能力，维护只需要按操作提示进行即可。结构上采用三层黑箱结构，任何一层遭受意外损坏都可以迅速恢复。在数据备份方面，独创以秒级响应的异地实时数据备份系统，提出备份数据要在地理位置上分开的概念。秒级响应是指图腾系统提供的实时备份功能满足备份数据紧跟主数据的变动，两份数据之间的一致性能够在 3～4 秒内达到，不需要专门人员定期做备份工作，系统数据自动定期备份。在数据标准化方面，书目数据均以 ISO 2709 格式存放，能自动识别 CNMARC 和 LC-MARC 数据，并自动转换。在统计方面，任何索引都可以由用户自由配置书刊检索点，80%的统计都开放给用户自由设置统计角度，这是图腾系统的创造性设计，后组式的统计表生成方式可以千变万化，派生出不可胜数的统计表来。这些统计表可以图文声并茂展现，有二维、三维、饼图、折线、波形等多种统计图形式。

（二）图腾 1998—1999 互联网版

与局域网版相比，互联网版打破了单个图书馆的管理模式，实现了多图书馆的联合运行管理模式，图书馆界可以进行联合目录共建共享，联合采购协调典藏、馆际互借，等等。可以在 WWW 网络检索和浏览书刊信息，联网统计一校多馆的馆藏及借阅情况。

五、博菲特研制的图书馆集成管理系统

大连博菲特信息技术开发中心（简称博菲特）成立于 1993 年，原名为大连现代图书馆技术开发公司。博菲特（PERFECT）是经大连市科委批准认定的隶属于辽宁税务高等专科学校的全民所有制高新技术企业。公司创始人王晓平一直从事图书馆现代化技术开发工作，公司运行两年多，公司研制的文献管理集成系统 V3.0就在全国拥有近 100 个用户，主要应用单位侧重于藏书量相对较少的文献机构，如中共中央办公厅、曲阜师范大学、长春税务学院、长春金融管理干部学院、天

---

① 白广思，欧阳晓斌，梁义涛，1997. 现代图书馆信息管理与检索技术[M]. 乌鲁木齐：新疆大学出版社.

津教育学院、上海教育学院、广西税务学校、大连警官学校、大连海运学校等①。

2000 年博菲特推出了文献管理集成系统 V6.0 版②，后分化为两个新的公司：一个是大连网信软件有限公司，以图书馆软件为核心业务；另一个是大连博特软件科技有限公司，以电子政务、网站开发为核心业务，兼营图书馆软件业务。其中，大连网信软件有限公司成立后，继承了大连博菲特软件公司在图书馆软件方面的技术力量和服务优势，2005 年推出妙思文献管理集成系统 V6.5，该系统采用 B/S 和 C/S 混合架构，以 Windows 或 Unix/Linux 平台上的大型专业数据库作为后台数据存储，使用面向对象的开发技术，支持 Internet 应用，符合图书馆行业标准，支持 Z39.50 通信协议，支持校园一卡通，为图书馆管理提供了一个功能强大、美观易用的现代化应用平台。

经过多年努力，该系统用户已经在全国 28 个省区市，覆盖 140 余个城市，主要用户包括一些普通规模的高校图书馆、中专图书馆、中小学图书馆以及情报科研机构、企业信息中心，目前使用妙思文献管理集成系统 V6.5 的用户已近 800 家③。

六、常州市春晖公司研制的图书馆集成管理系统

"春晖图书馆软件"是由常州市中小学图书馆协会 1995 年开始主持开发的一套小型图书馆自动化系统，到目前为止经历了 DOS 版、Windows NT 版、Windows 2000 版。2003 年常州市春晖信息技术服务有限公司推出适合高校、公共图书馆以及规模较大的中学中专学校使用的春晖开泰版，该产品已经成为春晖公司的主打产品。

春晖图书馆软件以 Visual Basic6.0、DELPHI5.0 为开发软件，SQL Server 7.0 作为数据库，主要应用在 Windows NT、Windows 2000 网络环境中，可以跨平台、跨数据库，现在已在近 20 个省区市的中小学图书馆使用。

春晖图书馆自动化集成管理系统历经 8 年发展，其软件系统部署大体上有两种模式：一种是以小型机为主的主机终端模式；一种是以微机多用户为主的客户端服务器模式。两种模式在主机的选择上是有很大区别的：前者对主机要求性能很高，因此建设成本也较大；后者部署较容易，扩展性较好。

主机终端模式集成管理系统一般包含采访子系统、编目子系统、流通子系统、期刊管理子系统、检索子系统等模块。一般支持外部 MARC 数据输入，与单项业务系统阶段相比，有多台终端与主机相连，能依托主机开展图书馆多个业务运行。其具体技术特点见表 3-4。

---

① 佚名, 1995. 前进中的博菲特技术中心[J]. 图书馆学研究（5）：2.
② 顾兆麟, 孙勇, 2000. 应用开发大连博菲特 6.0 网络版图书馆管理系统[J]. 上海轻工业高等专科学校学报（4）：67-69.
③ 章治, 1996. 对大连博菲特信息技术开发中心开发的图书馆自动化管理系统的初探[J]. 南京高师学报（1）：125-128.

表 3-4　主机终端模式的集成管理系统技术特点

系统技术		功能模块		标准及接口应用		应用时期及反响
类目	内容	功能	说明	标准及接口	说明	
主机	HP、IBM AS/400 等小型机为主，486、386 超级微机，国产长城 0520	采访子系统	有外部数据导入，如MARC数据	《文献著录总则》（GB 3792.1—83）	文献著录标准	1. 20 世纪 80 年代中期至 90 年代初期，产品大多实用化，但主机终端模式的主流应用对主机配置要求较高，建设成本相对大。2. 在省级公共图书馆或有实力的重点高校图书馆大部分部署国内成熟的主机终端模式的集成管理系统，如 ILAS 等系统
终端	IBM PC/XT、IBM 5550 等终端	编目子系统	能导入外部编目数据，进行套录，网络功能差	《检索期刊条目著录规则》（GB 3793—83）	文献著录标准	
运行方式	主机—终端	流通子系统	具备借还、预约、续借功能	《文献目录信息交换用磁带格式》（GB 2901—82）	MARC 数据交换	
数据输入	键盘输入、五笔输入法等多种输入方式，汉字输入较快	期刊管理子系统	具备期刊现刊记到、过刊装订功能	LC-MARC	部分系统提供磁带或磁盘接口程序进行转录	
磁盘容量	磁盘，单块磁盘容量几十至几百 MB	检索子系统	主要为馆员使用，也有部分对读者开放	字符集支持	支持 GB 2312 标准，对于人名、古汉语等方面出现的罕用字不能处理	
操作系统	DOS 系统、CCDOS、HZDOS、XENIX、UNIX[①]			外部数据导入	支持标准数据的本地导入	
底层数据库	dBASE Ⅲ、自主设计数据库、IMAGE/3000					
程序设计语言	dBASE Ⅲ、COBOL、C 语言、BASIC 等					
系统界面	字符界面 CGI					
扫描技术	条形码扫描器					
组网方式	主机用户智能卡与终端相连，少量以太网					
书目数据库规模	几万条至几十万条					

　　集成管理系统的客户端/服务器模式可以部署在以太网络上，基于 Novell NetWare 网络软件来支撑业务应用系统局域网络运行，其软件系统的程序设计语言和系统用户界面与主机终端模式并无多大区别，只是在业务层面，客户端层面的

---

① 石文昌，1991. 在 XENIX 中连接外部设备的秘诀[J]. 计算机应用研究（3）：8-9, 7.

操作体验感较强。采用客户端/服务器模式的有 SUMLIS 等系统。下面从服务器、工作站、运行方式、系统界面等方面来分析，将客户端/服务器模式的技术及功能特点归结到表 3-5。

表 3-5　客户端/服务器模式的集成管理系统的技术及功能特点[①]

系统技术		功能模块		标准及接口应用		应用时期及反响
类目	内容	功能	说明	标准及接口	说明	
服务器	COPAMP-386、3 Server 等微机机型	采访子系统	有外部数据导入，如 MARC 数据	文献著录总则（GB 3792.1—83）	文献著录标准	1. 20 世纪 80 年代末期至 90 年代初期，产品大多实用化，主机投入成本低，适合中小型图书馆，产品相较主机终端模式，性价比高。2. 在深圳大学等高校图书馆用户投入使用，如 SULCMIS 等系统[②]，但总体来说，这一时期以主机终端模式为主
工作站	IBM PC/XT、IBM PC/AT IBM 5550 等工作站	编目子系统	能导入外部编目数据，进行套录，网络功能差	《检索期刊条目著录规则》（GB 3793—83）	文献著录标准	
运行方式	Client/Server	流通子系统	具备借还、预约、续借功能	《文献目录信息交换用磁带格式》（GB 2901—82）	MARC数据交换	
数据输入	键盘输入、五笔输入法等多种输入方式，汉字输入较快	期刊管理子系统	具备期刊现刊记到、过刊装订功能	LC-MARC	部分系统提供磁带或磁盘接口程序进行转录	
磁盘容量	磁盘，单块磁盘容量几十至几百 MB	检索子系统	主要为馆员使用，也有部分对读者开放	字符集支持	支持 GB 2312 标准，对于人名、古汉语等方面出现的罕用字不能处理，少数系统支持繁体大五码Big5	
操作系统	西文 MS-DOS3.1、CCDOS2.1、HZDOS、XENIX、UNIX			外部数据导入	支持标准数据的本地导入	
底层数据库	dBASEⅢ Plus、IMAGE/3000、MINSIS、FoxBASE2.0、Clipper5.0					
程序设计语言	dBASE Ⅲ、C 语言、BASIC 等					

① 江文彪，赵红梅，1994. 客户/服务器结构与分布式数据库[J]. 中国计算机用户（8）：8-10，7.
② 胡振宁，2017. 上下求索　与时俱进——深圳大学图书馆计算机管理集成系统（SULCMIS）发展历程回顾（1985—2015）[J]. 图书馆论坛（6）：36-44.

续表

系统技术		功能模块		标准及接口应用		应用时期及反响
类目	内容	功能	说明	标准及接口	说明	
系统界面	字符界面 CGI					
扫描技术	条形码扫描器、激光扫描器					
组网方式	微机 3+以太网、Novell Netware					
书目数据库规模	几万条至几十万条					

　　图书馆自动化集成系统阶段最大的贡献就是依托图书馆研发基地，将研发部门进行公司化运作，从而形成一个相对良性化的循环。在技术发展的浪潮中，引领图书馆自动化、信息化的深圳图书馆、北京师范大学图书馆、深圳大学图书馆等机构，承担起技术孵化责任，不断提升 LAS 产品的信息技术含量，以促进图书馆资源管理和服务效率的改善，将 LAS 产品投入用户市场，让用户选择各自合适的产品，有利于促进图书馆自动化系统公司改善它们的产品。同时，这一时期由于书目数据库的标准化，数据库规模加大，使得国内图书馆自动化进程速度加快。随着 Novell、"3+"网络的应用，局域网建设更是加速了图书馆内部各个业务部门对自动化系统的应用。

第四章 图书馆自动化集成管理系统的网络化
（1994—2000）

图书馆自动化系统网络化启端于 1994 年中国国家计算与网络设施工程（National Computing & Networking Facility of China，NCFC）专线连入 Internet，标志着我国从此成为拥有 Internet 的国家。20 世纪 90 年代，由于国产自动化集成系统研制成功与推广，国内一大批图书馆实现了自动化管理。我国接入 Internet 后，CERNET 等网络工程建设，让众多高校图书馆、公共图书馆等文献机构通过各自的骨干网络接入因特网。也正是这一时期，国内开始进行"信息高速公路"建设热潮。网络基础设施的完善和 TCP/IP 协议的普遍性应用，以及 Z39.50 协议标准在编目、检索等领域的应用，加速了图书馆自动化系统的网络化进程，催生了一些代表性的图书馆自动化集成管理系统网络化产品：从主机终端模式、客户端服务器模式迁移到 Client/Server、Browser/Server 网络模式。

第一节 Internet 的影响

Internet 涉及计算机技术、网络通信技术、光纤技术、数字卫星技术等诸多技术，信息传输载体之新的信息环境给传统图书馆自动化系统带来的冲击和变革是必然的[①]。Internet 环境下图书馆的服务方式将由过去的封闭型服务转为开放型服务，在信息的采集、加工、组织、服务等方面面向网络环境；Internet 环境对馆藏结构产生影响，网络环境下的馆藏将超出纸质文献、缩微资料文献、视听资料文献等传统文献范围，延伸到各种不同信息格式和信息类型的电子出版物、电子信息资源；互联网为图书馆的馆际协作和资源共享提供了更为方便可靠的途径，最终打破以本馆为核心的封闭式大而全的办馆思想，走上共建共享之路[②]。

一、美国的信息高速公路建设

美国 ARPANET 网络是公认的互联网的源起，早在 20 世纪 60 年代中后期，美国国防部的 ARPA（高级研究计划局）就进行了模拟信号的数字通信系统研究，并在 1969 年取得试验成功。ARPA 将加州大学及其他四个研究机构的主机进行联网通信，在随后 3 年投入网络试运行，并取得成功。ARPANET 网络研制成功为后

---

① 陈清，1999. 互联网对图书馆的影响[J]. 江西图书馆学刊（3）：4-5.

② 祝晓云，牛利珍，2004. 试论互联网的普及对图书馆的影响[J]. 实事求是（5）：79-80.

续 TCP/IP 协议网络研制打下了基础，到 1985 年美国国家科学基金会（NSF）资助 NSFNET 网络建设，将美国各地高校用 TCP/IP 协议连接起来构成主干网络，并以此作为网络骨干连接其他网络。随后 ARPANET 与 NSFNET 合并，发展成为连接全国，进而连接世界的国际性规模巨大的 Internet 网络[①]。

在管理方式方面，Internet 采用十分灵活、松散有序的管理模式。Internet 网络结构是由许多互联的网络实体组织而成的，作为网络用户只要加入 Internet 中的任何一个网络实体，就能同世界上任何一台连入 Internet 的计算机进行信息交换，可以同网络上任何一个用户通信。使用 Internet 的用户及其地址都是公开的，这种网络模式便于用户访问，这是 Internet 迅速发展的一个重要因素，只要用户交纳一定的网络费用，就可以成为 Internet 的访问用户。

美国使用 Internet 并不针对个人用户收费，它是以机关单位为组织单元来申请，各个机构支付的网络费用根据通信网络的速率计算。对于美国高校机构用户，支付网络使用费是由国家政府资助，商业性机构则需要自己支付网络运行使用费。这种收费机制不以免费向个人用户开放的原则，使得 Internet 有了广泛的用户基础，网络服务商也愿意投入资金开发更多的网络软件和网络服务，从而形成 Internet 发展的良性循环。Internet 网络成功正是抓住了用户、服务和支持服务的软件等重要的影响元素，从而取得迅猛的发展。

Internet 的发展与实践，为建设信息高速公路提供了参考案例，信息高速公路构建的四个层次正是基于 Internet 的起源和发展路径。建设光纤为主的通信线路作为基础性的第一层，将各个不同区域规模不同、功能不同的网络联结成一体化网络作为第二层建设，网络运营管理、文件传输等安全管理方面作为第三层建设，最后一层是加强网络信息的增值化服务[②]。Internet 采用 TCP/IP 协议是信息高速公路建设飞速发展的主要原因之一。

美国信息高速公路 ISHW 建设起端于国家信息基础设施 NII，NII 是 1993 年初美国政府提出并宣布实施的[③]。美国政府报告将"国家信息基础设施"界定为由通信线路网络、数据库及计算机类产品组成的网络体系，它能够为人们提供丰富的信息和共享信息的平台，并可全天候不间断地通过文本、声音、图像、数值或文档表格相互传递信息，目的是永久地改变美国人的生活、工作和互相沟通的方式。通俗含义上信息高速公路就是以计算机数据库为仓库、以光纤网络为路、以信息资源为车、以网络用户为客户，把社会机构、政府机构、商业性机构、事业性单位等联结起来，按照用户既定的要求，传送声音图像数据、文本表格数据等，使人们能够第一时间很方便地快速获取所需信息资源。美国政府像当年投巨资兴建

---

① 杨学山，王柯，1994. 从 INTERNET 看信息高速公路的发展[J]. 经济与信息（10）：31.
② 佚名，1991. Internet 网与大学图书馆系统[J]. 沈鸣，译. 江苏图书馆学报（6）：52-53.
③ 杜建军，1997. 浅析信息高速公路与信息资源共享[J]. 华中电力（2）：67-70.

洲际高速公路一样，也希望信息高速公路建设能给当时美国经济的复苏注入活力。

国家信息基础架构应该由信息资源、信息设施、信息系统、信息网络和信息主体（包括信息人员教育、国家政策和法律道德）等多种要素构成。

信息资源主要体现在开发出科学、教育、商业和公共服务的各类信息数据库，建立多媒体数字化的影视资料库，开放政府信息资源，为用户创造一个友好的界面，提供高品质的服务。国家信息设施主要是构造一个进入社会每个办公室和家庭的、无处不在的宽带网络，具有交互式、用户驱动和安全可靠的功能，并实现兼容、互操作、开放和无缝的连接。信息系统主要包括各级政府、企事业单位等组织机构的信息化应用系统及系统间的交互系统等。信息网络包括提供和扩展各种高性能超级计算机与信息化设备，多功能个人手持机、智能化交换设备、多媒体的用户终端、交互式电视、高分辨率电视、多媒体信息服务器等①。信息主体是指加强信息资源、信息技术、信息素养等方面的培训与指导，通过信息系统技术集成训练和信息系统的运营管理，培养各个行业系统的信息化专门人才；通过信息政策、法规引导信息资源与信息网络系统的建设，创建良好的信息化环境。

如果依照计算机软硬件结构划分的方式，可将信息高速公路划分为基础设施层即底层，应用系统层也就是应用层，连接底层和应用层的中间层即支撑环境层。这三层结构前后关联，缺一不可。

基础设施层包括网络与通信媒体以及各种网络结构，如用于通信线路的铜缆、光缆、无线电、卫星等，用于组建网络结构的 PCN、SMDS、SONET/SDA、ATM 和 B-ISDN 等。计算机与信息化设备则包括高性能计算机、高速智能交换机、大容量转发器、高效能个人机、多媒体 PC、多功能 PDA、VOD、ITV、HDTV 等嵌入网络内的各种信息化设备。信息资源与服务则包括政府数据库、公用信息数据库、多媒体影视资料库、电子出版物、电子图书馆、电子博物馆、电子画廊等。

应用系统层则包括政府信息化、经济信息化、教育信息化、科研信息化、家庭信息化等应用层面。例如，政府信息化则包括政府之间的联络、政府与企业间的协调、政府与公众的对话、政府办公自动化等；经济信息化则包括电子市场、电子资金交换、虚拟商店以及各经济领域的信息化等；教育信息化则包括远程教育、按需教育、虚拟校园、电子课堂、电子图书馆等；科研信息化则包括远程合作研究、共享科学信息数据库、可视化的网络计算机环境；家庭信息化则包括购物、保健、休闲、娱乐、咨询等。

支撑基础设施和应用系统两个层面的中间层，主要任务是对这两层进行联络和协调，如电子邮件、电子数据交换、电子货币、智能交换、安全保密、智能代理等中间联络和协动。

美国的信息高速公路计划在世界上引起了巨大反响，它所带来的巨大经济效

---

① 傅守灿，陈文广，1996. 图书馆自动化基础教程[M]. 北京：北京大学出版社.

益和社会效益的美好前景令世人瞩目。国际上许多国家纷纷在 1994 年制订本国的 ISHW 计划，如日本的"Mandara 计划"、欧共体的"泛欧信息传输网络"、英国的"信息高速公路计划"、加拿大的"信息高速公路建设计划"、韩国的"信息高速公路计划"、新加坡的"智慧岛建设计划"等①。

二、中国的信息高速公路建设

Internet 在我国的发展历史可划分为两个阶段：第一阶段为 1987 至 1993 年，我国的一些科研部门开展了与 Internet 联网的科研课题和科技合作工作，通过拨号 X.25 实现了和 Internet 电子邮件转发系统的连接，为部分重点高校与研究院所提供 Internet、E-mail 服务，并在小范围内为国内的一些重点院校、研究所提供了国际 Internet 电子邮件服务；第二阶段是从 1994 年开始，建设国内与国外 Internet 网络连接，通过 TCP/IP 协议互联，我国国家层面的网络具备了 Internet 的全网服务功能。ChinaNet、CERNet、ChinaGBNet 和 CASNet 相继启动②，Internet 在我国得到了迅速的发展。

（一）我国引入 Internet

中科院高能物理研究所（IHEP）是我国首家进入 Internet 的单位，1993 年通过 64Kb/s 信道接入 Internet，并在机构内部提供 Internet 全部服务。随后中科院利用世界银行贷款和国家科委配套资金建立计算机网络信息中心（NCFC），该网利用一台每秒 5 亿～10 亿次浮点运算的超级计算机、10 余台小型机和若干以太网，通过 10Mb/s 光缆与中科院在中关村地区的 30 余个研究所、北京大学、清华大学的校园网相连。1994 年 5 月，该网开始与 Internet 连通，并逐渐向北京地区和全国各地扩展，成为我国科研领域的一个重要的全国性信息网络③。

由国家计划委员会和国家教委联合投资建立的一个为教育科研领域服务的全国性信息网络——中国教育科研网络 CERNet，中心设在清华大学，除北京的网络中心之外，还在高等院校密集的城市（如上海、南京、广州、西安、武汉、成都、沈阳等）建立网络分中心，CERNet 服务对象包括全国高校师生、中小学师生等用户群。

电子信息部 1994 年底连入 Internet，经过近两年的建设，拥有 1000 多个本地和远程仿真终端，开始全面的信息服务。邮电部于 1995 年初租用美国 Sprint 公司的国际线路开通 Internet 的全功能服务，建设成 ChinaNet，通过申请到的网络地址为全国用户服务。

① 傅守灿，陈文广，1996. 图书馆自动化基础教程[M]. 北京：北京大学出版社.
② 郑巧英，杨宗英，1998. 图书馆自动化新论——信息管理自动化[M]. 上海：上海交通大学出版社.
③ 薛华成，1997. 中国大陆的信息高速公路建设——成就与思考[J]. 管理信息系统（9）：6-10.

中国科技信息研究所通过路由器和速率为 64Kb/s 的 DDN 专线与中科院高能物理研究所的网络相连，于 1993 年开通了 Internet，并且在全国各省市发展主机入网。此外还有中国兵器工业总公司计算中心利用 CISCO 路由器和 64Kb/s 的 DDN 专线，以及中科院高能物理研究所的国际专线进入 Internet[①]。

中国石油天然气总公司通过光纤网络，将公司信息中心与分布全国各地的大油田和所属机构联网，通过申请的 B 类地址进入 Internet。而北京化工大学网络中心在 1994 年通过 421 电话局和通信卫星与日本理工大学的网络端口相连，进而与整个 Internet 连通。

Internet 进入国内始于 1993 年，据统计，到 1995 年 7 月底，我国与 Internet 联网的主机已达 6000 多台，用户约 4 万人。可见 Internet 在我国的发展还是相当快的，但与发达国家 Internet 家喻户晓相比，我国在 Internet 的基础建设、利用和开发方面，还有许多工作要做。正是因为如此，我国开始着力加强信息高速公路网络建设。

（二）我国信息高速公路网络

1993 年，"三金工程"的建设，标志着我国信息高速公路建设的正式启动。"三金工程"即金桥、金关、金卡工程。金桥工程是中国的信息高速公路的主体工程，为基础设施建设。"八五"（1991—1995）期间，国内铺设了联结主体城市的光缆干线达 22 条，总长 3.2 万公里，建成了 20 条数字微波干线和 19 座通信卫星地面站[②]。1997 年开通了中国和日本之间的海底光缆，"九五"（1996—2000）期间，进一步加强了光缆为主体的大容量数字干线传输网建设，完成全国八纵八横光缆网[③]。金桥工程是国家经济信息网，这个网以光纤、微波、程控、卫星、无线移动等多种方式形成空、地一体的网络结构，建立起国家公用信息平台[④]；实现覆盖全国，与国务院部委专用网相连，并与 30 个省区市及 500 个中心城市、1.2 万个大中型企业、100 个计划单列的重要企业集团以及国家重点工程联结，最终形成电子信息高速公路大干线，并与全球信息高速公路联网[⑤]。

金关工程即国家经济贸易信息网络工程。该工程延伸到用计算机对整个国家的物质市场流动实施高效管理，对外贸企业的信息系统实现联网，推广电子数据交换业务，通过网络交换信息取代磁介质信息，消除进出口统计不及时、不准确，以及在许可证、产地证、税额、收汇结汇、出口退税等方面存在的弊端，达到减少损失，实现通关自动化，并与国际通关业务的电子数据交换接轨。

① 赵培云，郑淑荣，1997. 信息高速公路建设对中国教育的挑战[J]. 教育科学（1）：9-11.
② 蒋大成，陈兴良，1993. 现代科技概论[Z]. 昆明：云南省委党校.
③ 古松，杨海玉，舒文琼，等，2005. 北邮人——中国通信业五十年见证[J]. 通信世界（37）：17-37.
④ 周全，1995. 什么是"三金"工程[J]. 资料通讯（3）：21.
⑤ 佚名，1996. 我国的信息高速公路——三金工程[J]. 党政论坛（6）：25.

　　金卡工程即从电子货币工程起步，用 10 余年的时间，实现城市人口金融交易卡的普及[①]，从而使支付手段进入电子货币时代，让交易卡成为个人与社会的全面证明，如个人身份、经历、储蓄凭证、犯罪记录等。

　　通过公众电信网络建设，信息高速公路建设内容涵盖了电话网、分组交换网（CHINAPAC）、数字数据专线（CHINADDN）、中国因特网骨干网（CHINANET）、帧中继（CHINAFRN）等[②]。在公众电信网络基础上除了集成"三金工程"的多种信息系统和信息资源外，还有金智工程（中国教育与科研计算机网络 CERNET）、金税工程（税收电子化系统）、金卫工程（医疗和卫生保健信息系统）、金农工程（农业综合管理和信息服务系统）、金通工程（交通信息系统）、金企工程（企业生产和流通信息系统）、金图工程（中国图书馆计算机网络系统）等金字工程的信息系统和信息资源[③]。

三、信息高速公路对图书馆的影响

　　信息高速公路是信息社会对信息交换快速需求的一种现实反映，图书馆作为社会的信息资源中心，承担着对社会信息服务的职责，因此，建设信息高速公路对包括图书馆在内的信息服务行业带来巨大影响，引发图书馆资源结构、服务手段等一系列的变革。在信息高速公路网络上，图书馆不再是网络上的信息孤岛，它将与其他图书馆等文献信息机构、政府信息中心连接一体，图书馆所采集的信息资源将通过信息高速公路，向全国甚至全球用户提供查询，图书馆的地位将在网络时代得以大大提升。

　　（一）对采访工作的影响

　　图书馆采购人员利用 Internet 高速网络，通过网站、邮件收发采购需求，通过网络接收图书供应商、出版发行商提供的电子书目清单，将所采集的采购需求、采购数量、采购清单利用网络发送给出版商。出版商也可以利用网络与图书馆采访部门及时联系，从而在网络环境下提高了采购工作的质量和效率[④]。

　　（二）对馆藏观念的影响

　　图书馆所藏文献资源信息传播网络化，加强了馆际资源协调和共享可行性。图书馆之间通过网络联结，交往联系更为密切。图书馆的馆藏内容不再是服务一馆，它作为互联网络的一个信息资源节点，与其他信息节点一同构建整个互联网的信息资源系统。管理者对馆藏建设理念有了较大改变，获取比拥有更为重要。

① 杨钟濂，1995. 金光灿烂的我国信息产业[J]. 科学大众（中学生）（1）：14-15.
② 俞华，沈悦林，1996. 我国信息高速公路建设计划和现状[J]. 杭州科技（4）：25-27.
③ 邹清丽，1995. 金字号的信息高速公路[J]. 中国质量万里行（8）：25-27.
④ 晏凌，2010. 互联网时代信息获取方式对大学图书馆的冲击及对策[J]. 四川图书馆学报（6）：57-59.

追求大而全的馆藏理念在现实中是不太可能实现的，因此对于每个图书馆来讲，在网络环境中拥有了获取更多其他图书馆站点的信息资源的便利[①]。

（三）对馆藏结构的影响

信息高速公路的规划与建设加快了文献数字化进程，原生数字化资源的急剧增长，网络上的多媒体数字资源的规模容量足以满足用户的信息需求。为此，图书馆馆藏建设逐步过渡到纸质与数字并重的时代，在经费有限的情况下，纸质文献缩减与电子文献的增加成为图书馆的一种趋势。图书馆将实现高度网络化，每个图书馆既是信息资源的提供者，又是网上所有资源的利用者[②]。

（四）对图书馆服务形式和服务内容的影响

图书馆存在于全国性、全球性的网络环境下，图书馆开展文献服务除了提供纸质文献服务外，还提供集数字文本、文字、音视频于一体的多媒体文献服务。读者只要拥有一台可上网的计算机，就可以在任何地方网络检索图书馆的馆藏信息、查询借还图书情况，馆员可通过网络主页以人机交互的方式解答读者的咨询。

（五）对图书馆社会教育功能的影响

信息高速公路上图书馆不再是孤立的信息机构，而是成为庞大知识数据库的一个节点和站点，成为网络的一部分，通过网络与全球相连。读者通过终端可在图书馆网站上读书看报、听学术讲座、看视频课件，读者也可成为图书馆网络教学的忠实学生，网络交互式教学让读者终身受益[③]。进行远程教学，对社会人员的继续教育和终身教育承担更多的责任。

第二节　Z39.50 协议与图书馆自动化系统的网络化

Z39.50 协议被广泛应用于图书馆自动化集成系统，图书馆馆际互借、馆际目录检索等信息检索应用领域基本上均遵循 Z39.50 协议[④]。Z39.50 协议先后在 1988年、1992 年、1995 年、2003 年推出过不同版本。

一、Z39.50 协议

Z39.50 协议是一种用于两台计算机进行信息检索的通信协议标准，全称是

---

① 柯平，王星麟，1999. 文献信息工作研究论丛（2）[M]. 郑州：中州古籍出版社.

② 傅宝华，2010. 互联网冲击下图书馆的困境与出路[J]. 社会科学家（11）：156-158.

③ 范兴坤，2010. 中国大陆地区图书馆事业政策研究（1978—2008）[D]. 南京：南京大学.

④ 程小澜，1998. Z39.50 标准协议与情报检索网络化[J]. 情报理论与实践（4）：239-240.

ANSI/NISO Z39.50，即信息检索 Z39.50，英文全称为 American National Standard Information Retrieval Application Service Definition and Protocol Specification for Open System Interconnection，译为开放系统互联的信息检索应用服务定义和协议规范的美国国家标准①。最早版本是由美国的信息标准化组织（National Information Standard Organization）于 1988 年提出的，专门用于图书馆的书目信息检索系统，相当于 ISO 参考模型的应用层协议，非常类似于 ISO 同期通过的 ISO 10162、ISO 10163 协议，只是 Z39.50 协议用于 TCP/IP 环境下，即 Internet 上。Z39.50 协议的主要内容是规定了两台计算机，即客户机与服务器间进行信息检索时，所有的格式与信息处理过程。用户通过 Z39.50 客户机向 Z39.50 服务器发出检索请示，说明要检索的数据库、检索条件以及是否需要返回命中的记录等信息。服务器返回符合要求的命中记录数据，并将命中的记录用结果集表示，然后客户机就可以从服务器的结果集中提取需要的记录显示给用户。整个信息检索及反馈检索结果的过程，只需要检索方客户端发出指令，那么用户就可以不考虑服务器端的数据库的硬件环境、数据库环境、数据库中的字段是如何定义等条件，从而实现网络上信息检索与传递。

　　Z39.50 是一个为了便于计算机系统互联而制定的标准集，1989 年成立了 Z39.50 维护机构，隶属于美国国会图书馆，1990 年 Z39.50 执行小组成立，成员包括制造商、销售商、咨询商、信息提供者及大学等，各成员希望该标准协议能为各种检索需求提供服务，能检索各种数据库信息，所以 1992 年推出的 Z39.50 协议早已超出了 1984 年提出的只是作为书目检索使用。Z39.50 协议是参照 OSI（开放系统互联）基本参考模型而制定，其目标是使计算机系统间通过除互联标准外最少的技术协议实现互联，便于数据库用户和数据库提供者之间的开放互联②。NISO 推出 Z39.50 协议第二版后，在 Internet 上有了相当数量的 Z39.50 应用系统，此后随着协议的不断完善和互联网络的普及，全球 Z39.50 服务器和客户程序已经非常多③。到 20 世纪末，数字图书馆的建设开始兴起，馆际文献资源共享服务的开展推动了 Z39.50 协议的研究与应用，如对分布在多个高校的数字图书馆进行检索与存取，即多媒体、多语种信息的存取、检索与网络资源共享系统与服务的建设。

二、Z39.50 协议在图书馆的应用

　　Z39.50 协议可以应用于图书馆自动化系统的单个功能模块或子系统当中，如编目子系统、公共检索子系统、文献资源采购子系统、馆际互借系统、编目中心系统等。

---

① 王晓玲，1999. Z39.50 协议的发展与在中国应用的思考[J]. 现代图书情报技术（6）：10-12，21.
② 安树兰，张成昱，1995. 网络服务与协议——ANSI/NISO Z39.50 标准简介[J]. 现代图书情报技术（1）：8-12.
③ 张奇，赵亮，2000. Z39.50 在因特网上的应用[J]. 现代图书情报技术（5）：12-15，19.

（一）在书刊编目子系统中的应用

通过网络联机检索，套录他馆或编目中心的标准书目信息，即在编目子系统中嵌入一个 Z39.50 的客户应用程序，实现对具有 Z39.50 服务器网上数据库进行检索。网络上提供 Z39.50 服务的数据库如俄亥俄州立大学、波士顿大学、香港中文大学等所属图书馆，通过对这些网上站点的访问，可以获得许多 MARC 书目数据，对于本馆编目工作，特别是西文书刊的编目无疑是十分重要的。因此，不论是何种规模的图书馆，选择图书馆自动化系统，这部分功能是必需的。

（二）在公共检索子系统中的应用

Z39.50 协议用于公共检索有两个方面的应用：一是本地非浏览器下的公共检索系统检索网络上其他 Z39.50 服务器数据，这样可以离开浏览器，实现对网上其他馆信息的检索，这对于系统的安全性具有非常重要的意义[①]。诸如 Internet Explore 之类的浏览器作为网络上的一种信息检索平台，已被越来越多的人所熟悉。浏览器既可用于检索众多的网络信息，也可用于检索图书馆的书目信息，但有许多图书馆并不这么做，而是出于安全选择 Z39.50 客户端，通过网络检索其他馆的馆藏信息，因此就需要在公共检索系统中加入 Z39.50 的客户端程序。

Z39.50 协议应用于公共检索功能的另一种方案就是在浏览器下的公共检索系统中加入 Z39.50。但是这种应用相对来讲很少，因为采取浏览器检索后台数据库需要借助中间件来实现，如 CGI 或 API，检索的速度与效率会受到影响，并且将 Z39.50 的应用加载到浏览器下，有点儿多此一举。因为浏览器已经成为标准检索界面，绝大多数的信息提供商、图书馆均将自己的馆藏信息以主页方式提供给用户，用户只要通过浏览器的检索框输入相应的检索词、选择相应的检索途径，就可以检索到自己所需的信息，因此完全没有必要在其上再加一层"标准"。

（三）在文献资源采购系统中的应用

虽然在文献资源采购系统中应用 Z39.50 协议的图书馆不多，且大多数图书馆自动化系统开发商没有提供该项功能，但这可能是未来网上采购发展的趋势，即采购馆员可以检索网络上各书商提供的书目数据，或出版商提供的在版编目数据。如果在采购子系统中嵌入与本馆有业务往来的出版商或代理商的 Z39.50 客户端程序，提供检索接口[②]，就可以将订购的书刊数据直接套录到本馆的采购系统中。

---

① 薛锋，郑巧英，杨宗英，2000. Z39.50 客户机和服务器的实现[J]. 大学图书馆学报（4）：35-40.
② 陈海燕，李福铭，曾光中，2000. Z39.50 信息检索标准及其应用[J]. 图书馆建设（2）：66-68.

（四）在馆际互借系统中的应用

实现馆际图书互借的前提是需要检索到对方图书馆有什么图书，因此标准的馆际互借系统除采用 ISO 10160/10161 等协议进行互借信息的网上处理与传递外，还必须提供一个 Z39.50 的前期检索应用，即 Z39.50 的客户端和服务端程序。由于所有技术与协议标准的复杂性，馆际互借系统的销售价格一般比较昂贵。

馆际互借系统在国内实用价值并不高，其主要原因除了本身的软件系统的购买成本较高外，另外还需要借助一定的物流成本，并且如果将物流成本转移到读者用户，势必造成本来数量较少的馆际互借文献量进一步减少。由于馆际互借文献的时效性不能满足读者用户的需要，随着网络技术和数字化技术的发展，电子版的期刊文献和光盘文献的网上馆际互借，可以通过电子邮件系统进行，通过浏览器检索到对方馆的资源，再通过电子邮件发出互借文献请求，并通过电子邮件返回需要的文献。当然，这种形式的馆际互借需要立足于丰富的电子版文献馆藏。

（五）在编目中心系统中的应用

大型图书馆如北京图书馆、北京大学图书馆等文献机构是地区编目中心，由于需要提供其他馆对本馆或本中心的书目数据库的检索与套录服务，因而必须具有 Z39.50 的服务器程序和 Z39.50 的客户端应用程序[①]。一方面，编目中心需要接收一些重点成员馆上传的符合规范的书目数据，并写入编目中心系统，在数据写入编目中心之前需要进行格式检查与去重处理，所接收的数据可能是 MARC 格式，也可能是库文件，但只要满足 Z39.50 协议的处理格式，就可能被编目中心接收。另一方面，编目中心提供所有上网图书馆检索、套录书目数据服务，这些数据也必须以一个标准的格式传送到其他馆，并存入相应的本地系统[②]。

三、图书馆自动化系统中的 Z39.50 客户端选择

对于中小型图书馆来讲，Z39.50 协议主要应用于客户端，因此嵌入图书馆自动化系统中的客户端程序所依据的是哪一版的 Z39.50 协议，是值得考虑的重要因素。由于第一版 Z39.50 协议并没有实用，大多数北美开发商均是以 1992 年推出的第二版协议为标准实现其应用系统的，澳大利亚、西欧等国家或地区也有以 1994 年推出的第三版协议进行分析与系统实现的。一些后起的自动化系统开发商自然采用改进版的 Z39.50 协议。不同版本的协议所定义的功能有所不同。例如，第二版只对书目检索进行了详尽的定义，第三版则补充了对扫描索引、结果集分类等内容的定义，1995 的改良版则又增加了对非书目数据库检索的内容。因此，为了

---

① 李群，范明泉，2007. Z39.50 协议在图书馆编目中的应用[J]. 情报杂志（5）：39-41.
② 胡开胜，莫伟鸣，2005. Z39.50 协议及其在联合编目中的应用[J]. 高校图书馆工作（1）：36-38.

实现与世界各国的 Z39.50 服务器系统互联，所购买的自动化系统至少应该是以第二版协议为标准进行开发的。

图书馆所购的自动化系统应尽可能多地提供一些可选择的 Z39.50 服务器，供图书馆用户当场测试访问。相应的信息应包括服务器数据库名、域名、IP、端口号等，并可以由用户自己修改或补充这些信息，这样也可以检测出系统与其他 Z39.50 系统的兼容性与互访可靠性。由于 Z39.50 协议是一个非常复杂、规定十分烦琐的协议，不同的开发商对协议细节方面的理解也不完全相同，因此图书馆在购买系统前，应认真测试本馆业务经常需要访问的一些 Z39.50 服务器站点情况，测试检索响应速度。

第三节　国外自动化集成系统的影响

引进国外图书馆自动化系统，除了考虑自动化、网络化、标准化、数据库底层等重要功能因素外，系统的稳定性和强化读者服务因素也是重要考量的指标。正如清华大学图书馆馆长所言："我们引进外国系统，不仅仅是引进系统，而是在加强对读者服务的同时，引进国外先进的管理思想"[①]。这大概是 20 世 90 年代国内图书馆更换国外系统的目的所在。

一、主机终端富士通系统 ILIS 的引进

ILIS（Integrated Library Information System）译作"图书馆综合管理系统"，简称艾丽丝，是由日本富士通公司开发的在 CSP/FX 操作系统支持下的 K 系列小型机上运行的系统，ILIS 的功能模块主要用 COBOL 语言编写，在工作站（F9450Ⅱ）上，用 BASIC 语言编写的功能软件运行在 APCS Ⅲ 操作系统上，工作站和终端在 FTS 的通信规程下与主机 K650/30 通信，来完成图书馆业务系统的全部功能[②]。

ILIS 包括图书采访、图书编目、期刊管理、流通管理、公共目录检索五大子系统，采编、期刊子系统主要功能有中西文图书、期刊的选订、查重、验收、统计、著录、标目、LC/MARC 记录转换、剔旧、批登录、检索等。该系统适应性强、功能灵活，可对数据库规模、借书规则以及 ID 编码信息进行设定和修改，通用性较强。

1991 年以清华大学图书馆为代表的高校图书馆，引进了日本富士通公司小型机系统——ILIS 图书馆管理信息系统，对图书、期刊的采购、编目、检索、流通等业务实现自动化管理，该系统运行 CSP/FX 操作系统，主机和工作站采用专线连

① 陈进，刘宝杰，王杰贞，2002. 从评估看发展——北京地区高校图书馆自动化发展分析[J]. 大学图书馆学报（3）：61-65.
② 陈晰明，1994. ILIS 数据库的建立浅说[J]. 晋图学刊（2）：63-65，55.

接，清华大学图书馆当时建有 11 台专线工作站，30 台在线终端，专线工作站处理馆内业务，联机终端为读者提供检索馆藏目录数据和查询读者借阅数据服务，各工作站之间无法通信，图书馆自动化业务系统采用的是字符操作界面[①]。

国家教委图书情报处、图书情报工作委员会明确将进一步引进富士通 K650/30 小型机工作列入 1992 年度工作计划，这充分说明引进富士通图书馆综合管理系统早已开始实施[②]。例如，华东师范大学图书馆至少在 1990 年就引进了富士通 ILIS 软件，并在此基础上对引进系统进行汉化改造和扩充[③]。此后，清华大学也引进了该小型机及软件系统。1992 年在国家教委条件装备司的统一组织下，全国 13 所高校引进了日本富士通 ILIS 系统，如复旦大学、西南交通大学、中国矿业大学、湘潭大学、湖南师范大学、河南师范大学、杭州大学等。至 1993 年，全国有将近 20 个高校购买了富士通的 ILIS 系统[④]。

富士通 ILIS 运行在专用的操作系统和定制的硬件设备上，定制化的小型机系统决定了其软件及硬件与其他计算机互不兼容，因此很难实现与其他机型的数据共享及联网，使其应用受到很大的限制，并且该系统的底层是以日文版为基础汉化修改而成，业务功能或操作习惯或多或少地存在一些与我国国情不适应的地方。

二、美国 Sirsi 公司的 Unicorn 系统的引进

1997 年北京大学图书馆通过深入调研，决定引进国际上用户群多、知名度高的图书馆自动化管理系统。1998 年通过 CALIS 系统由复旦大学、上海交通大学、西安交通大学等十余所高校联合招标，从国内外一流的图书馆自动化系统的软件公司如 Innovative Interfaces、Sirsi、Horizon、台湾地区的传技公司、深圳 ILAS、大连博菲特等遴选出三个得分最高的系统，分别是 Innopac、Sirsi 和 Horizon，北京大学图书馆最后确定引进 Sirsi 公司的 Unicorn 系统。之后与 Sirsi 公司签订购买意向书的还有北京航空航天大学等十余所高校图书馆[⑤]。

（一）引进缘由

在引进国外图书馆自动化系统上面，北京大学图书馆曾对自行开发和国外引进两种不同意见进行过探讨，但最终选择从国外引进。时任北京大学图书馆研究员的董成泰的看法是：从数据库、客户服务器技术等角度来看，有很多很好的软件开发工具，我们借助技术人员来进行开发，完全可以开发出技术上领先的图书馆自动化系统。但是，国内人员开发的图书馆自动化系统仍会留有国内落后管理

① 魏欣，1998. 清华图书馆——InnoPac 为明珠增辉[J]. 每周电脑报（45）：79，83.
② 佚名，1992. 简讯[J]. 大学图书馆学报（1）：62-64.
③ 佚名，1992. 简讯[J]. 大学图书馆学报（1）：62-64.
④ 陈源蒸，1993. 我国图书馆自动化系统软件的发展[J]. 大学图书馆学报（4）：4-11.
⑤ 马天蔚，1998. 北大图书馆——引进管理[J]. 每周电脑报（45）：79.

模式的痕迹，而北京大学图书馆因其所处的位置需要的是先进的管理思想，国外图书馆自动化系统带给国内图书馆的不仅是一种业务系统，还是一种管理思想和服务理念的改变。

引进一套系统，就是引进一套管理方法，国外图书馆自动化系统对图书馆的服务模式、管理模式甚至组织模式的改变，使图书馆在管理、服务、效率上迈上一个新的高度。Unicorn 系统包括编目、采访、流通、期刊控制、管理、报表、OPAC、教学参考书、请求和器材预约等模块，能够对图书馆日常业务进行全面细致的管理。该公司拥有遍布全世界的用户群，能够支持北京大学图书馆对其英文版系统进行全面深入的中文化和本地化处理，系统中文版在中文检索等方面具有突出的特色。

（二）Unicorn 系统的先进性

系统采用当时国际流行的 Client/Server 架构，通过多层次客户机/服务器构成集成系统，系统稳定性经过了国际市场近 20 年的考验，软件市场成熟度高[①]。系统的数据库结构是关系型数据库 Informix 和全文检索数据库 BRS 的结合。这种设计使检索的实现具有更大的空间，并且可以弥补使用单一关系数据库在检索速度等方面的限制。

在支持网络协议和数据传递协议方面，Unicorn 遵循 TCP/IP 协议、Z39.50 协议、X12 电子数据交换协议等。对网络协议的支持使得该系统具备将图书馆的服务范围扩大到图书馆之外的服务空间的能力，突破一馆限制的功能。通过对 Z39.50 协议的支持，Unicorn 提供了基于 OPAC 的 Z39.50 站点链接，可以访问、查询或利用任何一个支持 Z39.50 协议服务器上的信息资源。通过 X12 协议，可以与书商或其他供应商实现网上链接，进行电子采购[②]。

Unicorn 系统的参数分为三大类型：公用参数、模块参数和权限参数。公用参数为所有模块所公用的系统的基本参数，模块参数主要是指使用特定模块的特殊参数，权限参数是用来设置用户和用户组的各种权限的。这三个类别的参数设置用来保障系统安全有序地运行。参数配置采用开关方式、上下限或临界值方式、菜单选择方式、填表方式，可灵活进行配置，如对馆藏位置可根据管理、服务需要设置静态的永久馆址和动态的当前馆址。

Unicorn 系统在支持多馆管理、创建多馆服务系统、整合区域性资源、实现资源共建共享方面带来了科学管理思想。Unicorn 的数据类型实行题名、索书号、复本三级管理，一种书只对应一条书目记录，这条书目记录可对应于总馆不同的分馆索书号，索书号下可有多个图书复本记录。在 OPAC 检索方面还可以支持 856

---

① 袁俊，张雅丽，2003. Unicorn 图书馆自动化管理系统功能与特点[J]. 津图学刊（5）：24-27.
② 聂华，2001. 北京大学图书馆 Unicorn 系统概况及特点[J]. 大学图书馆学报（1）：52-55.

字段对全文电子资源的链接[①]。

　　另外，Unicorn 系统在支持 GBK 字符集汉化，实现 GBK、Unicode、CCCⅡ、BIG5 和 EACC 不同内码转换，解决双字节汉字内码处理、中文标点符号处理、全角 ASCII 和其他符号处理、中文字体的大小和显示等问题上，都取得了很大的进展。尤其在汉字切分技术、中文检索机制建立、拼音处理方面中文版 Unicorn 创新较多，支持德语、法语、西班牙语、葡萄牙语等多语种功能方面知名软件优于当时的国内图书馆自动化系统软件。

　　在北京大学图书馆率先引进 Unicorn 系统并实现汉化后，国内一些经济实力较强的图书馆也引进了 Sirsi 公司系统，如天津大学图书馆（2000）、中国人民大学图书馆（1999）、吉林大学图书馆（2000）、南开大学图书馆（2000）、陕西省图书馆（2001）等。特别是天津市教委 2002 年为市属近 20 所高校统一引进一套 Unicorn 系统，来构建统一管理平台[②]。

三、Innovative Interfaces 公司的 InnoPac 系统的引进

　　随着 Internet 的发展、Z39.50 新技术的出现，受信息海量式增加及用户对信息快速获取的需求等因素的影响，清华大学图书馆在 1991 年开始应用的富士通 ILIS 系统已不能适应当时网络环境和资源服务的需要[③]。由于富士通 ILIS 系统受字符操作界面、网络功能、通信速度等限制，清华大学图书馆决定更换图书馆自动化系统。经过对国内外成熟软件的调研，清华大学图书馆在 1996 年选择了美国 Innovative Interfaces Inc.（简称Ⅲ公司）提供的 InnoPac 图书馆自动化集成系统。作为国内第一家引进 InnoPac 系统的图书馆，清华大学图书馆注重该系统功能模块的完善、模块选择的灵活性和系统的稳定性，更为关键的是 InnoPac 的市场占有率和Ⅲ公司的健壮性，Ⅲ公司在全球 20 多个国家拥有 700 多个用户，并向全球用户提供 7×24 小时服务。

　　清华大学图书馆在引进 InnoPac 系统后，在管理方法方面借助先进的管理系统，推出了短期借阅、馆际互借、WebOPAC 等服务，针对新系统的业务流程，改变了原来传统的业务流程，将原来单设的期刊部采访、编目工作划分到采访部，将期刊部的阅览、参考咨询等功能部门划归信息参考部，从管理学的角度来看系统更趋科学化、合理化。

（一）InnoPac 系统的先进性

　　该系统软件全部用 C 语言编写，可直接运行在基于 IBM、DEC、HP 等品牌机

① 葛廷霞，2003. Unicorn 图书馆集成管理系统在人大图书馆的应用[J]. 现代图书情报技术（S2）：46-48.

② 袁俊，张雅丽，2003. Unicorn 图书馆自动化管理系统功能与特点[J]. 津图学刊（5）：24-27.

③ 魏欣，1998. 清华图书馆——InnoPac 为明珠增辉[J]. 每周电脑报（45）：79，83.

型的 UNIX 系统上，采用客户端/服务器技术及模块化的设计与编程，无论是 Web 浏览器、Z39.50 客户端还是基于字符界面的终端的界面，都不需要特殊硬件的支持，硬件通用性强①。

InnoPac 系统采用公司自主开发的数据库或国际上主流 Oracle 数据库，OPAC 的开发技术是基于 Web 和 JAVA 技术，系统采用客户机/服务器、浏览器/服务器技术，具备 C/S、B/S 浏览、应用、数据库多层结构，为图书馆提供了全方位的常规业务的集成化和层次化的管理与服务。

在系统应用功能方面，InnoPac 系统去除了国内传统目录卡片式及打印卡片目录功能，用 InnoPac 系统具有多途径的检索功能、良好人机交互的检索界面功能替代了目录卡片检索功能，从而使得传统的设置卡片目录柜退出历史舞台。InnoPac 系统在采访、验收、典藏功能上较国内自动化系统更注重细节，如要求输入发票号码、购买日期等细致内容。在采访编目模块图书条码号生成方面，InnoPac 采取先在书上粘贴条码号，通过条码号与书标对应一致，打印书标可以不需要考虑复本与贴书标的错乱现象②。

Ⅲ公司的 InnoPac 系统是由几十个模块和子模块组成的集成系统，它不仅支持传统图书馆的编目、流通、采访、OPAC 等，而且能够提供相对先进的图像、WWW 服务和 C/S 应用程序等功能。在参数系统方面如编目参数的 MARC 字段映射表设定，支持多种 USMARC、CNMARC、UNIMARC 等格式，通过建立字段组来将 MARC 中意义相同或相近的不同标准格式的字段合并和相互映射。InnoPac 的参数系统功能完善，除了书目记录和检索项参数设置相对固定外，其他参数的设置可根据系统实际运行不断加以调整③。在处理多语言方面，国内系统处理中文是强项，但在显示多语言处理上，InnoPac 系统则有更好的表现。

（二）国内其他图书馆引进 InnoPac 系统

InnoPac 系统是当时世界上最先进的图书馆自动化系统之一，继清华大学图书馆 1996 年引进 InnoPac 系统后，西安交通大学图书馆（1998）、浙江图书馆（1999）、华中科技大学图书馆（2000）、暨南大学图书馆（2006）、华东师范大学图书馆、西安电子科技大学图书馆、中国科学院文献情报中心化学分馆、国家会计学院图书馆引进了字符界面的 InnoPac 系统或其升级版视窗 Millennium 系统④。

国外图书馆自动化系统的研制和设计采用基于 UNIX 标准和先进的体系架构，支持多种通用操作系统平台，这种多层、基于组件模式的体系结构为自动化系统的灵活配置提供了充分保证，软件系统的体系结构能够将大规模的事务处理分散

---

① 胡东，程小澜，2000. 关于 INNOPAC 系统业务参数设置的研究与思考[J]. 现代图书情报技术（2）：21-25.

② 刘如，程小澜，2000. ILAS 与 INNOPAC 在分编工作中的比较研究[J]. 图书馆杂志（4）：28-30.

③ 宋登汉，詹萌，2005. 中外八大 OPAC 系统的比较与分析[J]. 图书情报知识（3）：44-46.

④ 陈龙，张璇，2008. 论 Millennium 预约功能体现的服务理念[J]. 图书馆论坛（3）：72-74.

到多个硬件平台，以保障系统的高效运行。国外系统一般采用大型数据库，紧跟国际主流技术发展，提供全文检索和元搜索功能，特别是 2000 年后，提供开放链接技术，实现系统间互操作，如创建以期刊为纽带的链接数据库，可链接到到刊情况、期刊的 Web 站点，甚至存取到期刊目次、文摘乃至期刊全文[①]。

正是因为国外系统上述诸多技术优势和业务处理优势，国内一些有经济实力的图书馆除了引进 Sirsi 公司的 Unicorn、III 公司的 InnoPac 系统外，还引进了一些国际知名的自动化软件系统。例如，最早开启引进美国大型图书馆自动化系统之门的上海图书馆，于 1996 年引进了 Dynix 公司的 Horizon 系统，之后国内上海交通大学图书馆、复旦大学图书馆、浙江大学图书馆、华南理工大学图书馆、太原理工大学图书馆、上海大学图书馆、上海党校图书馆、上海浦东新区图书馆等文献机构相继购置了 Horizon 系统。北京师范大学图书馆作为亚洲第一个用户于 2001 年率先引进以色列 Ex Libris 公司的 ALEPH500 系统[②]，并完成系统汉化，此后国家图书馆、东北师范大学、陕西师范大学等图书馆也引进了 ALEPH500 系统[③]。

第四节　国内崛起的四大图书馆自动化网络系统

据程美群 2004 年对 96 所"211"高校使用自动化系统情况的统计，其中 22.92% 的高校图书馆使用国外自动化系统，77.08% 的高校图书馆使用国内自动化系统[④]。国内自动化系统在"211"高校市场占有率最高的依次为：南京汇文系统（29.17%）、深圳 ILAS 系统（17.71%）、北邮 MELINETS（10.42%）、丹诚 DataTrans（5.21%）、博菲特系统（4.17%）、国防科技大学的 MILINS（3.13%）、金盘系统（3.13%）以及北京大学图书馆 NLIS、深圳大学图书馆 SULCMIS、重庆图腾各占 1.04%。考虑到非"211"高校使用的北京清大新洋 GLIS 较多以及公共图书馆等诸多因素，笔者选择了 ILAS、丹诚系统、南京汇文系统、清大新洋 GLIS 四大市场占有率较高的系统进行比较分析。

一、国内自动化网络集成系统层次结构转变

无论是国内厂商还是国外厂商，在 20 世纪 90 年代都面临着网络技术、客户端/服务器技术的发展对集成系统的冲击，而且影响日益深刻。由于国外图书馆自动化系统在汉化问题上的技术日趋成熟，并且在支持异构系统、Z39.50、管理理念、

① 李广建，张智雄，黄永文，2003. 国外图书馆自动化系统的现状与趋势[J]. 现代图书情报技术（3）：33-36.
② 百度百科——北京师范大学图书馆[EB/OL]. [2020-10-15]. http://baike.baidu.com/item/北京师范大学图书馆/840679?fr=aladdin.
③ 李杉，2004. ALEPH 500 系统 Web OPAC 评析[J]. 国家图书馆学刊（3）：12-14.
④ 程美群，杨天军，2004. 211 高校图书馆自动化集成管理系统的使用情况分析[J]. 现代图书情报技术（3）：17-19，4.

系统架构等方面优于国内系统，国内一些有经济实力的高端图书馆用户在 90 年代中后期开始选择 Sirsi、Innovative Interfaces Inc.等公司的 ILAS 产品。针对这种情形，国内自动化集成系统商家开始发力，在原有框架下重新设计其产品，加强对网络检索、系统管理的优化功能，从整个自动化集成系统运行的网络结构、层次结构入手进行转变。

（一）从单一的组网结构向多层组网结构转变

国内图书馆自动化集成系统的部署离不开当时的网络技术环境，早期的图书馆自动化集成系统都支持以单机为中心的网络系统，在这种网络系统当中，只有一台中心计算机，其余终端都不具备自主处理功能。这种网络系统模式在硬件的选择上一般需要购置集中器或多路器来实现多个终端共享网络线路，在主机前端增加通信处理机或前端机专门负责通信控制，如 20 世纪 90 年代 ILAS 系统可以支持在标准多用户模式下运行，终端设备通过串行卡（多用户卡）和终端服务器（前端机）两种方式与主机相连，从而构成 ILAS 运行网络。

随着局域网技术的发展，局域网络操作系统开始从"3+"网络应用软件系统转向应用 NetWare 网络操作系统，即服务器上开始应用 Novell 公司的 NetWare 网络操作系统，工作站一般采用 MSDOS 操作系统，汉字平台采用 UCDOS 网络版，如通用图书馆集成系统 GLIS 3.0 当时运行的网络环境就是 NetWare V3.12 网络操作系统，后来操作系统也可以用视窗系统 Windows 作为工作站，只需要安装网卡和加装支持 Novell 网络协议的 IPX/SPX，通过网卡、网络协议、集线器构建 Novell 网络。

到了 90 年代中后期，局域网络操作系统开始出现多种网络结构并存局面，如 DOS、UNIX、Windows NT Server、NetWare 网络操作系统，以 Windows NT 网络操作系统、UNIX 网络操作系统组网为发展趋势，网络中以视窗系统 Windows 作为客户机成为 90 年代中后期的主流发展方向[①]。客户机除了支持 IPX/SPX 网络协议外，还支持 TCP/IP 协议，并且图书馆自动化系统商更注重支持基于 Windows 局域网络的开发，推出的自动化系统软件是基于 Windows 系统平台，因此研制出的图书馆自动化集成系统，既可以主机终端多用户模式运行，也可以通过网络模式访问运行，如 Novell 网络访问、Windows 网络访问甚至 Internet 网络访问，只需要在服务器和工作站各自安装部署相应的网络协议和安装相应的交换机设备。

另外在物理硬件组网方面，20 世纪 90 年代局域网技术出现突破性发展，是使用非屏蔽双绞线 UTP 的 10BASE-T 标准，构建的以太网拓扑结构大多为星型或星型与总线型的混合结构，使得网络组建非常容易，应用 RJ45 接线头联网容易移动，并且网络故障较少，不必使用 T 型连接器和终端匹配器[②]。

————————————

① 马武瑜, 1998. 局域网络技术的发展与展望[J]. 广西民族学院学报（自然科学版）（3）：43-45.

② 王宝智, 1999. 计算机网络技术与应用[M]. 长沙：国防科技大学出版社.

（二）从字符界面系统向图形用户界面结构转变

图书馆自动化系统受到视窗系统 Windows 的影响，用户界面从字符系统升级到以 Windows 为代表的图形用户界面（GUI）。原有的图书馆自动化系统的字符系统界面多采用字符用户界面（CUI），以菜单方式运行，用户界面的友好程度及系统的易用性上有所欠缺[①]。图形界面与字符界面相比，具有用户界面友好、系统可操作性强等优点，已成为软件界面的发展方向。

字符用户界面主要是基于 DOS、UNIX、NetWare 操作系统运行的程序开发平台设计研制的，由于在 CUI 界面使用者需要了解或记住命令语句，而不像 GUI 界面使用者无须了解计算机命令语句，通过窗口、菜单、按键等方式方便地进行操作，因此随着 Windows 系统普及得到广泛应用，图书馆自动化系统置身于软件系统用户市场，图书馆自动化系统商毫不例外地、与时俱进地对原有系统进行升级改造换代，推出 GUI 的图书馆自动化系统软件产品。例如，深圳科图 ILASⅡ、清大新洋公司 GLIS 等图书馆自动化系统产品均为开发出来的基于 GUI 界面系统产品。

（三）从主机用户结构向 C/S 结构转变

网络技术发展到基于开放系统互联（OSI）和客户端/服务器（C/S）模型的分布处理阶段，图书馆的自动化建设也进入了网络化发展阶段。作为图书馆的核心系统之一的图书馆自动化集成管理系统，其系统结构也从主机处理模式向客户端/服务器分布处理模式发展[②]。主机处理模式在网络环境下，系统封闭性、事务处理性能较差。网络技术的成熟为 C/S 技术提供了支撑环境，以 UNIX、Windows 为核心的开放系统技术为 C/S 模式的推广应用起了积极的推动作用。国内在这一时期新开发的系统和原有的系统都将系统架构转向 C/S 模式。

深圳 ILASⅡ 在 ILAS 基础上，经过技术改进，采用 C/S 模式，服务器端采用 UNIX，客户端以 Windows 95 为依托，利用 Visual C++、SQL 等作为开发工具，采用 TCP/IP 的接口方式，使图书馆内部网可与校园网、地区网、Cernet 及国际网互联。

北京鑫磐软件技术有限公司（原清华大学光盘国家工程中心北京金盘电子有限公司图书馆系统部）1995 年研制开发了 GDLIS，该系统软件以局域网为软件运行平台，支持当时主流的 Windows NT/NetWare 网络操作系统平台，以 SQLServer 作为数据库服务器的管理平台，以 FoxPro 为客户端的开发平台，借助 ODBC 来支持具有客户端/服务器结构体系的图书馆关系数据库管理系统[③]。

息洋电子研制的 GLIS 的 Client/Server 广域版，是在 UNIX 和 Windows 95

① 肖东发，1999. 中国图书馆年鉴 1999[M]. 北京：北京图书馆出版社.
② 许良武，孙辨华，1995. Client/Server 方式中服务器程序的设计[J]. 现代图书情报技术（5）: 19-25.
③ 王怀汀，1997. 金盘图书馆集成管理系统的总体设计[J]. 现代图书情报技术（1）: 34-37.

双平台环境下开发的①。该系统数据库端采用 UNIX 版 Glis Application Server 提供数据库引擎，Terminal 查询界面和 RQserver 分别为前端应用系统提供数据库服务、客户端/服务器方式查询。1998 年推出基于 FoxPro5.0 的 Windows 95/NT/Novell 版，采用客户端/服务器模式，广泛适用于 Windows NT、UNIX、NetWare 平台②。

此外，深圳大学图书馆 SULCMIS 系统（1997）、丹诚的 DataTrans 系统（1996）、北京图书馆文津图书馆管理软件也在原有系统基础上，纷纷进行技术改版，转成为网络功能更强、性能更优的 Client/Server 版的图书馆集成管理系统。

（四）从 C/S 结构向 B/S 多层结构转变

图书馆自动化系统只有融入网络大环境，才能最终实现真正意义上的资源共享的目标。国内图书馆自动化系统公司开始研制并推出具备网上联合编目、馆际互借、网络查询等网络化功能产品，部分图书馆自动化系统产品的书目查询功能，运用了超文本技术，可支持在 Internet 上运行。

B/S 结构即 Browser/Server（浏览器/服务器）结构，它是随着 Internet 技术的兴起，对 C/S 结构的一种变化和改进。B/S 结构主要利用了不断成熟的 WWW 浏览器技术，结合多种 VBScript、JavaScript 等 Script 语言和 ActiveX 技术构造的全新软件系统技术。运用 B/S 技术就只需要安装一个服务器（部署数据库和应用系统），客户端运用 WWW 浏览器即可运行软件。客户端通过浏览器向 Web 服务器发出请求，服务器对浏览器的请求进行处理，将用户所需信息返回到浏览器，诸如数据请求、加工、结果返回及动态网页生成、对数据库的访问和应用程序的执行全部由 Web 服务器完成。随着 Windows 将浏览器技术植入操作系统内部，基于 B/S 结构维护方便、开发简单、共享性强、分布性强等诸多优点，这种结构替代 C/S 体系结构的趋势也越来越明显。

GDLIS 系统除了业务系统运用 C/S 结构运行外，在提供书目服务方面，其提供的 Web Server 应用程序，可在校园网上、Internet 上用浏览器查询 GDLIS 用户馆的馆藏书目数据库，实现馆藏查询从 C/S 向 B/S 结构的转变。深圳大学图书馆 1997 年推出的升级版 SULCMIS Ⅲ具备 Web 检索功能，虽然大部分业务系统如采访、编目、流通、期刊等子系统采用客户机/浏览器技术，但在校园网上和互联网上则采用了 Internet/Intranet 技术，通过 B/S 技术来实现 Web 书目查询功能③。丹诚软件有限公司的 DataTrans-1000 系统 1997 年推出自主版权的 WWW 服务器，用于 Internet 网上远程检索、访问馆藏目录④。

---

① 韩秀梅，2000. 关于对通用图书馆集成系统（GLIS）的研究[J]. 情报杂志（4）：19-20.
② 金培华，1996. 息洋电子 96 战略（一）[J]. 现代图书情报技术（1）：60.
③ 王峰，1998. 技术支援结友谊　民族团结谱新篇　深圳大学图书馆向我院图书馆赠送"图书馆计算机管理系统"（SULCMIS Ⅲ）[J]. 西藏民族学院学报（社会科学版）（Z1）：188.
④ 刘乃熙，2009. 图书馆业务工作知识手册[M]. 西安：陕西科学技术出版社.

虽然上述公司开发研制的图书馆自动化系统，大部分业务子系统基于 C/S 结构，只有馆藏目录查询服务开始 B/S 结构应用与实用化，但到了 2003 年，北京清大新洋公司推出国内首家完全 B/S 模式的图书馆管理软件 GLIS8.0，创新性地解决了主分馆问题，完全 B/S 结构的图书馆自动化系统得到图书馆用户肯定。此后 ILAS、图腾、妙思等产品也相继推出 B/S 的图书馆自动化系统产品。

二、崛起的 ILAS、Libsys 等四大图书馆自动化网络系统

20 世纪 90 年代，计算机技术特别是网络技术飞速发展，我国图书馆自动化系统进入广泛应用时期。面对图书馆自动化系统市场刚性需求，国内自主研发出一大批图书馆自动化系统软件，它们大多归属或挂靠于高校图书馆、大型公共图书馆以及政府主导的学会等，也有一些企业自行开发出 LAS 系统软件应用产品。我国自行研制开发的这些系统在技术基础、功能特性、系统结构等方面各有特点，也代表了不同时期图书馆自动化的发展水平。

国内自主研发的图书馆自动化应用系统用户分布较广的主流系统主要有深图 ILAS、汇文 Libsys、北邮 MELINETS、丹诚 DataTrans、金盘 GDLIS、深大 SULCMIS、大连博菲特、清大新洋 GLIS、文津系统、智慧 2000、力博、春晖等。下面对代表性系统的概况（如系统名称、研制单位、系统架构、系统模式、用户规模及应用现状等）进行简要叙述。

（一）图书馆自动化集成系统——ILAS

ILAS（Integrated Library Automation System）是文化部于 1988 年作为国家重点科技项目下达的，由深圳图书馆承担并组织全国 8 个省级公共图书馆共同参与开发的图书馆自动化集成系统。ILAS 是在 UNIX 平台上开发研制的图书馆自动化软件，从 1988 年立项研制，经过十余年的不断更新和发展，已经从 V1.0 版至 V5.0 版升级换代到了 ILAS Ⅱ 网络版[①]，具体产品见表 4-1。

表 4-1　ILAS 产品十余年发展历程一览表

产品型号	产品名称	推出时间
ILAS 2.0	图书馆自动化集成系统终端版	1991 年
LACC	采编中心管理系统终端版	1994 年
ILAS 5.0	图书馆自动化集成系统终端版	1995 年
ILAS Ⅱ	图书馆自动化集成系统网络版	1998 年
UACN	联合采编网络系统	1998 年
ILAS（S）	图书馆自动化集成系统小型版	1999 年
ILAS Ⅱ（U）	图书馆自动化集成系统国际版	2001 年

---

① 余光镇，1999. ILAS 图书馆自动化系统发展进步的十年[J]. 现代图书情报技术（S1）：128-130.

ILASⅡ是 ILAS 项目组针对图书馆面临的网络化的运行环境，在 1997 年开始研制开发出的图书馆自动化新一代网络版产品，ILASⅡ是在原有 ILAS 主机终端模式的基础上经过技术改进，采用客户端/服务器模式，主服务器采用 UNIX 操作系统平台，客户端以 Windows 95/98 为依托，利用 Visual C++等作为开发工具，使用 TCP/IP 通信协议，采用大型分布式数据库管理系统 LDBMS，在与国际大字符集 ISO 10646 兼容的 GBK 汉字平台支持下，开发出来的一套能兼容终端方式和网络工作站方式的、开放的、可管理和共享文献信息资源的分布式新一代图书馆自动化网络版应用软件系统[1]。

ILAS 系统先进，功能完善，归功于采用 UNIX 作为开发应用平台和专用的数据库管理系统，使得 ILAS 在开发之初便站在较高的起点上。ILAS 紧跟网络化技术的发展，推出 ILASⅡ网络版，采用 C/S 模式，客户机以 Windows 95 或 Windows 98支持，通过 TCP/IP 协议在局域网络模式下运行，同时又与 Internet 有很友好的接口。ILAS 全新的网络模式和开放的构架充分表明，ILAS 不仅跟上了计算机技术飞速发展的脚步，还成为国内先进的图书馆应用系统。ILAS 的功能涵盖了图书馆工作的方方面面，涉及图书馆业务工作中的各个环节，并且在此基础上，设有特色数据库开发功能。

ILAS 操作简便、易学，用户界面直观、友好，对功能操作命令都有联机提示，在整个系统中使用统一的操作命令和操作方法。ILAS 在运行环境、数据库设计、功能设计、操作方法等方面坚持从图书馆的实际需要和具体条件出发，使得 ILAS具有很强的实用性。如回溯建库设置了多种方法：先回溯建库，再流通，建立简单书目数据后，再流通；先流通，后建回溯库；边流通，边建库等。

ILAS 书目数据全部按 CNMARC 格式存储与输出，符合国家标准。输出卡片符合图书馆著录标准。ILAS 设有多种数据接口，可以接收/输出 CNMARC、LC-MARC、ISO 2709 以及定长格式数据，还提供 WWW 接口软件，可以在网上直接查询他馆数据库[2]。

在系统安全方面，ILAS 在 UNIX 的安全机制基础上提供了多层次的保护方法，包括对用户使用子系统的功能限制，对修改、更新、删除数据库记录权限的设置，利用完善的容错功能及时诊断用户的操作错误，利用完善的日志对系统运行历史进行查询，并设置了系统备份与恢复功能[3]。还在数据库中设置了并发控制锁，防止不同用户同时修改同一条记录。在编目数据存盘时对所有字段和子字段进行检测，防止错误数据进入系统，并设有对书目数据的 MARC 记录字段和子字段批检查和批处理功能，便于用户及时检查和修改错误数据。

① 王大可，1999. ILASⅡ和 UACN 两个项目通过技术鉴定[J]. 现代图书情报技术（6）：72.
② 朱光华，1999. ILAS 的数据库平台 LDBMS 技术之探索[J]. 现代图书情报技术（3）：57-59.
③ 王大可，1999. ILASⅡ的开发模式与技术特点[J]. 现代图书情报技术（2）：10-13，22.

　　ILAS 除了包括常用的采访、编目、流通、连续出版物、检索、系统管理等子系统外，还包括参考咨询子系统、图书馆多媒体信息管理系统、办公事务处理系统。参考咨询子系统用于咨询服务、定题服务、咨询读者管理、建立特藏书目库等功能。其中，图书馆多媒体信息管理系统对馆藏图片、音乐节目、电影、电视、录像节目等信息进行整理、加工、存储，形成多媒体信息库，既可以通过多种检索途径查询，又可以输出声音、图像、动态画面以及全文供读者使用。

　　针对 Internet 网络，ILAS 提供了广域网接口，包括两种方式：一种方式是提供 Internet 接口，即Ⅲ（ILAS Interface for Internet）接口软件以及 Web 服务器上的 CGI 接口，用于将馆藏数据发布到互联网上。Ⅲ的功能主要实现读者在 Internet 上查询馆藏书目信息及借阅状况，完成续借、预约和推荐书目功能。另外一种方式是 ILAS 联网编目查询，这是基于 MODEM 建立点到点的广域网的系统，主要功能有：ILAS 用户之间可以采取脱机批处理或联机方式相互查询对方的书目数据库，进行数据交流，同时也便于 ILAS 在全国建立的基地或推广服务中心为 ILAS 用户进行远程维护[①]。

　　联合采编网络系统 UACN 是在采编中心管理系统 LACC 基础上开发出来的产品，UACN 采用 C/S 模式，成功地将集中采编系统和联合编目系统集成为一个网络系统，到 1999 年已涵盖了 70 多个联合采编成员馆，拥有 100 多万条书目记录的书目数据库。该系统采用了先进的、面向对象数据库的设计方法、分布式数据库技术、Z39.50 互联技术、全屏与双屏编辑技术、数据选择界面生成器、数据质量控制等一系列技术，能适应多种 MARC 格式，具备在网络环境下联合采编功能[②]。

　　ILAS 从主机终端模式到客户机/服务器模式，从 1.0 版到 5.0 版再到网络版 ILASⅡ，从 1995 年的 300 多家用户，发展到 2000 年的 1500 余家用户，从图书馆自动化到采用 Z39.50 技术的网络化，ILAS 借助先进的技术手段、公司化市场运作、ILAS 推广站设立逐步壮大，市场占有率位居第一。

（二）汇文文献信息服务系统——Libsys

　　汇文文献信息服务系统（Libsys）相对于 ILAS、丹诚 DataTrans、GLIS 来讲，是后起之秀。Libsys 由 1999 年 9 月成立的江苏汇文软件有限公司（简称汇文）研制开发，该公司是由江苏省教育厅控股、南京大学、东南大学共同参股组建的股份有限公司。公司依托江苏省高校文献保障系统以及汇文公司的人才综合优势，在江苏省有关主管部门支持下，得到了众多用户的大力支持，公司不断向前发展。

　　汇文于 1997 年 5 月开始研制 Libsys，于 1999 年推出汇文文献信息服务系统 Libsys 2000，该系统基于大型图书馆管理模式，以建设江苏省高校文献保障服务

① 李韵，1999. 地区联合采编中心的建设和发展研究[J]. 图书与情报（2）：56-57.
② 王大可，1999. ILASⅡ和 UACN 两个项目通过技术鉴定[J]. 现代图书情报技术（6）：72.

系统为宗旨，以面向网络化、标准化、数字化、区域化为基本设计思想，使最终成型的系统充分体现用户功能模块的完整性、界面的良好性、功能参数设置的灵活性等特点，并且具有强大的广域网环境应用服务功能，在数据库存储级、应用检索级、用户界面级均实现各种不同国际、国内标准与协议的应用，可广泛适用于大、中、小各种类型的图书馆、信息中心、文献信息服务机构及地区性或行业性文献信息资源共享中心等的应用需求①。

Libsys 的研制正逢互联网时代，不像其他图书馆自动化系统公司受制于已有的条条框框。系统研制采用当时国际流行的三层网络体系结构 Browser/Webserver/DBserver，以大型关系型数据库 Oracle 作为数据管理平台，按照基于开放的、可管理和共享分馆资源的分布式应用软件系统进行设计和开发。Libsys 可同时并存多种 MARC 格式，在开发过程中借鉴了国外知名的图书馆自动化系统公司（如 Sirsi 系统）的成功经验，将支持网络化服务功能列入软件重要功能，如网上预约、联合订购、联机编目等功能。

在接收外部数据源方面，Libsys 2000 提供外部征订书目数据文件导入功能，可处理 MARC 等多种格式的书目征订文件，也可提供征订书目 Web 发布功能，以实现网上订购征询与读者荐购服务。编目模块实现联机联合编目管理功能，内嵌 Z39.50 模块，可以直接访问 Internet 上任意的 Z39.50 服务器，获取 MARC 记录，并自动粘贴到编目窗口，实现图书馆间书目数据共享。Libsys 2000 也提供对指定的 Z39.50 服务器的 MARC 记录上传，全面支持中国高等教育文献保障系统 CALIS 的联合目录数据库的上传与下载操作②。

Libsys 的网络化功能主要通过 Internet 浏览器、Z39.50 客户端浏览器来查找国内外图书馆的馆藏信息，通过目录共享来实现网络化合作。Libsys 提供 WebOPAC 查询界面，读者只需要借助任意一台联网计算机就可实现馆藏查询、续借等功能。Libsys 经历了 Libsys 2000、Libsys 2.0、Libsys 3.0、Libsys 4.0、Libsys 5.0 版本，技术上、管理方法上不断与时俱进，功能不断完善，从编目数据源、期刊管理、过刊回溯建库、书刊流通、典藏管理、现刊记到、外文期刊资源整合、WebOPAC 等方面入手，使图书馆自动化集成系统的各种功能更加符合图书馆工作规律③。

汇文从 1999 年起推广 Libsys，到 2015 年拥有近 800 家高校和公共图书馆用户，它们大多为"985"及"211"高校，其中有 15 所"985"高校和 50 所"211"高校图书馆用户。汇文由于依托了南京大学图书馆等图书馆学专业人才队伍，对计算机软件技术和图书馆业务非常熟悉，特别对图书馆业务流程的每个环节、组件进行反复琢磨和细节处理，因此其推出的 Libsys 在实际应用中得到了国内用户

① 张秀红，2010. 图书馆 OPAC 与网络书店功能比较及改进——以汇文 OPAC4.0 与亚马逊网络书店为例[J]. 图书馆理论与实践（4）：89-92.

② 潘苏虹，2001. 浅述汇文系统和金盘系统应用比较[J]. 苏州丝绸工学院学报（6）：198-199.

③ 吕红梅，2005. ILAS Ⅱ 与汇文 LibSys 2000 流通子系统比较分析[J]. 图书馆学研究（6）：29-33.

的一致肯定和推崇，使得图书馆的各项工作更加得心应手，更加方便快捷。Libsys
在很短的时间内迅速成长为全国图书馆界公认的著名品牌，充分说明了其良好的
适应性和市场竞争力[1]。

Libsys 通过不断完善，汲取国内外前沿 IT 技术，结合国内图书馆实情，在音
视频检索与管理、大数据存储、个性化自助服务等领域进行革新研究，力求突破
传统媒介管理形式，构建符合数字图书馆特征与功能的新一代图书馆自动化系统[2]。
在资源共享方面，汇文公司谋求与出版发行、电子商务等公司合作，进行图书馆
上下游产品的整合展示。在管理思想创新方面，汇文公司紧跟国际图书馆最新管
理理念，通过技术手段完善和创新图书馆业务流程，以求保障 Libsys 的技术领域
优势，为国内用户提供功能强大、系统稳定、技术成熟的自动化管理系统。

Libsys 针对不同的用户个性化、网络化环境的需要，围绕图书馆自动化系统
的核心产品主线，推出 Libsys 图书馆管理系统、LibsysBS 图书馆集群管理系统、
区域通借通还系统、区域联合馆藏书目检索系统、虚拟联合目录查询系统。将网
络环境下图书馆的资源和服务延伸到物理馆舍以外。同时针对移动终端设备、数
字资源技术等新的技术和应用，推出了短信服务平台、手机图书馆门户、电子阅
览室计费管理系统、图书外采系统、非书资料管理系统、电话自助服务系统、电
子资源读者远程访问系统等[3]。

Libsys 支持多种操作系统平台，如 Windows 2003、各种 Linux 版本、Solaris、
AIX、HP-UNIX、SCO UnixWare 等。Libsys 于 1997 年 5 月起开始研制，于 1999
年推出 Libsys 2000，2009 年 5 月推出 Libsys4.0 版，到 2016 年底，Libsys 已为国
内 700 多家高校和公共图书馆所选用，其中包括教育部公布的 39 所"985"学校
中的 15 所，116 所"211"学校中的 50 所大学。

（三）丹诚图书馆管理系统——DataTrans

丹诚图书馆管理系统（DataTrans）由北京丹诚软件有限责任公司（简称丹诚）
开发。公司创立于 1996 年，一直致力于图书馆应用系统的开发和推广，其拳头产
品包括 DataTrans-1000/1500/2000 图书馆集成系统软件产品。

DataTrans-1000（简称 DT-1000）图书馆集成系统是传统图书馆主机终端模式
或文件共享模式的升级换代产品，以 C/S 模式为架构，客户端运行于 Windows 3.1
或 Windows NT 工作站平台，服务器端运行于 UNIX 或 Windows NT 平台，采用
TCP/IP 网络协议，符合 Windows Sockets 规范，是 Internet 环境下构建的图书馆信

① 刘乃熙，2009. 图书馆业务工作知识手册[M]. 西安：陕西科学技术出版社.
② 刘学燕，李庆文，2001. ILAS II 与汇文 LibSys 2000 分编业务流程之比较分析[J]. 图书馆建设（4）：54-55.
③ 江苏汇文软件有限公司图书外采系统[EB/OL]. [2017-02-10]. http://www.libsys.com.cn/waicai.php.

息管理系统。DT-1000 系统客户端系列包括 GIS 流通管理、GCS 内务管理、Hotpoint 公共查询三个模块。GCS 内务管理模块集成了图书和期刊的采购、编目、装订典藏等业务，体现了系统的高度集成化。服务器端系列由 Windows NT 版、UNIX 版、WWW Service 三个模块构成，基本解决了互联网环境下的书目数据共享的全部技术问题[①]。

DT-1000 是国内率先定位在 Windows 平台，并且支持 Internet 运行环境的系统，它推动了图书馆软件市场迈向 Windows 和 Internet 时代，对我国当时的图书馆集成系统发展影响较大。支持 TCP/IP 网络通信协议和 C/S 架构，采用超文本技术也体现了网络化的特征。系统基于国际标准 ISO 2709，全面应用 MARC 格式和大字符解决方案[②]。

丹诚第一代主导产品图书馆集成系统 DataTrans-1000，定位在 Windows 平台和支持 Internet 网络环境这两个重要特征上，产品以高集成度、可配置、充分的 Internet 应用等特性，实现了图书馆采、编、典、刊、流、联合编目、WWW 查询等业务流程自动化管理。

为适应大中型图书馆、书目中心客户不断发展的业务需求，丹诚在保持以往产品标准化程度高、专业性强的基础上，于 2006 年推出了新一代小型版图书馆集成管理系统，2007 年推出了新一代 DataTrans-2000 图书馆集成管理系统，后来又推出 DataTrans-2000 V3 产品。该产品是采用 Client/Server 模式和 Browser/Server 模式体系结构，基于 Microsoft .NET 技术创建来开发的。操作系统主要为 Windows 2000/Windows XP/Windows Server 2003 的中文版。系统全面支持 Unicode、支持全文检索、支持 Z39.50 协议，软件配置体系全面采用 XML 技术，通过 MARC 结构权限定义，实现了 MARC 记录子字段甚至字符级的权限控制，借鉴和吸收了国际最先进的数据库开发理念，开发了非结构化数据库支撑环境，根据不同用户群和业务规模的需求，还提供基于 MS SQL Server 和 Oracle 等多种商用数据库平台接口，实现多种数据库底层组配方案。

DataTrans 系统适合大专院校图书馆及中小型图书馆的使用，到 2008 年已在国内图书馆推广 1000 多家用户。

（四）通用图书馆集成系统——GLIS

通用图书馆集成系统（GLIS）是由北京清大新洋信息技术有限公司（简称清大新洋）开发的，其前身是国内最早、院校用户最多的图书馆自动化发展商——1992 年成立的北京息洋电子信息技术研究所[③]。目前公司下属北京中科新洋科技有

① 陈华，王忠军，1999. 丹诚用户调查简报[J]. 情报理论与实践（5）：384.
② 宋雪，2000. 国产图书馆自动化集成系统比较研究[J]. 情报资料工作（2）：29-32.
③ 谢涛，1994. 通用图书馆集成系统 GLIS 用户界面支撑环境剖析[J]. 现代图书情报技术（2）：35-40.

限公司、浙江清大新洋科技有限公司两家子公司，在安徽、浙江建立软件研发中心。公司依托清华大学的技术优势，专业从事图书馆自动化系统软件的开发、销售及推广，承接网络系统集成工程，专业提供数据制作和网络联合采编服务[①]。

　　1996 年至 1998 年，清大新洋为了推动国内图书馆自动化事业的发展，参加了文化部文化扶贫委员会"计算机下乡工程"，向 500 个贫困县图书馆赠送了价值2000 万元的"清大新洋 GLIS 通用图书馆集成系统"。2001 年在安徽研发中心推出全新的 GLIS 6.0 版，此后相继推出 GLIS 7.0 版、GLIS 8.0 版、GLIS 9.0 版。2003年，针对大中型用户推出的 GLIS 8.0 为国内首家完全 B/S 模式的图书馆管理软件，通过 IP 访问途径实现不受地域限制地访问，利用图书馆自动化系统资源，创新性地解决了主分馆及多语种问题。

　　GLIS 版本经历了自行开发数据库底层软件构造 GBASE，采用 SQL Server 数据库，Oracle 数据库三个阶段，设计程序语言从最初用 C 语言到 JAVA 语言，架构模式从主机终端到客户端/服务器，再到浏览器/服务器，网络协议模式从 Novell局域网络的 IPX/SPX，再到视窗系统 Windows 局域网络的 NETBEUI、互联网络TCP/IP 协议，操作系统从字符界面的 DOS 系统，再到图形界面的 Windows、UNIX系统，GLIS 紧跟计算机技术、数据库技术、网络技术的发展，针对中小型图书馆、大型图书馆的实际需求，研发出符合不同类型图书馆的系列产品。清大新洋的GLIS，不断进行技术更新，迎合了图书馆用户的实际需求，从而使得公司一步步发展壮大，在图书馆自动化系统市场拥有一席之地。

　　清大新洋 GLIS 最早产品包含通用采购系统 GAS、通用编目系统 GCS、通用流通系统 GIS 和通用检索系统 GSS，数据库系统采用自行开发的支持变长的底层模块，适应了 MARC 可变长的需要，书目数据完全符合 UNIMARC、CNMARC[②]。发展到 2008 年，GLIS 推出 Unicode 版本，全面支持日文、韩文、俄文、法文、维文、孟加拉文等语种，一定程度上克服了国内自动化系统不能很好支持小语种的缺陷。2009 年 GLIS 8.0、GLIS 9.0 产品嵌入了 Calis 数据整合模块，内嵌了 Calis、图图数据、新洋数据等 Z39.50 服务器数据下载功能。2008 年 GLIS 推出的馆际互借系统实现了基于 GLIS 软件区域性资源共享。

　　清大新洋 GLIS 系统是一套适合于不同类型图书馆使用的多功能图书馆自动化管理系统[③]。对中小型用户推出的 SQL 版 6.X 系列以通用性、稳定性、标准性、智能化赢得 1600 多家各类中小型用户的广泛认可，仅北京西城区就有 100 多家图书馆选用。1997 年以来清大新洋用户数每年递增，到 2012 年在国内市场用户数突破 4000 家，用GLIS 生产出的标准化、规范化数据占全国数据总量的 60%。用户遍布全国各省、自治

① 清大新洋的发展历史[EB/OL]. [2017-02-09]. http://www.infosea.com.cn/about/about2.html.

② 吴剑霞，2003. GLIS 不同版本之分析比较[J]. 高校图书馆工作（6）：24-26.

③ 曲忠仪，2000. GLIS-GIS 运行中出错的规避与处理[J]. 图书馆杂志（2）：40-42.

区、直辖市的大中专院校、中小学、企事业单位、科研院所等。

此外，在 20 世纪 90 年代起步的图书馆自动化系统公司，经过市场竞争在市场上占有一定用户数量且在国内有一定知名度的还有大连网信软件有限公司的妙思文献管理集成系统（其前身为大连博菲特信息技术开发中心的博菲特文献管理集成系统）、北京金沙汇科技有限公司的金盘 GDLIS、北京现代文津信息技术研究中心的文津图书馆综合管理系统、台湾传技公司的 TOTALS 等，具体见表 4-2。这些图书馆自动化管理系统一般采用 TCP/IP 及 IPX 网络协议，严格遵循国家标准和国际标准，广泛使用了国内外各种通信协议及数据交换标准，在规范控制、馆际互借、网上信息检索、网上数据传输格式、数据编码、压缩方式等功能实现上，均采用国内或国际通用标准。

表 4-2　国内有影响的图书馆自动化系统一览表

系统名称	所属机构	成立时间	经历版本	主要用户
图腾图书馆集成系统	重庆图腾软件发展有限公司	1992 年	DOS 版、Windows 版 C/S 版、互联网版 B/S 版	高校
春晖图书馆软件	常州市中小学图书馆协会	1995 年	DOS 版、Windows 版、春晖开泰版	全国中小学
力博图书馆管理系统	南京图书馆	2001 年	V1.0 版、V3.6 网络版、联邦版	小型公共图书馆、中小学
智慧 2000 数字图书馆系统	微方电脑科技有限公司	2002 年	网络版	首都图书馆等公共图书馆网络
博菲特文献管理集成系统	大连现代图书馆技术开发公司	1993 年	DOS 版、Windows 版 C/S 版、互联网版、B/S 版	高职院校、中小学、企业信息中心
深圳大学计算机管理集成系统	深圳大学图书馆	1986 年	DOS 版、C/S 版、B/S 版	广东省内高校图书馆等
文津图书馆管理系统	北京现代文津信息技术研究中心	1996 年	Novell 网络版、Unix C/S 网络版、B/S 网络版	北京图书馆等
现代电子化图书馆信息网络系统	北京邮电大学图书馆	1997 年	C/S 版、B/S 版	高校图书馆等

第五节　编目网络化——联机编目

在国内信息高速公路的建设和发展的带动下，中国科学技术网（CSTNet）、中国公用计算机互联网络（ChinaNet）、中国教育和科研计算机网（CERNet）和中国金桥信息网（ChinaGBN）四大网络与 Internet 联通，上网计算机和网民人数剧增，据 1998 年 6 月中国互联网络信息中心（CNNIC）统计，国内 Internet 服务商（ISP）有 100 多家，网民人数超过 210 万人[①]。在这一大环境下，图书馆自动化网络建设

---

① 张晓群, 2009. 传播效率与经济增长[M]. 北京：社会科学文献出版社.

开始加速发展，其中有中国图书馆信息网络（金图工程）、广东省公共图书馆自动化网络、中科院百所联网支持下的文献信息共享系统、广东高校图书馆文献信息网络系统、中国高等教育文献保障体系网络等。网络化的发展使得图书馆从单机编目、脱机编目，走向资源共享的联机编目、网络化编目。

一、CALIS 联机合作编目中心

（一）CALIS 概况

中国高等教育文献保障系统（China Academic Library & Information System，CALIS）是经国务院批准，由教育部领导的我国高等教育"211 工程"的公共服务体系之一，是"九五"期间"211 工程"高等教育公共服务体系建设项目之一。总体建设目标是以 CERNet 为依托，力争到 20 世纪末初步建成中国高等教育文献保障体系的基本框架。CALIS 项目包含文献信息服务网络建设和文献信息资源及数字化建设两个方面的主要内容[①]。

文献信息服务网络建设方面，即建设以 CERNet 为依托的"全国中心—地区中心—高校图书馆"三级网络结构，即建设 1 个 CALIS 全国管理中心、4 个全国文献信息中心、7 个地区文献信息中心以及以"211 工程"立项高校为主体的一批高校现代化图书馆[②]。

CALIS 在北京建立文理中心（北京大学）、工程中心（清华大学）、农学中心（中国农业大学）、医学中心（北京大学医学部）4 个全国性文献信息中心，构成 CALIS 资源保障体系的第一层，主要起到文献信息保障基地的作用[③]。

在资源采购协调和资源数字化建设内容上，CALIS 以"211 工程"高校图书馆资源作为基础，建设 1 个全国性的高校书刊联合目录数据库、7 个地区级目录数据库。同时协调选择采购一批外文数据库资源，建设一批特色文献数据库和学科专题数据库。

CALIS 管理中心代行华北地区管理及书目服务职能，中心设在北京大学图书馆，各馆经校园网通过 CERNet 主节点与管理中心相连，主要有中国人民大学、北京师范大学、天津大学、内蒙古大学等 16 所高校图书馆，涵盖重点学科 110 个。

华东南地区中心原设在上海市教委信息中心，后设在上海交通大学，通过教育科研网络连接复旦大学、浙江大学、厦门大学、南昌大学等 9 所高校图书馆，涵盖重点学科 63 个[④]。

① 李亦乐，1999. CALIS 简介[J]. 科技文献信息管理（3）：15.
② 孔德超，蔡丽萍，2003. 大学图书馆与信息资源利用[M]. 北京：大众文艺出版社.
③ 李友诚，安月英，2008. 数字图书馆研究[M]. 西安：西安地图出版社.
④ 张玉洁，1999. 大学图书馆要重视 CALIS 建设[J]. 大学图书馆学报（3）：38-39，42.

华东北地区中心设在南京大学，连接河海大学、东南大学、中国科技大学、山东大学等 8 所高校图书馆，所涉重点学科 44 个。

华中地区中心设在武汉大学，有华中理工大学、中南工业大学（现为中南大学）、华中师范大学等 6 所高校图书馆，涵盖重点学科 27 个。

华南地区中心设在中山大学，通过 CERNet 连接华南理工大学，涵盖重点学科 16 个。

西南地区中心设在四川联合大学（现为四川大学），连接电子科技大学、西南交通大学、重庆大学、西南财经大学、云南大学等 5 所高校图书馆，涵盖重点学科 29 个。

西北地区中心设在西安交通大学，通过 CERNet 连接西北工业大学、第四军医大学、兰州大学、新疆大学等 6 所高校图书馆，涵盖重点学科 35 个。

东北地区中心设在吉林大学，连接大连理工大学、东北大学、大连海事大学、吉林工业大学（现已并入吉林大学）、东北师范大学、哈尔滨工业大学、哈尔滨工程大学等 8 所高校图书馆，涵盖重点学科 42 个。

CALIS 立项高校图书馆需要满足如下条件：①连通本校校园网，图书馆自动化集成管理系统支持 TCP/IP 协议、支持 Web 浏览器查询及网上预约等功能；②有专职从事文献共享服务的专业人员；③经 CALIS 管理中心订购协调后，对所承担的外文文献为主的资源文献予以保障；④按统一标准和规范制作数据，特别优先制作涉及本校的重点学科的文献资源的数据，对这些数据进行报道或提供给地区性文献信息中心；⑤在需要时对本校以外的用户按统一标准提供有偿文献服务（复制、传真、邮递等）；⑥收集涉及本校重点学科的网上电子资源，建立本校重点学科的专题数据库①。

（二）CALIS 联机编目

CALIS 管理中心最早成立的部门之一，即联机合作编目中心，其主要工作是围绕着书刊书目数据的建设和服务展开的，其负责建设和管理的 CALIS 联合目录数据库及其衍生服务是 CALIS 的拳头产品。从 1997 年开始联合目录数据库建设至 2000 年启动 CALIS 联机合作编目系统，CALIS 历时三年建成了书目数据量规模巨大的联合目录数据库，并以此为基础，以高校图书馆为主要服务对象，开展联机合作编目、编目数据批量提供、编目咨询、培训与编目员资格认证等工作②。

CALIS 联机编目数据库建设内容包括中西文书、刊书目记录及馆藏信息，俄

---

① 付长友，2001. CALIS 及国家创新文献保障体系馆际合作问题谈[J]. 江苏图书馆学报（2）：42-43.
② 王燕，2005. CALIS 联机编目系统综述[J]. 现代图书情报技术（7）：18-21，45.

文、日文和其他语种书、刊书目记录及馆藏信息，中西文名称、主题标目和丛编题名规范记录，非书资料、多媒体、电子出版物及网上资源联合目录等。服务对象从最初"211 高校图书馆"扩展到几乎所有的文献机构，包括但不限于高校图书馆、职业学校及中小学校图书馆、公共图书馆、科研院所情报机构、图书流通机构等。

CALIS 通过其 Z39.50 编目客户端软件来实现联合编目的目的，该客户端软件分为查询和编目两大模块：查询模块主要支持简单查询、复杂查询以及浏览，编目模块可进行原编、简编、修改、上载记录。软件支持 ISO 2709 格式数据，支持 Unicode，可以导入、导出 ISO 2709 格式文件。CALIS 还有支持古籍编目的客户端软件 Z39.50，是专为 CALIS 古籍联合编目系统制作的一个通用客户端软件。CALIS 为了避免成员馆在编目时在自动化系统和 CALIS 联机客户端之间的切换麻烦，2004 年 CALIS 技术中心开发了相关控件，要求各自动化系统使用控件来上载数据，通过控件认证来保证 CALIS 联合目录数据库的数据质量，绝大多数主流的图书馆自动化系统厂商参与了控件认证，如深圳大学图书馆的 SULCMIS3、大连博菲特软件有限公司的文献管理集成系统（.net 版）、北邮电信科技股份有限公司的 MELINETS、台湾传技电脑股份有限公司的 TOTALS2、深图朗思数字技术有限公司的 ILAS、江苏汇文软件有限公司的 Libsys 2.0 等[①]。

CALIS 联机编目极大地促进了编目网络化发展，为各类图书馆提供检索、套录编目、原始编目、下载书目记录等服务，实现了图书馆目录资源共建与共享，从此通过网络实现了脱机编目向联机编目的快速发展。截至 2012 年，CALIS 联合目录数据库共有书目记录 530 万余条，书目记录月增长约 3 万条[②]。图书馆特别是中小型图书馆套录编目数据命中率达 80% 之多，大大地减轻了编目人员的劳动量，提高了编目效率和编目质量。

二、广东省文献编目中心

广东省文献编目中心依托广东省公共图书馆自动化网络，该网由广东省文化厅从 1994 年开始组织实施，以广东"视聆通"多媒体信息网（169 网）作为平台开发，历经 4 年建设，于 1998 年通过了文化部组织的技术鉴定。广东省公共图书馆自动化网络的主要目标是在省馆建立广东省文献编目中心，实现各市、县馆的远程联机编目和检索。网络成员馆建设一批有特色的书目型、全文型、事实型和图像型数据库，可通过网络每天为社会提供 24 小时的电子信息服务，并与国内外

① 中国高等教育文献保障系统[EB/OL]. [2017-02-19]. http://project.calis.edu.cn/calisnew/calis_index.asp?fid=62&class=1.

② 程焕文，潘燕桃，2004. 信息资源共享[M]. 北京：高等教育出版社.

图书馆和信息网接轨。

广东省文献编目中心是由广东省中山图书馆全力组建，该馆在 1990 年成功开发了国内具有较大影响的图书馆自动化集成系统，到 1995 年通过自主编目，数据库中书目记录已达到相当规模。但由于本馆研制的编目系统不支持可变长的 CNMARC 标准，系统只能导入 CNMARC 数据，不能导出标准化的数据。导出的数据不符合 CNMARC 标准格式，造成建设好的数量规模较大的系统书目数据不能共享。1995 年该馆借承担文化部下达的《中国国家回溯数据库（1966—1977）》国内出版图书数据的制作任务之机会，于 1996 年采购了北京息洋电子信息技术研究所的 GAS 通用采购系统和 GCS 通用编目系统进行图书编目，并在此基础上组建了广东省文献编目中心，1998 年该馆改用国内最早基于 Internet 网络环境下的联机编目系统 DataTrans-1000 图书馆自动化集成系统，并通过中国公众多媒体信息网开展联机编目服务，成为国内最早进入实用化联机编目的数据中心之一[①]。

到 2000 年，广东省文献编目中心与全国联合编目中心签订合作协议，正式成为全国联合中心第一家省级分中心，广东省文献编目中心在本省内独家拥有全国联合编目中心的全部中文图书书目数据的独立经营权。广东省文献编目中心的成立有效促进了广东地区各级图书馆书目数据库的建设，促进了书目资源共享。

但在编目中心建设时出现了一些问题，如编目数据格式及软件问题，由于 20 世纪 90 年代中期，国内图书馆自动化软件是全面开花，品质良莠不齐，本省内绝大多数据中小型图书馆没有采用标准 MARC 格式作为其数据的基本格式，因此它们对 MARC 格式的书目数据的需求并不强烈。其他还有网络、思想观念等问题，网络问题主要是当时的广东文献编目中心只能借助 169 网，这一网络与 CERNet、ChinaNet 不能互访。

三、广东省高校图书馆文献信息网络——联机编目

据深圳大学图书馆陈大庆 1996 年统计，广东省高校 90%以上的图书馆拥有本馆的计算机管理系统，其中绝大多数据采用深圳大学图书馆研制的 SULCMIS 系统。为了使广东高校馆在自动化建设中的软硬件和人员的巨大投资，以及各馆所拥有的资源能充分发挥作用并产生整体效益，有必要进行计算机联网实现文献资源共享。在这种背景下，广东高教厅及广东省图书情报工作委员会组织专家对国内外图书馆自动化与网络化进行专题调研并写出《组建全省高校图书馆文献信息网络系统》的研究报告，随后经过充分讨论和论证，在 1994 年委托深圳大学图书馆对广东省高校图书馆文献信息工程设计任务书进行分析、研究，并提出实施的

---

① 吴昊，2004. 广东省文献编目中心实践探析[J]. 河南图书馆学刊（6）：34-37.

可行性报告。"广东省高校图书馆文献信息网络系统"项目作为"广东省教育和科研计算机网实验工程"（GDERNET）主要子项目之一，由广东省高教厅投资 700 万元进行建设，1994 年以科技合同的形式将该项目下达给深圳大学图书馆，由深圳大学图书馆负责研制和实施。项目历经两年时间于 1996 年底通过了国家教委验收鉴定[①]。

该网通过主干线路 DDN 线路和 GDCPAC 线路连接广州、深圳、汕头、佛山、珠海等城市中心网，通过地区网连接当地校园网络中心，并与 CERNet 及 Internet 联网，首批联网的学校有华南理工大学、中山大学、深圳大学、暨南大学、华南师范大学、广东工学院（今广东理工学院）、汕头大学、广东省高教厅、华南农业大学、广东商学院、中山医科大学、广州大学、佛山大学、东莞理工大学等[②]。

广东高校图书馆文献信息网络系统实现了在广域网上的联机编目、联机互借、联机采购、联机检索、数据交换和光盘检索等功能，到 1998 年该网络系统收集了全省 31 所大学图书馆的书目数据，整理入库 40 余万种图书记录。联机编目正式启用后，网络内图书馆若检索套录不到书目 MARC 记录，则由第一馆作原始编目。

文献信息网络建设内容包括但不限于：①收集国内外各类检索数据库、中外文报刊原文数据库；②建立全省高校图书资料书目数据库；③有计划、有重点地建设各类专题文献数据库；④购置用于书目编制及检索、专题文献检索、光盘检索的硬件服务器；⑤研制出一批公共应用软件，如联机编目、联机互借、联机订购、联机检索等系统软件。

网络化加快了信息交流和信息资源共享的进程，为了能更加有效地开展馆际合作，实现文献资源的互联和共享，建立标准化的联合目录成为图书馆之间合作的一项重要工作。在政府主导下建立的图书馆网络联盟，就是要在联盟的统一组织和协调下，重点之一就是开展联机编目，依照制定的合理规则和格式，各成员馆分担编目工作，在线实时提交编目数据，共享编目成果。

图书馆自动化集成管理系统的网络化，体现在字符集支持方面较前一阶段更强，它支持 GBK 和 ISO 10646 国际大字符集，同时视窗系统 Windows 的广泛应用，用户界面、操作系统界面发生了很大改观，从 CGI 升迁到 GUI 界面。在图书馆自动化业务系统本身功能方面，由于 Z39.50 的应用，联机编目功能得到实质性的应用。该时期的图书馆自动化系统在配备服务器、工作站、磁盘容量、业务功能等方面均有较大变化，具体见表 4-3。

---

① 张白影，荀昌荣，曹晓莉，2002. 中国图书馆事业 1996—2000[M]. 长沙：湖南科学技术出版社.
② 陈大庆，1996. 广东省高校图书馆文献信息网络系统建设[J]. 大学图书馆学报（4）：10-12，14.

表 4-3 图书馆自动化集成管理系统网络化的技术与功能特点

系统技术		功能模块		标准及接口应用		应用时期及反响
类目	内容	功能	说明	标准及接口	说明	
服务器	IBM 中小型机、HP Pentium Pro, 以及 HP、IBM、COMPAQ、NEC 的 PC 服务器,国产联想万全服务器等	采访子系统	有外部数据导入,如 MARC 数据	《文献著录总则》(GB 3792.1—83)	文献著录标准	
工作站	国外 HP、IBM 等 PC 机及国产联想等 PC 机	编目子系统	能导入外部编目数据,进行套录,网络功能差	《检索期刊条目著录规则》(GB 3793—83)	文献著录标准	
运行方式	Client/Server	流通子系统	具备借还、预约、续借功能	《文献目录信息交换用磁带格式》(GB 2901—82)	MARC 数据交换	
数据输入	键盘输入、五笔输入法等多种输入方式,汉字输入较快	期刊管理子系统	具备期刊现刊记到、过刊装订功能	CNMARC/USMARC, ISO 2709	中文支持CNMARC,西文支持USMARC	1. 20 世纪90 年代中后期至21世纪初,产品大多为 C/S 结构,自动化系统开始应用普及,中小型机为经济实力较强的图书馆使用,大多数图书馆使用 PC 服务器。
磁盘容量	SCSI 磁盘,单块磁盘容量几百 MB 到 10GB,服务器基本上具备磁盘双工的功能[①]	检索子系统	主要面向读者开放,读者检索系统,部分系统有WebPAC	字符集支持	大部分系统支持 GBK 和 ISO 10646 国际大字符集,极少数系统支持 Unicode	
操作系统	Novell NetWare3.1、Windows NT、UNIX	馆际互借	网上查询、登记、受理、文献下架、送出、馆际借入借出、读者流通、文献回馆、催还等[②]	外部数据导入	支持标准数据的本地导入	2. 市场上有较多的成熟稳定的自动化系统选择,如 ILAS II、汇文系统、清大新洋系统、金盘系统、丹诚系统
底层数据库	SQL Server、Sybase SQL5.0、FoxPro、自主设计等数据库	联机编目	多馆合作联机编目	Z39.50	支持可访问Internet 网络上的 Z39.50 服务器,套录编目数据	
程序设计语言	PowerBuilder5.0、Visual Basic3.0、Visual FoxPro 等可视化编程语言,支持 ODBC	馆务子系统	具备人事管理和设备管理功能	ISO 10160/ISO10161	支持馆际互借标准协议	
系统界面	图形界面 GUI					
扫描技术	条形码扫描器、激光扫描器					
组网方式	Novell Netware、Windows NT 网络等网络					
书目数据库规模	几十万条至上百万条					

① 徐永东, 1998. SCSI 硬盘拼什么?[J]. 中国计算机用户 (51): 3-5.

② 安树兰, 1997. APTLIN 馆际互借系统[J]. 现代图书情报技术 (S1): 58-59.

　　从表 4-3 可以看出，图书馆自动化集成管理系统的网络化阶段，从书目数据库规模来看，几十万至上百万条书种记录基本上可以囊括图书馆所有馆藏，轻松实现馆藏书目的数字化入库管理。而 Z39.50 的应用使得馆际资源共享成为可能，只要共同遵守 MARC 编目标准，数据借以网络化传输可避免重复输入编目数据，而网络化的 WebPAC 应用，极大地方便了读者检索馆藏信息。

　　20 世纪 90 年代中后期，网络技术、计算机技术及用户需求的变化，客户端/服务器模式的网络版图书馆自动化集成系统，逐步取代了主机终端模式、多用户版的图书馆自动化集成系统。系统架构跟随技术发展的节奏，发展 C/S 模式，甚至也出现了 B/S 与 C/S 并存模式，数据库改为流行的 SQL 或 Oracle 数据库，全面支持 ISO 10646 字符集。这一时期以网络版的 ILAS 5.0、Libsys 系统为代表的国内集成系统产品，兼具中西文编目资源网络共享的功能，图书馆在接入 CERNET、CHINANET 等骨干网络环境下，通过馆内 Novell 网络、馆外 Internet 网络等网络访问方式，部署图书馆自动化集成系统，以实现图书馆自动化系统的网络化服务。

第五章　数字图书馆环境中的自动化、网络化集成系统（2001—2011）

网络技术、存储技术、数字化技术等多重技术驱动下，网络上存储和传播的文献信息量越来越大，传统图书馆利用计算机进行借还管理等文献传递机制显然不能满足用户的需求。数字图书馆作为能够存储电子化信息的仓储，可以方便用户通过网络全天候 24 小时访问数字图书馆以获取全文电子图书，并且其信息存储和用户访问不受地域限制而深受用户欢迎。数字图书馆建设初期涉及两个方面的重要内容：一是将纸质图书转化为电子版的数字图书；二是设计电子版图书的存储、检索、交换和流通。

1996 年在北京召开的第 62 届国际图联（IFLA）大会，把数字图书馆作为会议的重要专题进行讨论，并且在会场上展示了 IBM 公司的"数字图书馆解决方案"，标志着我国数字图书馆的研发从此拉开序幕。2000 年底"中国试验型数字图书馆"项目顺利通过验收，标志着我国数字图书馆开始进入具体建设阶段，此后，中国数字图书馆有限责任公司、超星公司等专业数字图书馆建设单位对大量文献进行数字化全文扫描建库，国内数字资源建设总量增长很快，数字图书馆开始对外提供 WWW 服务。也正是在这一时期，立足于实体文献管理服务的自动化集成管理系统商，开始密切关注馆藏结构的变化和服务方式的变革，在数字图书馆环境中不断对功能进行延伸和拓展。

第一节　OPAC 进程中 WebPAC 演化

OPAC 定义在国内最早出现于张晓林 1985 年发表于《四川图书馆学报》的《美国图书馆的联机公共检索目录》一文，OPAC 全称 Online Public Access Catalogs，中文译作联机公共检索目录[①]。OPAC 狭义上是指以计算机编码形式存储在计算机系统内、供一般读者通过终端设备进行联机检索的图书馆目录；广义上是指对图书馆目录资料库进行存储、管理和检索的计算机硬件和软件系统，以及它们相互结合执行计算机目录检索的功能。随着网络化的发展和个人使用网络设备的普及，OPAC 的迅猛发展和不断进行人性化检索技术研究，使得情报检索和图书馆自动化变得日益趋同化。

---

① 张晓林，1985. 美国图书馆的联机公共检索目录[J]. 四川图书馆学报（5）：35-42.

Matthews 根据 OPAC 系统所检索的文献范围及其提供的馆藏信息，将 OPAC 划分为四类：第一类为无馆藏文献状态的独立图书馆联机目录，主要是针对单个馆的馆藏目录，为单个馆独立使用；第二类为无馆藏文献状态的联机联合目录；第三类为有馆藏文献状态的独立图书馆联机目录；第四类为有馆藏文献状态的联机联合目录[①]。但总体趋势是：OPAC 联合目录如果应用于联机编目应无馆藏状态信息，如果用于读者用户检索，则应该提供馆藏状态信息，以便于读者索取文献。从 OPAC 随着网络技术的发展而论，可将 OPAC 所检索是隶属本馆还是他馆的馆藏文献，划分为本馆 OPAC 与网络馆藏 OPAC，联机从开始所指为局限于物理馆舍之内主机终端检索，发展到延伸到馆外、城内、国内甚至全球之联机检索。OPAC 检索界面从原来字符界面、利用客户端程序，发展到用 Web 浏览器进行检索的 WebPAC[②]。

一、OPAC

国外 OPAC 可以大致认定是 20 世纪 70 年代末由美国一些学术图书馆和公共图书馆共同开发的，最初是由流通或编目系统进化而来，如英国伯明翰图书馆协作 MARC 项目（BLCMP）、西南图书馆自动化编目计划（SWALCAP）、英国东北地区图书馆自动化系统（LASER）等。

第一代 OPAC 主要是为流通部门和编目人员设计，其基本功能是围绕书目记录运行，有首字母组合检索和短语检索，所以也称为"词组索引或先组式系统"，检索点与手工目录基本相同[③]。检索功能简单而不适合主题检索，只提供诸如字顺标题款目浏览。OPAC 用户接口以"菜单方式"驱动，这种接口为无经验的用户提供提示性附加款目选择表，易用性强但显得烦琐。

第二代 OPAC 吸收了 DIALOG 等联机检索系统的特点，对书目可进行组配检索，书目中的每一个字都是可检索的，大大增加了检索点的数量，并应用了关键词检索技术。第二代 OPAC 系统提供初、高级检索方式，初级检索方式满足普通读者进行简单检索，高级检索方式则提供给专业检索人员构造检索式进行深入检索。OPAC 应用用户接口的选择从功能较低和易用性出发，这样的接口通过命令语言的简化版本或通过提示、问题回答和菜单等来实现。

第三代 OPAC 与第一代、第二代相比，OPAC 可直接由没有受过培训或没有经验的用户利用，一些 OPAC 系统在用户方面比传统的情报检索系统走得更远。它完全突破了馆藏书目数据的限制，引进了期刊题录、文摘及情报数据等。并且在支持布尔逻辑检索方面，下一代 OPAC 将弱化检索命令语言，扩大联机目录内

① MATTHEWS, JOSEPH R, 1985. Public access to online catalogs[M]. 2nd ed. NewYork: Neal-Schuman.

② 黄碧云，方平，2002. WebPAC 比较评估研究及评估表的设计[J]. 情报资料工作（5）：42-43，41.

③ MITEV, NATALIE N, 1985. Designing an Online Public Access Catalogue: Okapi，Catalogue on a Local Area Network[M]. London: British Library.

容，如 OPAC 装载期刊文献内容，ERIC、MEDLINE 等数据库①。

　　在国外，OPAC 作为一种单功能系统的开发与服务已经获得很大的成功，如以美国的 OCLC 等为代表的 OPAC 系统。OPAC 一路走来，来自编目系统，成长于目录系统，并且与图书馆自动化系统紧密相关，编目、图书馆自动化与检索系统三者不是孤立的，而是紧密地联系在一起，图书馆需要借助 OPAC 系统来建立与馆藏信息的关联、与流通信息状态的关联、与其他馆进行馆际互借的联通，等等。OPAC 紧紧围绕读者和用户提供更多服务和信息的这一宗旨，借助新的技术和服务理念，不断地改进和完善。

　　国内 OPAC 的发展如果追溯起源，大概以 20 世纪 70 年代末的检索试验为开始阶段，大体上是从南京大学图书馆与南京大学数学系研制的 NDTS-78 西文图书检索试验系统开始的。由于汉字输入技术及显示技术没有得到突破，以及计算机设备在国内图书馆只有极少数单位拥有，因此 OPAC 没有得到实用化。到了 80 年代，由于 IBM 计算机及国产长城系列计算机开始在国内大中型图书馆应用，一些非常实用的单功能图书馆自动化业务系统投入使用，其中包括检索系统。80 年代末至 90 年代初，由于局域网络技术的发展，图书馆集成系统将原来单项业务系统进行整合、优化，并在局域网络内投入使用，通过联机检索的形式为图书馆用户读者提供目录检索服务。

　　20 世纪 90 年代初期，国内一些图书馆自动化系统包含实用化的 OPAC 系统，如深圳大学图书馆的 SULICMIS 系统已经使用部分 OPAC 功能，深圳图书馆开发的 ILAS 系统中包含联机检索子系统。在 OPAC 系统功能上，提供多种联机查询功能，如菜单提示检索、命令方式检索等来查找书目数据。北京大学开发的长海系统也包括了读者目录检索系统，解放军医学图书馆联机公共查询程序（OPAC）在 1992 年开始投入使用，驻京医疗单位联合体图书馆可利用本单位微机和调制解调器，通过电话拨号与解放军医学图书馆联机，运行 OPAC 程序②。

　　OPAC 系统的实用从公共检索书目系统开始，反映的是馆藏书目信息，如题名、索书号、典藏地等信息，发展到不但要反映馆藏的书目信息，还要反映出图书的流通状况信息，是否在架在库。前者如北京邮电大学图书馆在 ACOS-450 计算机上开发的图书馆情报检索和流通管理系统③，后者如深圳图书馆开发的 ILAS 系统。

　　到了 90 年代中后期，国内成长壮大的一批图书馆自动化系统厂商，纷纷推出了各自基于局域网的图书馆自动化集成管理系统，采用客户端/服务器技术，在图书馆用户市场上分别占据了一定份额，如占据高校市场的北京清大新洋公司的 GLIS，占据公共图书馆市场的深圳图书馆的 ILAS，占据中小学图书馆市场的常州

---

① 谢新洲，1992. 联机公共检索目录系统的发展[J]. 中国图书馆学报（2）：59-62.
② 刘春延，1992. 解放军医学图书馆联机公共查询程序开始投入使用[J]. 医学图书馆通讯（2）：64.
③ 马自卫，孙惠华，1992. 图书馆公共检索和流通管理系统的开发[J]. 北京邮电学院学报（2）：42-50.

春晖图书馆软件等。通过部署图书馆自动化集成系统，在服务前台安装面向读者用户的 OPAC 系统，也进一步推动了图书馆自动化向实用、满足读者用户检索需要的方向发展。由于各系统图书馆业务要求、数据规模、服务形式的差异化，自动化系统市场按用户类型进一步细分为高校、公共图书馆、中小学等用户群。在这些局域网运行的 OPAC，直接替代了传统的目录检索柜，通过安装客户端 OPAC 检索程序，可检索到馆藏图书、期刊等索取信息。

尽管在国外，90 年代的图书馆 OPAC 系统不但收录本馆图书、期刊馆藏目录，还收录地区性数据库，如地区性报刊索引、讲话录音、照片、手稿、地图、小册子等，有的还收录商业性目录型数据库、全文型数据库[1]，但是在我国，90 年代开始部署的 OPAC 系统大多数仅限于本馆所藏的文献目录，很少涉及其他图书馆或商业性数据库的文献状况。

二、图书馆 OPAC 系统的 WebPAC 化

在美国 1993 年提出建设"信息高速公路"计划后，我国在全国范围内启动了金字系列的网络工程，随后互联网在国内得到快速而广泛的应用，图书馆也开始建设自己的主页网站。从 90 年代中期开始，WebPAC 系统开始应用，图书馆的 OPAC 系统在向 WebPAC 发展的过程中，经历了图书馆自主研发 C/S 模式的 OPAC 系统和自动化系统厂商推出的 B/S 模式的 OPAC 系统两个阶段。

C/S 模式的检索系统大多作为图书馆自动化系统的一个重要子系统运行在图书馆局域网内，为读者用户提供检索服务。此种 OPAC 系统需要借助专门图书馆自动化检索系统程序文件，并且部署到读者操作的检索终端，在图书馆主页无法直接展现。而 B/S 模式的 OPAC 系统则只需要输入检索服务器的 IP 地址或域名，就可以直接进行访问。

据 1998 年范爱红等同志对北京大学、清华大学等 17 所知名高校图书馆主页进行调查，在图书馆主页中建立本馆 OPAC 查询的学校有 15 所，占比 88.24%[2]，由此推断在 20 世纪 90 年代末的基本事实：一些教育部直属的重点大学图书馆大部分将 OPAC 检索系统，由原来在局域网内使用开始面向校园网、教育网甚至 Internet 使用，检索读者从传统来馆检索，到可在校园内任一计算机检索终端或校外任一联网计算机进行异地检索。OPAC 检索服务不受图书馆开放时间限制，突破了服务的时空限制。

WebPAC 是在 Internet 上对馆藏信息资源进行查询，读者可在任何地方对提供 OPAC 服务的图书馆所藏资源进行远程检索。据张学军 1999 年统计，提供 WebPAC 服务的图书馆有中科院图书馆、北京大学、清华大学等几十所大学图书馆，国内

① 吴斯慧，1996. 联机公共检索目录的发展及其评价[J]. 情报理论与实践（3）：47-50.
② 范爱红，承欢，1998. 高校图书馆"主页"探微[J]. 中国图书馆学报（5）：47-50.

大部分图书馆基本还没有 Internet 形式的 OPAC[①]。具体实现 WebPAC 方面，有万维网方式和 Telnet 方式。主流方式是万维网方式，即 Web 方式，主要借助通过 Internet Explorer 或 Netscape Navigator 网络浏览器的 URL 定位器输入所要访问的 OPAC 网址，如中科院书目数据库查询系统就是采用这种形式，检索途径有题名、作者、主题、关键词、分类号，限定条件有出版年、作品语种。清华大学图书馆 Innopac 系统的 OPAC 服务则可以采取 Telnet 访问和 Web 访问两种方式[②]，Telnet 远程登录访问只需利用 Netterm 或 Windows 95 下 MSDOS 方式的 Telnet 程序登录到 OPAC 服务的主机地址，检索界面可提供作者、题名、主题、关键词、索书号等检索途径，并且在 OPAC 上提供公告与建议、个人借阅情况查询栏目，还可将中文界面转换成英文界面。清华大学的 WebPAC 系统支持中英文界面，支持显示邻近排架目录，支持线上预约等功能。

　　到了 21 世纪初，国外一些图书馆自动化公司在推出基于 Windows 客户端的自动化系统基础上，其 OPAC 模块都已实现了图形 GUI 界面，并且支持 Z39.50 协议，在同一检索界面上可以检索到任一遵循 Z39.50 协议的数据库，包括对杂志引文库等数据库资源进行检索，如清华大学的 InnoPac 的 OPAC 系统。

　　据黄碧云、方平 2002 年统计，WebPAC 系统在国内"211 工程"高校图书馆得到了广泛应用，其中有 17 所高校图书馆分别采用国外 Sirsi、Ⅲ、Epixtech 公司的 Unicorn、InnoPac、Horizon 系统的 WebPAC 检索系统，20 所高校采用江苏汇文软件有限公司的 Libsys 2000，15 所高校图书馆采用深图朗思公司的 ILASWEB，12 家高校图书馆采用鑫磐鹏图软件技术有限公司的 Goldlib，7 家高校图书馆采用北邮电信科技股份有限公司的 MELINETS，4 家采用北京丹诚软件有限责任公司的 DataTrans，3 家采用大连博菲特的文献集成管理系统，2 家采用深圳大学图书馆的 SULCMIS 系统[③]。由此推断国内自动化系统公司推出的图书馆自动化系统产品，所包含的 WebPAC 系统已经得到国内高端用户的认可，占据了"211 工程"高校图书馆市场的大部分份额，也进一步说明了 OPAC 系统从单纯局域网内使用，走向广域网和互联网舞台，图书馆的馆藏书目资源也从此不再局限于一地所知，一地所晓。

第二节　数字图书馆的冲击

　　计算机、通信、网络、数字技术的快速发展与变革，已成为社会变革的最大技术支柱，也为图书馆自动化、网络化、数字化的研制、试验、运行提供了技术

---

① 张学军，1999. 我国的 OPAC[J]. 情报理论与实践（1）：48-50.
② 程小澜，贾晓东，1999. OPAC 的发展及其功能实现的探讨[J]. 图书馆论坛（6）：35-37.
③ 黄碧云，方平，2002. 我国高校 WebPAC 现状调查[J]. 大学图书馆学报（4）：34-36.

基础。在这些技术的支持下，图书馆建成了一系列高质量的文献信息服务系统、大型数据库系统以及网络信息系统。电子出版物如光盘的出现和应用，为电子图书馆的产生提供了条件，而大容量存储设备及网络的应用，为虚拟图书馆提供了一个巨大的信息资源库，互联网的应用与普及，则为数字图书馆的产生提供了运行的网络环境，为图书馆信息资源的开发与利用提供了有利条件。信息技术的发展更加促进了图书馆在广泛的时空中，向网络化、数字化方向发展。国内外对数字图书馆的定义没有明确一致的意见[1]，按福克斯的定义："数字图书馆是一种将纸质图书馆馆藏文献数字化并存储起来，通过网络环境被本地和远程用户存取的服务机构。"从福克斯的观点来看，数字图书馆仍然是传统图书馆的继续，其不同的是文献被数字化，并可通过网络存取和一体化的自动控制系统为用户提供先进的、自动化的电子服务。

早期研究引用较多的一个定义来自美国研究图书馆协会："数字图书馆不是一个单独的实体，需要有关技术提供到其他资源的链接，该链接对用户应该是透明的，目标是做到任意检索，数字馆藏应超越传统馆藏而不能成为其替代品。"

在国内许多图书馆界的专家和学者认为：数字图书馆是采用现代信息技术所支持的数字信息资源系统，是下一代互联网络的信息资源的管理模式，它将从根本上改变因特网上信息分散、不便使用的现状。通俗地说，数字图书馆是运行在网络环境下，超大规模、便于使用、没有时空限制的知识中心[2]。

因此，数字图书馆建设不是指某一个馆的自动化系统水平或某一个馆的馆藏资料数字化程度，而是一项技术极其复杂、规模十分庞大、数据资源极为丰富，需花费大量人力、物力、财力和相当长时间才能实现的浩瀚的知识工程。

一、美国数字图书馆计划

美国国家科学基金会在 1994 年启动了一项为期四年，耗资 2440 万美元的"数字图书馆创始"（Digital Library Initiative）计划[3]。该计划的六个研究项目分别由卡内基·梅隆大学、加州大学圣塔芭芭拉分校、伊利诺伊大学、加州大学伯克利分校、斯坦福大学、密歇根大学承担，项目主要研究解决用于数字视听图书馆的声音、图像和语言理解技术的信息媒体综合创建和探索；研究创建一个存放环境信息方面的可放大的、智能化的、分布式电子图书馆的原型；研究创建一个存储地球与空间科学的数字图书馆试验基地，形成一个可持续发展的大规模多媒体数字图书馆，该系统具备连接成千上万用户和数据库的潜力；研究开发一个对地图、

① 曾蕾，张甲，杨宗英，2000. 数字图书馆：路在何方？——关于数字图书馆定义、结构及实际项目的分析[J]. 情报学报（1）：64-73.

② 王知津，1999. 数字图书馆及其相关概念[J]. 图书馆学研究（4）：42-45.

③ 朱强，1995. 数字图书馆：21 世纪图书馆的原型——美国"数字图书馆创始"计划简介[J]. 大学图书馆学报（4）：50-54.

图像和照片资料进行便利存取的数字图书馆，研究重点是多维索引信息领域，建立具有图像和空间参照信息的综合性服务功能的分布式的数字图书馆；研究将万维网浏览工具客户化，将工程和科学方面的期刊文献电子化，并提供十大院校的用户联机查阅。

美国国会图书馆实施"美国记忆"项目计划，通过 1990 至 1994 年四年时间把该图书馆收藏的历史文档、移动影像、音频文档及照片等珍藏品进行数字化加工，并制作成 CD 分发给有关机构。1994—2000 年，美国启动"美国记忆"历史收藏库作为美国国家数字图书馆项目的旗舰产品，通过五年的建设，美国国家数字图书馆在 2000 年就已经实现了 500 万件数字资源的目标，并继续扩大在线历史收藏①。

二、国内数字图书馆兴起

我国学界大约在 1994 年前后开始关注国外数字图书馆发展研究，并在实践中开始研制试验性数字图书馆系统。到 1997 年，国家计划委员会批准立项"中国试验型数字图书馆"、1998 年批准"863"攻关项目"知识网络——数字图书馆系统工程"，与此同时，"中国数字图书馆工程"项目、"中关村科技园区数字图书馆群"项目及教育部数字图书馆攻关计划等项目也相继启动②。

（一）中国试验型数字图书馆

"中国试验型数字图书馆"项目由中国国家图书馆领衔，跨地区组织上海、深圳、广东、辽宁、南京、广西等地共计 7 家公共图书馆联合承担建设。主要目标是建成一个跨地区基于网络的多馆合作协调、相互补短、资源共享的国家层面的试验型数字图书馆，实现由资源类型多样化、资源建设规范化的分布式存放的数据库群组建的一个试验数字图书馆，为国家后来建设实用型的数字图书馆提交技术性的建设方案③。该项目于 2000 年底完成并通过专家鉴定验收。项目研究出建设数字图书馆系统的一系列关键核心技术，主要包括对象描述和编辑系统所使用的 XML 技术、统一元数据库建设技术、开放式数字对象库体系结构技术、通用库之间的访问协议技术、分布式资源库数字对象调度系统技术等。该项目系统具备较好的人机交互网络用户界面和系统后台管理界面，能支持不同数据源的分布式查询和检索，对大容量数据库检索结果显示速度快，且支持中英文界面的相互切换，并拥有多种类型的标准化加工的信息规范库④。

① 刘燕权，韩志萍，2009. 美国记忆——美国历史资源数字图书馆[J]. 数字图书馆论坛（7）：66-70.
② 苏东出，石晓东，孙萍，2008. 数字图书馆技术导论[M]. 西安：西安地图出版社.
③ 赵悦，2003. 数字图书馆资源库的设计与加工——"中国试验型数字图书馆"项目实践体会[J]. 图书馆建设（5）：15-17.
④ 郑巧英，杨宗英，2002. 中国数字图书馆试验基地的实例[J]. 现代图书情报技术（S1）：21-23，39.

（二）中国数字图书馆工程

中国数字图书馆工程是一项宏大工程，属于国家重点投入的科技创新工程。投入工程建设的部门较多，包括国务院多个部委、高等院校和科研机构。国务院部委有国防科工委、广电总局、国务院信息办等，高校有北京大学、清华大学、北方交通大学（现北京交通大学）等，科研机构有中科院、航天集团等单位。工程建设总目标就是在 IP 宽带网络上，建成大规模、高质量、强保障的中文信息资源库群，为国家科技创新、文化创新提供智力支撑，形成国家层面的创新体系，整个工程建设的资源库群通过因特网向全国免费提供服务，向全球展示中国文化，工程总体技术水平达到国际同期水平，并符合国际标准[①]。

国家图书馆通过其控股的"中国数字图书馆有限公司"进行市场化运作。公司依托国家图书馆丰富的馆藏资源，借助遍布全国的信息组织与服务网络，运用数字图书馆核心技术和先进的经营理念，从事信息资源内容组织、数字化加工、数字图书馆技术总体解决方案、数字资源库建设的应用开发，面向全球提供专业性、系统性、主动性的多媒体信息资源服务。

中国数字图书馆建设从 2000 年开始，通过国家图书馆文献数字化中心进行数字化加工生产，到 2011 年，已经拥有数字资源总量达 561.3TB，其中馆藏特色资源数字化 466.8TB，外购数据库 71TB，网络导航和网络资源采集 19.2TB。内容单元主要包含电子图书 142.7 万种，185.3 万册；电子期刊约 5.3 万种；电子报纸约 0.37 万种；学位论文约 353.7 万篇；会议论文约 308.1 万篇；音频资料约 101.6 万首；视频资料约 80.9 万小时[②]。

数字图书馆建设流程：数字资源加工→整理→上传保存→生成元数据，其中每一个环节都对应着相应的软件系统，文献数字化加工系统主要实现馆藏文献资源的批量数字化及加工入库。文献数字化加工系统利用拍照、扫描、数字水印等技术手段将各类传统文献资源转化为数字资源，并进行自动标引生成元数据索引，再进行数据索引关联，存入海量数据库系统提供在线访问[③]。

网页资源采集系统主要是针对网络数字资源保存开发研制的，系统完全按照国际标准 ISO 28500 处理，以 WARC 文档保存，具备对网络资源采集的整个流程作业功能，从网页采集，到保存页面，再到分析和编目，最后进行网络发布与平台服务[④]。数字图书馆系统的技术核心是如何对数字资源进行组织和集中保存，数字资源组织就是对图书馆馆藏数据、外购数据商数据和 OA 数据进行集中、整合，

① 徐文伯，1999. 建设中国数字图书馆工程　开创中华文化光辉的未来[J]. 中国图书馆学报（5）：3-8.
② 数字图书馆推广工程[EB/OL]. [2017-02-26]. http://www.ndlib.cn/xtjs2012/201201/t20120113_57991_5.htm.
③ 艾春青，2001. 认清形势　把握机遇　积极推进中国数字图书馆工程资源建设——在中国数字图书馆工程资源建设工作会议上的讲话[J]. 国家图书馆学刊（2）：2-10.
④ 方晓红，郭晓丽，2014. 数字图书馆研究[M]. 天津：天津科学技术出版社.

形成规范化、有序化的元数据库和全文资源库，元数据归集到文献检索系统，元数据及文件对象数据传送至资源发布数据系统，同时将有价值的文献数据封装提交到长期保存系统，以实现数字资源的安全保存[①]。版权信息管理系统注重对知识生产者的劳动成果保护，对强化社会各界的版权意识，促进数字资源的合理传播有重要意义。该系统全程对数字资源的生命周期进行授权管理，通过对数字著作权信息采集、维护、管理，从国家层面建设数字图书版权信息库，为全国图书馆在保护版权方面做出表率[②]。唯一标识符系统的作用就是对数字资源进行唯一标识，它可以有效地管理、利用和整合以互联网为应用背景的海量分布式数字资源，从而实现全国公共图书馆数字资源的唯一标识，打破不同行业、不同地域图书馆之间的界限，使全国分散异构的数字图书馆系统能够连接为一个超大型数字图书馆。

数字资源发布与服务系统肩负着揭示资源、服务读者的重要任务，是用于数字资源管理调度和揭示的软件系统。系统对音频、视频、图书、文本等多种资源进行综合调度，实时、准确地进行发布与反馈，并以准确、便捷和智能的方式服务读者，使读者以最短的时间、最少的操作获得最想要的资源服务[③]。

统一用户管理系统是国内图书馆界首次提出的、真正意义上覆盖全国图书馆的统一用户管理系统，其功能主要是满足读者单点登录要求，一次登录全程使用图书馆资源系统，无须重复登录到不同系统。统一用户管理理论上可实现全国用户的统一实名管理，通过在庞大的统一用户库中注册合法通过，就可以在国内各个图书馆进行授权登录使用数字资源，通过用户登录管理的方式，大大提高了图书馆数字资源的利用率。

文津搜索系统主要实现三部分的数字资源集中检索：一是国家数字图书馆资源；二是地方图书馆特色数字资源；三是通过网络获取的数字化资源。将以上三部分资源建立分布式索引，建设一个多并发、高速度、可扩展、具备良好用户体验的、拥有标准化的元数据统一搜索系统平台[④]。

数字资源保存系统具备对元数据、文件对象数据封装管理功能，能够对收集的数字资源建立台账，同时能够按照统一标准格式对封装的数字资源进行保存。拥有一套较为完善的保存体系标准，数据封装完成后，可把它们分配到在线、近线、离线三层存储体系中去，实现对数字资源的长期保存和利用[⑤]。

国家数字图书馆异地灾备中心的建立能够为数据中心提供一份"保险"，从而

① 富平，2005. 数字图书馆与数字资源建设[J]. 图书馆建设（5）：22-24.
② 程卫东，2007. 我国数字化图书馆现状的思索及对策[J]. 高校图书馆工作（2）：65-68.
③ 刘锦山，2001. 中国数字图书馆标准化工程建设探析[J]. 现代图书情报技术（6）：7-9.
④ 申晓娟，李丹，王秀香，2013. 略论图书馆资源整合与检索系统的发展——以国家图书馆"文津"搜索系统为例[J]. 图书情报工作（18）：39-43，60.
⑤ 王鉴辉，2001. 中国数字图书馆工程的难题与对策研究[J]. 四川图书馆学报（2）：5-10.

更好地防范和抵御灾难性故障的影响，分担数据和设备在一地带来的潜在风险，确保图书馆重要数据的安全性和关键业务的连续性。

（三）其他数字图书馆工程

除了中国国家数字图书馆工程外，还有国家图书馆与北京曙光天演信息技术有限公司合作完成的"知识网络——数字图书馆系统工程"、教育部 CALIS 计划及数字图书馆攻关计划（CADLIS 的前身）、中关村科技园区数字图书馆群、中国科学文献网络共享系统工程（CSDL 的前身）、上海数字图书馆项目、深圳图书馆承担的"数字图书馆系统平台与网络架构研究"、辽宁省数字图书馆、江苏省数字图书馆计划①。其中辽宁省图书馆 1997 年在国内为首家引进美国 IBM 数字图书馆系统的图书馆，目标是将其原有的 60 万册古籍图书转换为数字化形式进行保存，并利用互联网进行发布，负责具体开发的为东大阿尔派软件股份有限公司。

（四）商业化的数字图书馆

伴随 21 世纪的数字化技术、全文搜索技术、存储技术的发展，国内图书馆市场占有率最大的且最有影响的全文检索系统当推北京拓尔思公司的 TRS 全文检索系统，电子图书数据库主要有超星、"书生之家"和方正 Apabi。就目前我国公共图书馆、高校图书馆和科研机构的图书馆使用电子期刊数据库系统情况来看，在中文社会科学引文检索方面，清华同方中国学术期刊数据库（CNKI）、维普中文科技期刊数据库（VIP）、万方数据、人大复印报刊等几个电子文献期刊系统收录的期刊全文范围最为广泛，检索途径众多，各项功能完备，成为目前利用率最高、影响范围最广的电子文献期刊数据库系统。

1. 超星数字图书馆

超星电子图书发起于 1993 年，最早是通过对纸质图书进行扫描加工起步的，后来逐步发展成为国内专业的数字图书资源供应商，继而又建成网上超星数字图书馆。

超星数字图书馆于 2000 年 1 月在互联网上正式上线，现已成为世界最大的中文在线数字图书馆，提供数百万册电子图书、500 万篇论文，全文总量 13 亿余页，大量免费电子图书，16 万余集学术视频，拥有超过 35 万授权作者，5300 位名师，数据总量达 1000TB。

由超星推出的"读秀学术搜索"可为用户提供知识章节的全文检索，其搜索平台是基于超星的海量全文数据建立的元数据知识检索，通过元数据关联到文章内容的知识点检索，体现了高速检索、高效命中、一站式检索全文等优势。同时，

---

① 储节旺，郭春侠，吴昌合，2007. 信息组织学[M]. 北京：清华大学出版社.

读秀学术搜索提供无人值守的参考咨询服务，通过图书馆馆员及读者回复的参考咨询平台极具人气，主要得力于超星可供图书馆文献传递的图书册数达310万册[①]。

2. 清华同方 CNKI 数字图书馆

清华同方 CNKI 是由清华大学学术期刊光盘电子杂志社、光盘国家工程研究中心和清华同方股份有限公司联合主办的以提供电子版期刊为主的数字出版商。1996 年开办《中国学术期刊》（光盘版），1999 年创办中国知识基础设施工程（CNKI）[②]。CNKI 的主要产品包括：中国期刊全文数据库（CJD）、中国重要报纸全文数据库（CCND）、中国优秀博/硕士论文全文数据库（CDMD）、中国基础教育知识库（CFED）、中国医学知识库（CHKD）、中国期刊题录数据库、中国专利数据库[③]。

中国期刊全文数据库（CJD）是其核心产品，是目前国内最大的学术期刊数据库之一。它收录了国内 1994 年以后 6600 种核心与专业特色中英文期刊的全文[④]。共分为 9 个专辑[即理工 A（数理科学）、理工 B（化学化工能源与材料）、理工 C（工业技术）、农业、医药卫生、文史哲、经济政治与法律、教育与社会科学、电子技术与信息科学专辑]126 个专题文献数据库。清华同方 CNKI 电子期刊于 1995 年立项，1996 年底，清华大学国家光盘中心发行了中国第一个大型综合性全文数据库光盘——《中国学术期刊》（光盘版）[⑤]。1999 年中国学术期刊电子杂志社在 CERNET、CHINANET 上建立了两个 CNKI 中心网站。

CNKI 工程集团经过多年努力，采用自主开发并具有国际领先水平的数字图书馆技术，建成了世界上全文信息量规模最大的"CNKI 数字图书馆"，并正式启动建设"中国知识资源总库"及 CNKI 网络资源共享平台[⑥]，通过产业化运作，为全社会知识资源高效共享提供最丰富的知识信息资源和最有效的知识传播与数字化学习平台[⑦]。

目前，国内大多数大型公共图书馆、高校图书馆都订购了 CNKI 数据库系统，其电子期刊的应用非常广泛。

三、数字图书馆带给自动化系统的冲击

图书馆计算机集成管理系统面临数字图书馆的应用，其地位正发生根本性的

① 关于读秀[EB/OL]. [2017-02-26]. http://www.duxiu.com/bottom/about.html.
② 亦乐, 1999. 中国知识基础设施工程（CNKI）[J]. 科技文献信息管理, 13（4）：40.
③ 段明莲, 吴悦, 张宇红, 等, 2002. 现代信息检索[M]. 北京：高等教育出版社.
④ 靳娟, 2017. 管理类学术论文写作概论[M]. 北京：北京邮电大学出版社.
⑤ 王钜春, 1999. CAJ-CD、中国期刊网与 CNKI 对图书情报工作的影响[J]. 情报杂志（5）：74-75, 77.
⑥ 佚名, 2011. 中国知网简介[J]. 经济视角：中旬（3）：2.
⑦ CNKI 工程[EB/OL]. [2017-02-26]. http://cnki.net/gycnki/gycnki.htm.

变化，读者由于通过网络可以直接检索、浏览、下载全文电子图书，而无须利用图书馆自动化系统的 OPAC 检索界面。读者利用全文电子图书、全文电子期刊的便捷性，使得图书馆馆藏纸质文献利用率逐年下降。以吉首大学图书馆为例，自从图书馆购置了超星电子图书和中国知网数据库后，书刊外借总量从 2004 年的 532565 册次，下降到 2015 年的 132915 册次，纸质文献外借率只有 2004 年的 24.9%。由此可见，图书馆自动化系统管理的纸质文献在注册读者规模数量不断增大的背景下，外借总量不增反降，传统的图书馆自动化系统的局限于纸质馆藏管理的集成模式、服务模式已越来越不适应数字资源环境，亟须变革自动化系统的软件架构。

（一）打破了传统图书馆业务流程

图书馆自动化系统是围绕文献的结构化数据进行管理和维护的，而对非结构化数据库如电子图书文件、图片文件、视频文件等管理却没有数字图书馆功能强大，因而面对大量数字资源馆藏，传统的图书馆自动化系统管理软件的确是无能为力[①]。在图书馆业务采购、分类编目文献方面，图书馆自动化系统对纸质文献的采购和对电子图书数据库的采购并没有纳入统一管理，数字和纸质资源的独立管理，也导致图书馆无法做到资源的精细化管理。

面对传统的文献资源采购、编目、流通、期刊、检索模块，图书馆自动化系统如何建立与众多资源数据商提供的全文数据库的关联是其眼下需要考虑的重点。图书馆自动化系统旧的一套再也不能解决图书馆所有的资源问题，基于数字图书馆的出现，馆藏数字资源在图书馆馆藏比例越来越高，图书馆自动化系统与数字图书馆统一的重点和根本点应放在"服务"上[②]。

（二）自动化集成系统从集成化走向多元化

图书馆自动化系统管理内容主要是集中馆藏纸质资源，典型特征就是书目信息、期刊信息的管理。随着数字图书馆时代的到来，图书馆开始在本机构数字化的同时购进商业数据库，到了 21 世纪以后，图书馆通过自购、联合采购等形式购置的数字资源费用开始超过印刷版资源。图书馆馆藏结构也由原来的印刷型资源为主转变为数字资源为主，因此对于自动化系统的需求也发生了变化。图书馆自动化系统的概念内涵和外延都在拓展，原本图书馆人意识中的自动化系统作为集成管理系统只是用于管理目录信息和图书借阅流通等观念已落伍，图书馆目录作用正进一步弱化，图书馆自动化已将数字资源管理纳入自动化管理环节，并逐渐成为自动化管理的核心[③]。

① 高洁，阎蓓，2002. 传统图书馆在数字图书馆冲击下的生存与变革[J]. 津图学刊（1）：20-21.

② 刘炜，2001. 现代化之路[J]. 图书馆杂志（8）：26.

③ 赵慧真，2009. Google 数字图书馆计划冲击下图书馆编目的思考[J]. 新世纪图书馆（3）：31-33.

　　国外大型的图书馆自动化系统提供商纷纷推出数字资源管理的自动化软件，比较知名的电子资源采购软件如 Dynix 公司的 Horizon ERM、Endeavor 的 Meridian、Ex Libris 的 Verde、Innovative Interfaces 公司的 ERM、EBSCO 的 EIS 以及开源软件 CORAL 和 ERMes 等。用于数据库管理和统一检索的知名软件有 Ex Libris 推出的 Metalib、数字资源发现与获取系统的 Primo、数字资产管理系统 DigiTool 以及数字资产保存系统 Rosetta[①]。用于数字资源建设和管理平台的有 TRS、TPI、Eprints、Digital Commons、开源软件 DSpace、Fedora、LibraryFind 等。这些用于数字资源管理的软件专门解决图书馆数字资源采集、建设、管理、保存等问题，图书馆自动化集成系统从全局解决文献问题集成化，走向分散、局部解决问题的多元化。

　　但过度分散化的数字资源管理的软件与传统管理纸质文献为主的自动化系统仍未进行有效整合，以至于美国自动化专家 Marshall Breeding 认为，图书馆自动化系统应重点思考如何系统而又高效地管理纸质和数字形式的复合文献资源问题，数字内容的保存、许可处理和融入原有自动化流程是自动化厂商未来考虑的重中之重[②]。

（三）图书馆自动化系统重视资源发现功能

　　传统图书馆的自动化系统 OPAC 虽然承担了资源发现的功能，但更多的是判定是否有该馆藏和馆藏是否符合要求的目录层面需求的初级判断辅助，资源发现效果非常有限。随着馆藏数字资源的增多和 Web2.0 技术与理念的深入，图书馆自动化系统的主要目标正在从"支持内容业务为主"向"支持外部用户的关键查询服务"模式转变。具体体现在：①越来越多的书目信息之外的资源被混搭到 OPAC，包括数字馆藏、互联网课件资源、音视频资源等[③]。②OPAC 越来越体现 Web2.0 交互性，读者用户对资源标注、评论、评级以及所做的 Tag 标签等将成为 OPAC 的常见功能。类似 Google、百度简单检索界面，拼写检查和检索建议，根据文献类型、出版社、作者、出版年代、主题等实现分面检索、过滤、排序正被越来越多的 OPAC 系统采用。③OPAC 在 Web2.0 技术状态下，已经实现了关键词检索和社会标签检索，鉴于数字原文获取需求的趋势，OpenURL 将会被更多地应用于 OPAC 系统中。2008 年美国数字图书馆联盟公布了图书馆集成管理系统与外部资源发现应用的 API 技术推荐规范[④]，图书馆自动化系统的资源发现能力将随着该推荐规范的普及和更加广泛的应用得到大力增强。

---

① 马建霞，2003. 数字图书馆环境下基于 OpenURL 的开放式链接框架研究[J]. 图书情报工作（12）：65-71.

② Marshall Breeding. The Future of Integrated Library Systems[R/OL]. (2016-12-14)[2017-02-27]. http://www.orbiscascade.org/council/c0601/breeding. ppt.

③ Medialab Solutions. Amsterdam Redefines the Library[EB/OL]. (2017-02-27)[2017-12-01]. https://www.librarytechnology.org/ltg-displaytext.pl?RC=12460.

④ ILS-DI Task Group. An API for Effective Interoperation Between Integrated Library Systems and External Discovery Applications[S/OL]. (2016-12-16)[2017-02-27]. https://old.diglib.org/architectures/ilsdi/DLF_ILS_Discovery_1.1.pdf.

（四）图书馆自动化系统提供商与数据库提供商业务将互相渗透

自动化系统提供商与数据库提供商是图书馆进行资源建设与管理必须依赖的重要合作伙伴。随着图书馆数字资源建设规模增长，自动化系统提供商与数据库提供商之间的业务依存度也变得越来越强。图书馆自动化系统提供商急切地想将数字资源的管理纳入其集成管理的范围之中，以增强自己的市场竞争能力。而数据库提供商则看中了自动化系统提供商在图书馆业务的独占性，如果与其合作，则可以保持自己固有市场份额而不被其他公司侵蚀掉。如 2015 年 12 月 15 日，基于双方互补性的整合，ProQuest 完成对 Ex Libris 的收购。很多数据库提供商甚至开始推出自己专门用于数字资源管理的集成管理系统。

Ex Libris 为了使其自动化系统产品 Primo 更有竞争力，积极与各个数据库提供商合作，将这些数据库提供商提供的数字资源纳入 Primo 中央库集中索引，以增强图书馆为用户提供资源发现服务的能力，如 2010 年之后参与合作的有ProQuest、Thomson、Gale、Springer、Elsevier 等。传统的数据库提供商 OCLC、EBSCO、ProQuest 的 Serials Solutions 等都已推出数字资源管理相关的自动化系统，如 OCLC 的 WMS、EBSCO 的 EDS、Serial Solutions 的 Summon。ProQuest 旗下的Serials Solutions 还准备推出可以统一管理数字资源和印刷版资源的系统 Intota，以替代目前图书馆普遍采用的集成管理系统[1]。

（五）图书馆自动化系统元数据格式多元化

MARC 应用从 20 世纪 60 年代到现在，已有近 70 年历史。作为资源描述和提示格式的 MARC，其主要作用是描述印刷版资源且用于图书馆内部资源流通及馆际数据共享，对于图书馆读者用户来讲发挥的作用有限。随着图书馆数字资源的增加，包括音视频、图片、照片等在内的多种资源类型依靠 MARC 已经无法很好地描述，于是产生了大量用于描述各类型资源的元数据格式，如记录描述规范 DC、SGML、MARC XML、MODS3.0 和 RDF 资源描述框架等，记录互操作规范 Z39.50、Zing、SRU、OAI-PHM、OpenURL 等[2]。如国内图创 Interlib 系统支持 OpenURL、OAI、DC 等格式数据的导入与导出。2010 年发布的正式版 RDA（Resource Description and Access）将取代《英美编目规则》（第二版），作为新的编目标准，RDA 更加强调帮助用户查找、标识、选择和获得他们需要的信息，支持书目记录的聚类和显示，RDA 并不严格要求采用哪种编目格式对资源进行描述，这为自动化系统描述元数据的多元化打开了方便之门。随着 RDA 的推广和应用，图书馆自

① Serials Solutions Announces Development of New Web-Scale Management Solution to Improve the Efficiency of Library Operations[EB/OL]. (2016-11-13)[2017-02-27]. http://www.serialssolutions.com/news/detail/serials-solutions-announces- development-of-new-web-scale-management.
② 曾蕾，张甲，张晓林，2003. 元数据标准的演变[J]. 中国图书馆学报（4）：10-14.

动化系统所支持的元数据格式会越来越丰富，MARC 作用将会逐渐弱化，以至于诸多专家针对 MARC 格式过于复杂、描述过于烦琐的弊端，提出了 MARC 格式的质疑，如从 Roy Tennant 2002 年开始撰文 *MARC Should Die*，Karen C. 发表 *Kill MARC*，再到国内刘炜的《愿 MARC"永垂不朽"》、"编目精灵"的《MARC, MARC，为何不死》。

第三节　联邦检索和资源发现系统

随着图书馆的数字文献资源越来越多，数据库的种类涉及中外文图书、期刊专利、学位论文、科技报告、会议文献、统计数据、学术报告、年鉴、古籍等多种数字化文献，这些数据库大部分为全文数据库、事实型数据库、目录摘要型数据库、多媒体数据库。一些大型图书馆自己本身建有数字特色馆藏，还购有上百种甚至数百种数据库，为了实现在多库之间一站式检索图书馆购置的数字资源文献，图书馆自动化系统提供商和数据库资源提供商应图书馆的功能需求、技术需求，推出了能够跨库检索图书馆购置的多库数字资源文献的产品。

一、联邦检索与多数据库检索

联邦检索（Federated Search）又称为跨库检索（Cross-database Search）、并发检索（Parallel Search）、广播检索（Broadcast Search）、元检索（Meta Search）。联邦检索是以多个分布式异构数据源为对象的检索系统，一般具有统一、简洁的检索界面，用户实施检索后，系统将检索词翻译为目标数据库的检索表达式并发送，当数据源返回结果后进行去重、排序后提供给检索用户[1]。图书馆自动化系统提供商推出联邦检索产品，是为了应对图书馆读者用户对众多数据库检索时，面临的数据库选择、数据库的数据结构、检索方式、显示风格等方面所耗费的时间和精力，图书馆要求自动化系统公司提供快捷而有效率的整合资源性检索产品。

国外主流的联邦检索系统有 WebFeat 系统、Ex Libris 公司的 Metalib 系统、Serials Solutions 360 系统、Muse 系统、Innovative Interfaces 公司的 Research Pro 等，开源联邦检索系统有 dbWiz、MasterKey、LibraryFind 等[2]。WebFeat 公司大约在 1998 年推出联邦检索产品，该产品是跨数据库检索领域产品的翘楚，其市场销售有两种模式：一种是直接为图书馆提供跨库检索服务产品 WebFeat，另一种是与其他自动化系统公司和数据库提供商合作，其合作伙伴包括 TLC、SirsiDynix、VTLS、Serials Solutions、Inmagic 等自动化系统提供商，LexisNexis、Elsevier、Thomson Gale、Thomosn ISI、EBSCO 等数据库提供商。WebFeat 系统在 2007 年

① 马骋，2009. 国外主要联邦检索系统的兴起、现状及发展趋势[J]. 图书馆建设（3）：1-5.
② 杨海锋，陆伟，2015. 联邦检索研究综述[J]. 图书情报工作，59（1）：134-143.

全球用户超过 16500 个，能够访问 3500 多个数据库和资料库。2008 年数据库提供商 ProQuest 收购了 WebFeat 并将其并入 Serials Solutions。

　　Metalib 是以色列 Ex Libris（艾利贝斯）公司的联邦检索产品，2015 年被 ProQuest 公司收购。Ex Libris 成立于 1986 年，是一家全球领先的老牌图书馆应用软件开发商。Metalib 提供了一个强大的远程信息资源的检索环境，帮助读者快速有效地找到所需信息，为读者呈现来自不同数据库供应商的内容，作为读者无须了解不同的检索方法和界面。Metalib 具备统一而友好的整合检索环境，通过统一的、类似 Google 的检索界面可同时检索多个异构远程资源，检索结果以统一格式展示，并支持合并、去重、排序，支持主题聚类，以及作者、日期、期刊或其他文献特征的分面，点击相应的检索结果项可直接链接到所查资源的原始位置，可将检索结果记录保存到 Refwork、Endnote 等文献管理工具，并且支持发现和访问远程信息。Metalib 与 SFX 开放链接服务器集成，可为读者提供上下文敏感的链接服务，如直接获取全文、查看印刷馆藏目录、提交文献传递或馆际互借请求。Metalib X-Server 和 Deep-linking 功能实现图书馆资源整合检索到其他应用中，如图书馆门户、课程管理系统等[①]。Metalib 建有预先配置的中心知识库（CKB）和本地知识库（LKB），能满足用户绝大部分中外文数字资源的整合检索需要，并且知识库会定期更新。

　　国内一些学术管理机构和商业性公司在 2003 年也面向市场推出各自的跨库检索系统，如清华大学曾经开发同方异构统一检索平台 USP，中国科学文献情报中心开发了集成检索系统 CSDL，CALIS 在二期建设中构建了跨库检索系统、汇文一站式文献检索系统、天宇统一检索平台；国内书生公司、CNKI 知网技术有限公司和万方数据，也推出了面向本公司数据库的跨库检索系统。

　　360 Search 联邦检索产品为 Serials Solutions 系列方案公司研制，公司成立于 2000 年，专注于图书馆不断增长的电子资源管理和存取，公司 2011 年被 ProQuest 收购[②]。Serials Solutions 公司的产品涵盖了图书馆资源检索和管理的各个方面，如检索发现、电子资源存储、链接解析、电子资源 MARC、电子资源管理、电子资源统计、数字馆藏存取和管理。360 Search 联邦检索提供了一个简洁的检索界面，支持跨库检索，包括各自独立的出版商数据库、本地馆藏目录，具备检出同行评审期刊文献资源的能力，并有设定访问全文数据的权限。

　　诚然，联邦检索解决了图书馆分布式异构系统的学术资源的统一入口查找问题，但是还存在很大的局限性：①检索速度受网络、联邦检索服务器性能、数据源服务器三个方面影响。检索时间包括广播查询语句到相应的数据库搜索引擎时间、数据源服务器处理查询请求时间、各资源系统返回查询结果的响应时间、联

----

① 图书馆学术资源门户系统——MetaLib[EB/OL]. [2017-03-02]. http://www.exlibris.com.cn/new/products/metalib/index.asp.
② Serials Solutions[EB/OL]. (2017-02-27)[2017-03-02]. https://en.wikipedia.org/wiki/Serials_Solutions.

邦检索服务器对查询结果合并、去重等处理时间。②为减少检索用户等待时间，联邦检索系统会先从各个资源系统返回少数结果，这种结果并不是对所有资源综合计算后的结果，而是按照返回的时间顺序给出的结果，因而同一检索词进行检索其显示的检索结果集每次都不一样。③通过联邦检索出来的结果集，很难对其进行组织和相关度排序，主要是因为每次检索返回的结果都是随着网络、数据源服务器性能等条件的差异而动态变化的[①]。

二、开放链接管理系统 OpenURL 与检索速度

OpenURL 框架植根于由赫伯特·范德桑佩尔（Herbert Van de Sompel）及其同事在 1998 年到 2000 年进行的 SFX 研究。SFX 全称 Special effects cinematography，意为特技效果，SFX 引入的基本思想是将某一作品的链接服务与对它的描述工作断开，与描述一个学术作品的元数据相关的参考链接不应作为元数据的一部分，而是建立在数据之上的服务。元数据和链接分开，其最大的优势是对元数据描述的链接服务可以由多方提供，可以为用户提供多链接或可扩展的链接服务[②]。

SFX 是最著名的 OpenURL 项目，而且是 OpenURL 的肇始项目。SFX 提供了对不断增长的信息资源无缝链接的方法，即对学术信息资源的动态链接，包括全文、文摘、引文等[③]。SFX 框架由源端和目标端组成，数据库资源供应商如果想在他们的资源中建立上下文敏感链接，即源端，这需要给资源建立 OpenURL，把"钩"（hook）插入 SFX 服务器的链接中。成为 SFX 链接的目标端，就是允许别人访问己方的资源，这需要给 Ex Libris 公司提供"Link- to"的语法的细节，分配给 SFX 服务器。Ex Libris 公司在 SFX 服务器中能够产生必要的目标分析程序。构造 URL 时，需要的信息包括：①支持哪种类型的服务？例如，链接到全文还是文摘或是目录表。②建立链接的必需的验证和参数。③服务中的对象列表（如期刊的 ISSN 编号和年份列表）。

OpenURL 的服务提供者和数据提供者是相分离的，服务提供者只提取元数据信息，对元数据信息进行重新组织，提供整合检索等增值服务。OpenURL 由于实现简单，应用也越来越广泛。早期的 OpenURL 运用特定元数据如 ISSN、作者和页码来建立，之后统一的趋势是采用标准化的标识符如 DOI 来建立。为了准确定位全文链接信息，DOI 被嵌入 OpenURL 中。在基于 OpenURL 和 DOI 机制的上下文敏感链接系统中，当用户点击 OpenURL 时，请求被送到分解器以便检索所有与嵌入的 DOI 相关的链接。分解器一接收到请求就会从 OpenURL 中提取 DOI 信息，并在 DOI 数据库中查找，找到与指定的 DOI 匹配的链接。如果有一对一的关联，分

① 朱本军，2012. 基于联合索引的下一代图书馆学术资源搜索研究[J]. 大学图书馆学报（2）：18-23.

② 马建霞，2003. 数字图书馆环境下基于 OpenURL 的开放框架研究[J]. 图书情报工作（12）：65-71.

③ 茆意宏，张俊，黄水清，2006. 异构数据库互操作协议 Z39.50 和 OpenURL 的比较研究[J]. 图书馆理论与实践（4）：101-104.

解器重新将用户的请求指向文章的实际位置。有时候在数据库中 DOI 会有多个匹配，这时会向用户提交关于对象的所有链接和信息的列表[①]。

　　开放链接管理系统 OpenURL 由于提供的检索元数据和资源数据库服务商是相分离的，因而在读者用户检索界面执行检索时检索速度会较联邦检索明显提高很多。SFX 为代表的超链接管理系统与全球著名数据库提供商合作，如 ISI、CSA、OVID、UMI、EBSCO、Elsevier、ProQuest 等公司均将其资源嵌入 SFX 超链接管理系统中，国外很多大学图书馆也已经采用 SFX 对图书馆资源进行整合。但是由于国内一些中文数据库对 OpenURL 的支持有待加强，在中文资源检索方面不支持超链接管理系统，因此导致整个系统的查全率存有较大不足。

三、统一元数据检索与检索效率

　　图书馆的文献资源来源于本地数字馆藏、OA 学术资源、本地书目库、远程联合书目库、互联网免费学术资源、远程商业数据库。为了进一步将图书馆本地分布的所有学术资源整合起来，减轻用户分别查找资源的负担，图书馆和致力于改善图书馆服务的软件系统提供商考虑将图书馆本地所有不同类型、不同格式的资源统一索引，从而打破不同类型、不同格式、不同系统资源之间的藩篱，将其统一重新组织和进行预索引，这种统一元数据库索引的模式解决了图书馆学术资源检索的问题。总体上，统一元数据库检索分为两种检索技术模式。

　　（一）本地统一索引与远程联邦检索混合检索模式

　　本地统一索引即将图书馆本地不同系统管理的所有类型、格式的馆藏资源的元数据聚合在一起索引。目前代替传统图书馆自动化系统 OPAC 模块的目录产品，有 ProQuest 公司的 Aquabrowser[②]、Innovative Interfaces 公司的 Encore[③]、Ex Libris 公司的 Primo、OCLC 公司的 Wordcat Local、Scriblio[④]等都是将图书馆本地资源元数据整合在一起统一检索的产品。一般这种产品在统一检索界面分为本地馆藏和数据库两个检索标签，对本地馆藏进行统一集中检索和集中显示，对于远程商业数据库仍然采用联邦检索模式。

　　（二）本地统一索引与远程统一索引检索模式

　　远程商业数据库资源分散，它们相互之间关联度低以及存在重复和冗余，对

① 张海涛，郑小惠，张成昱，2003. 数字图书馆的互操作性研究：Z39.50 和 OAI 协议的比较[J]. 现代图书情报技术（2）：13-15.

② Aquabrowser[EB/OL]. [2020-09-21]. http://www.proquest.com/products-services/AquaBrowser.html.

③ Encore Discovery[EB/OL]. [2020-09-21]. https://www.iii.com/products/sierra-ils/encore-discovery/#main-content.

④ Scrioblio[EB/OL]. [2020-09-21]. https://wordpress.org/plugins/scriblio.

于读者用户查找定位所需要资源来说非常低效，而采用元搜索技术的联邦检索系统又不能很好地解决这个问题，因而数据库提供商为了解决这一问题开始考虑基于不同数据库统一预索引检索模式，将其学术资源元数据统一索引，提供更为集中的索引数据服务。如 EBSCO 公司的 EDS Base Index、Serials Solutions 公司的 Summon、Elsevier 公司的 Scirus 等产品就是这一类专门提供"统一预索引"数据的。

四、资源发现系统——Summon 系统和 EDS 系统

资源发现系统是系统提供商通过与出版社等内容提供商合作，对海量的、来自异构资源的元数据和部分对象数据，采用分析、抽取等手段进行预收集，并将这些元数据按映射转换规则转换为标准的格式，纳入元数据标准体系中，形成一个预聚合的元数据联合索引库，在本地或者远程中心平台提供统一的检索服务。由于资源发现系统是基于格式统一、结构清晰的元数据中心索引进行的检索，因而用户不必在各个数据库系统之间跳转，检索速度可以达到秒级，检索结果可进行不同媒介、不同版本形式的聚类显示[①]。知识发现系统都集成了原文获取链接功能，可以实现对全文的链接与获取，如 Serials Solution 公司的 Summon 的链接服务产品 360 Link，Ex Libris 的 Primo 的链接产品 SFX，EBSCO 公司 EDS 的链接服务产品 Link Source，OCLC 的 WorldCat Local 链接服务产品 WorldCat Link Manager，Innovative Interfaces 公司的 Encore 链接服务产品 WebBridge LR[②]。

（一）资源发现系统的选择与比较

资源发现系统产品从提供商角度划分有两种类型：一种是由内容提供商推出的系统，其优势是元数据覆盖全面，特别是在外文文献的收录方面，如 Summon、EDS 和 OCLC WorldCat Local；另一种是由自动化系统提供商出售的产品，如 Primo 和 Encore，优势是系统功能强，与图书馆自动化集成系统融合较好。下面将选择我国较为熟悉的 5 种国外资源发现系统，从资源覆盖范围、元数据获取方式、服务方式、价格模式、中文元数据、汉化水平、本地化服务以及功能特色进行比较，具体见表 5-1。总的来说，国外资源发现产品在收录中文元数据方面存在较大的问题，不及国内的万方公司的"中国学术搜索"、超星集团的"超星发现系统"、重庆维普的"智立方发现系统"、CALIS 的 e 读和北京方正的"学知搜索"产品。

---

① 郑雯，2016. 国外发现系统分面过滤功能比较——EDS、Summon、Primo[J]. 大学图书情报学刊（1）：26-30，35.
② 包凌，蒋颖，2012. 图书馆统一资源发现系统的比较研究[J]. 情报资料工作（5）：67-72.

表 5-1　国外 5 种资源发现系统的比较

系统名称	数据来源及数据量	元数据获取方式	服务模式	汉化及中国用户情况	定价方式及影响因素	系统功能及特点
Summon	9.4 万种期刊，6800 家内容提供商，90% Scopus 元数据，可以链接到 408 个电子书数据库中的 533397 本书的章节级。元数据总量为 8 亿条①	与内容提供商签订协议、元数据收割、本地数据采用 MARC 转换上载、元数据收割、FTP 上传	SaaS 模式	有国内用户，有中文数据处理经验，系统实现了汉化，有本地支持团队	年服务费，影响因素：订购单位的人数、性质、联盟订购，本地资源数量	无联邦检索，有数据库推荐服务和书籍推荐服务，有 Scopus 的引用信息
EDS	5 万种期刊，2 万家内容提供商，7 万家书商，2 万篇会议录，600 万种图书，401 万篇报纸文章，8 万种 CD/VCD，可获得 Web of Science 的数据②	与内容提供商签订协议、元数据收割、本地数据采用 MARC 转换上载、元数据收割、FTP 上传	SaaS 模式	有国内用户，有中文数据处理经验，系统实现了汉化，有本地技术支持	年服务费，影响因素：订购单位的人数、性质、联盟订购，本地资源数量	有联邦检索
Primo	10 余万种期刊，上千万册电子书，其中含 HathiTrust 的索引，上百万篇学位论文，中文元数据包括维普数据库和加拿大 COAD 的元数据。元数据总量为 5 亿条	与内容提供商签订协议、元数据收割、本地数据采用 MARC 转换上载、元数据收割、FTP 上传	SaaS 模式或混合模式	有国内用户，有中文数据处理经验，系统实现了汉化，有本地支持团队	初次安装费+系统年服务费，影响因素：订购单位的人数、性质、联盟订购，本地资源数量	有联邦检索，提供学术文献推荐服务，与本地 ILS 集成得好
Worldcat Local	86556 种期刊，1200 万条电子图书记录，6.3 亿条文章记录，元数据量 4.4 亿条，提供了全世界近万个图书馆 17 亿条馆藏记录③	与内容提供商签订协议、元数据收割、本地数据采用 MARC 转换上载、元数据收割、FTP 上传	SaaS 模式	无	年服务费，影响因素：订购单位的人数、性质、联盟订购，本地资源数量	有联邦检索
Encore	主要数据来源于 EDS、3M 云图书馆、OverDrive 等内容提供商，数据量不详	与内容提供商签订协议、元数据收割、本地数据采用 MARC 转换上载、元数据收割、FTP 上传	混合模式	无	初次安装费+系统年服务费，影响因素：订购单位的人数、性质、联盟订购，本地资源数量	有联邦检索，与本地 ILS 集成得好

（二）Summon 资源发现系统

Summon 是由 ProQuest 公司（收购了 Serials Solutions 公司）推出的资源发现系统，可以帮助读者一站式、快速地检索整个图书馆购买的所有电子数据库和纸

---

① Summon content and coverage[EB/OL]. (2011-11-18)[2011-12-27]. http://www.serialssolutions.com/discovery/summon/content-and-coverage.

② EDS. Content[EB/OL]. (2011-10-16)[2011-12-27].http://www.ebscohost.com/discovery/eds-content.

③ OCLC. Content in all formats from libraries and publisher around the world[EB/OL]. (2011-09-13)[2011-11-27]. http://www.oclc.org/uk/en/worldcatlocal/overview/content/default.htm.

本资源[①]。Summon 可以帮助研究者迅速地搜索、凝练和获取可靠的图书馆资源，避免用户在各种资料库之间四处找寻，Summon 为研究者们提供了一个简单便捷的检索框，他们可以输入任何想要的关键词，并且可以在很短的时间内获得可靠且按照相关性排序的结果列表。

Summon 通过集团公司自有的电子资源元数据和与其他出版集团公司签订元数据协议获得合法的元数据资源，建立统一的元数据仓储（见图 5-1）。因此基于元数据仓储进行检索，速度非常快，且检索结果的相关度更为准确。检索结果通过 Open URL 链接器直接链接至全文，这对读者来说是很满意的检索体验。

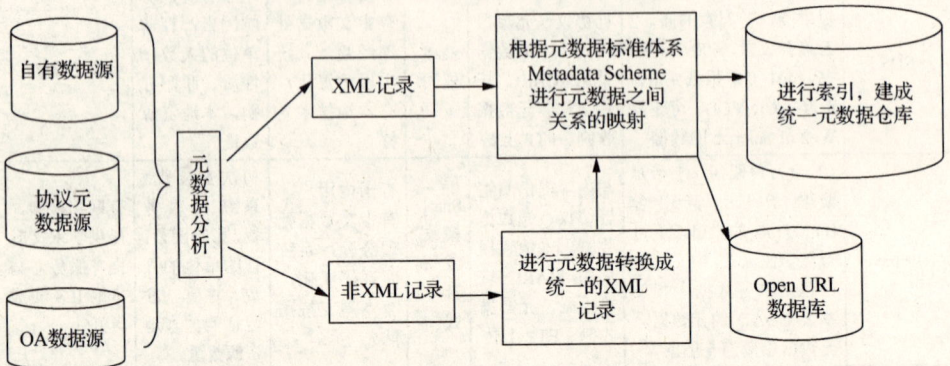

图 5-1　Summon 资源发现系统元数据建设工作原理

Summon 拥有基本检索和高级检索，使得读者不仅可以在本馆资源中进行检索，而且还可以将检索扩展到本馆馆藏之外，在 Summon 服务收录的所有资源中进行检索（来自 9000 多个出版商的 10 亿多条数据）。系统默认的检索结果排列顺序是按相关性，但读者也可以选择按照日期排序，每条检索结果会显示文件类型、获取渠道、来源、作者、学科等一系列信息。

通过 Summon 系统读者可以看到来自 OPAC 或馆藏目录中的实时馆藏信息，当读者点击检索结果时，系统会通过 Open URL 链接解析器直接获取至全文[②]。当读者查找到的检索结果本馆没有收藏时，可以通过 Open URL 链接解析器所链接的馆际互借、文献传递等工具获取全文，还可以将检索结果保存、用邮件发送或直接导出到 Refworks 或 EndNotes 等工具中，也可以将设定的检索范围保留到下一次检索中。

Summon 支持符合用户使用习惯的智能搜索，比如智能关键词检索、基于异常的词根检索、自由体标识符检索和文章段落剪切粘贴检索等。在精确检索（Refine Your Search）、内容类型（Content Type）、主题词（Subject Terms）、出版日期

① 袁玉英，2015. 常用几种资源发现系统对比分析研究[J]. 图书馆工作与研究（9）：38-41.

② 杨超，2015. 高校图书馆资源发现系统选型分析[D]. 保定：河北大学.

（Publication Date）、馆藏分布（Library）、语言（Language）等方面做了分面，帮助读者优化检索结果，更快地找到需要的内容[①]。

在特色功能方面，Summon 的数据库推荐服务比较受用户欢迎，当读者输入的关键词可能涉及一些专业数据库中的内容时，Summon 会推荐读者去阅读相关数据库的信息。另外，在 Web of Science 整合方面，如果用户订购了 Web of Science 数据库，在检索结果页面直接显示文章记录在 Web of Science 中的被引用频次信息和引用该文章的最新 10 条记录[②]。点击引用频次信息和引用文章标题直接跳转至 Web of Science 平台。而纸本书与电子书同步发现也是 Summon 的特色，Summon 后台数据有专门的元数据馆员维护整理。Summon 会将同本图书的电子版和纸本一同显示，满足不同用户的使用习惯。Summon 有丰富的 API 接口，可以与图书馆的自有系统做无缝集成。在资源发现界面，用户界面可以进行个性化自定义。

Summon 因本地化服务、平台汉化度较高，在国内高端用户占有一定市场份额，如北京大学、国防科技大学、哈尔滨工业大学等高校图书馆采用了 Summon 资源发现系统。

（三）EDS 资源发现系统

EBSCO Discovery Service（EDS）是 2010 年诞生的一款统一索引信息资源发现系统，是具有史无前例容量和速度的预索引服务器[③]。其资源覆盖范围包括期刊、EDSCO host 数据库、学术档案仓储、各种条目记录（如图书馆目录、图书封面图片、图书释文记录等）、开放仓储，来源于 2 万多家内容提供商和 1 万多家出版商。EDS 的组织方式独特，由 OAI-PMH 和 FTP 组建获取机制[④]。检索结果的相关度排序依据术语出现频率排序、流通率排序等。EDS 在系统布局、颜色和图书馆 LOGO 等方面可定制。EDS 侧重检索，其快速检索和分面导航的强大功能对于高校图书馆来说，比较适用于用户信息获取频率较高和资源发现频率较高的图书馆。

在实现中国本地化服务方面，EDS 与南京大学数图技术实验室合作，推出 EBSCO 的中国地区版本 Find+。EDS 资源发现系统（Find+版本）是美国 EBSCO 公司出品的 EBSCO DISCOVERY SERVICE 资源发现系统在中国地区的本地化版本[⑤]。系统在 EDS 外文资源发现的基础上，由南京大学数图技术实验室提供馆藏目录发现、中文发现、全文导航、学科发现、本地化技术支持和定制化服务；利用 EDS 系统包含的国外出版商授权提供的元数据和先进的多语种搜索技术，结合上述本地化功能和服务，搭建起国内领先的、适合中国地区图书馆用户的资源发

① 殷沈琴，唐武京，邵诚敏，等，2013. 三家资源发现系统的调研、测试和评估[J]. 图书馆杂志（12）：82-86.
② 曹君，李雪婷，任俊霞，2014. Summon 学术资源发现的功能及应用策略[J]. 中国科技信息（Z1）：90-92.
③ 杨鲁捷，2013. 搜遮、e 读、primo 三大资源发现系统中文图书覆盖情况比较[J]. 河南图书馆学刊（8）：109-111.
④ 胡玮，2013. "985 工程"高校图书馆资源发现系统现状分析和思考[J]. 图书馆学研究（16）：43-48.
⑤ 项英，李向军，2012. 高校图书馆资源发现服务系统应用研究[J]. 情报科学，30（11）：1681-1684，1690.

现系统。

　　系统覆盖全球 9 万多家期刊和图书出版社资源，其信息资源总量已达到 7.5 亿多条，覆盖的学术期刊超过 17.7 万种，其中全文资源近 7000 万条，包含学科期刊、会议报告、学术论文、传记、音视频、评论、电子资源、新闻等几十种类型的学术资源①。学术资源的语言种类有近 200 种，非英语的出版社资源超过 3000 家。中文资源总量也达到近 2 亿条，期刊论文篇目数据达到 8000 万，书目信息资源 800 万条，电子书资源 300 万册；图书超过 1200 万种，同时 EDS/Find+平台也扩展了期刊导航、学科导航、数据库期刊浏览、期刊检索、参考引文检索等功能。

　　系统包含外文资源发现、中文资源发现、馆藏资源发现、全文导航四大模块，其中外文资源发现系统的元数据仓储部署于美国，通过 IP 授权方式和 EBSCO 独特的检索技术来实现丰富的外文检索需求。馆藏目录发现在揭示 OPAC 信息的基础上，扩展提供封面、目录、简介、评论、图书馆导购等多种书目增值服务信息②。EDS 的检索界面分为简单检索、专业检索和高级检索，具备对资源数据库元数据统一检索功能，读者一站式检索可以获取图书馆包括电子期刊数据库、电子图书数据库、馆藏书目库、机构库、OA 资源等多类型数据库资源。

　　EDS 除了公司本身所收割的元数据库资源外，还可以根据各个图书馆的需要收集已购数据库、自建特色数据库等资源③。对于 EDS 系统收录的元数据，本馆没有全文的数据库原文获取，可以在系统中通过文献传递和参考咨询等服务来实现读者的全文需求。

　　读者通过 EDS 的统一检索平台，可跨越单个数据库的结构和检索技术，一站式检索出相关度极高的学术文献，并可按时间、按地域、按学科分类等缩检方面进行进一步精确检索。其简单实用的统一检索界面，使得读者只需要在检索框中输入检索词，就能实时获取所要的资料。来自不同地域、不同出版类型、不同国家的数据库海量资源被 EDS 平台整合后，其最终检索结果统一按序聚集在页面清单中④。更为突出的是，EDS 对检索结果的智能相关度排序（relevancy ranking），对读者来讲实现了最短时间找到最需要的学术文献的理想目标。

　　EDS 系统部署分为三种模式：一是云部署模式，用户无须服务器及存储设备的软硬件投资，通过网络访问云端服务器就可实现；二是本地部署模式，需要将元数据仓库及相关软件系统安装在本地，读者通过网络访问本地服务器来实现 EDS 的统一检索；三是前两者结合模式，部分数据安装在本地，另一部分数据安装在云端。这三种模式均可提供统一检索入口，具备简单检索、高级检索及原文

① 袁玉英，2015. 常用几种资源发现系统对比分析研究[J]. 图书馆工作与研究（9）：38-41.
② 沈艳芳，肖鹏，2012. "985" 高校图书馆资源整合策略研究[J]. 图书情报工作（7）：32-37.
③ 窦天芳，姜爱蓉，2012. 资源发现系统功能分析及应用前景[J]. 图书情报工作（7）：38-43.
④ 陈莺，2015. 重点高校图书馆资源发现系统对比分析[J]. 情报探索（5）：71-73，77.

获取的功能[①]。

通过 EDS/Find+资源发现平台，可以整合图书馆 90%以上的学术资源，并提供远超自有资源的海量未购学术资源元数据，是性价比很高的资源发现系统[②]。EDS 在国内用户，以本土化服务的南大数图合作的 Find+用户最多，而使用 EDS 的用户也有中山大学、厦门大学等图书馆（见表 5-2）。

表 5-2　EDS 及本土化产品 Find+在国内部分用户

高校名称	使用系统	高校名称	使用系统
中国人民大学	EBSCO & 南大数图	中山大学	ESBSC EDS
南京大学	EBSCO & 南大数图	厦门大学	ESBSC EDS
中国科学技术大学	EBSCO & 南大数图	北京航空航天大学	EBSCO & 南大数图
南开大学	EBSCO & 南大数图	天津大学	EBSCO & 南大数图
华东师范大学	ESBSC EDS	……	……

综观资源发现系统，国内应用较多的外文资源发现系统为 Summon、Primo、EDS 或 Find+，应用较多的中文资源发现系统为超星公司的发现系统。根据国内王悦辰对国产的发现系统的分析，超星发现系统在资源元数据收录、知识关联与发现、文献获取方便度三个方面占有优势，因而深受图书馆用户欢迎。

第四节　数字图书馆环境中的图书馆自动化系统

数字图书馆的产生离不开数字化技术、计算机技术和互联网技术，在 20 世纪 90 年代初期，国外就开始进行数字图书馆建设，其中就有典型产品方案——IBM 数字图书馆。我国第一家数字图书馆启动于 1997 年辽宁省图书馆数字化项目，主要将馆藏 60 多万册古籍进行数字照相机扫描，采用水印加密技术进行数字化保存，工程由东大阿尔派引进 IBM 数字图书馆技术来具体实施，属国内首次进行数字图书馆应用[③]。

随后国内开始进入馆藏文献数字化建库热潮，通过自建数字化图书馆、引进商业性全文数据库、收集本机构的原生数字资源等途径来建设数字图书馆平台[④]。图书馆的馆藏建设和服务手段开始结构性转向以数字资源内容为主，数字资源的管理和服务已经成为当前图书馆的主要工作。图书馆自动化系统的概念内涵和外延都在拓展，原本图书馆人意识中的自动化系统作为集成管理系统只是用于管理目录信息和图书借阅流通的观念开始改变，图书馆原有的馆藏目录管理和图书借

① 胡玮，2013. "985 工程"高校图书馆资源发现系统现状分析和思考[J]. 图书馆学研究（16）：43-48.
② 程颖，2015. 资源发现系统元数据的问题与思考[J]. 图书情报工作（9）：104-110，126.
③ 李东来，1998. 辽宁省图书馆的数字图书馆设计与配置[J]. 图书馆学刊（1）：37-42.
④ 张智雄，2008. 构建面向网络的数字图书馆技术环境[J]. 中国图书馆学报（3）：76-77，88.

阅流通管理的地位，随着数字资源的重要性的提升而不断弱化①。图书馆自动化已将数字资源管理纳入自动化管理的环节，并逐渐成为自动化管理的核心。自动化系统提供商或软件系统提供商针对不同类型的资源和服务推出不同的数字资源管理和服务系统，根据馆藏结构、数字资源类型，可将数字资源管理和服务系统划分为如下几种类型。

一、电子资源管理系统

电子资源管理系统简称 ERMS，该系统是图书馆传统集成管理系统的采访模块在数字时代的发展，一般不对用户提供直接服务。它源于图书馆购置商业性电子资源数据库越来越多而出现的采购管理需要，是软件供应商专门针对图书馆对于购置的众多电子资源评估需求，研制开发的基于电子资源数据库评估的管理系统②。电子资源管理系统对图书馆所购置的资源系统，从选择、分析、采访、维护、评估等所有环节进行设计和把控，主要是基于数据商的许可条件，对图书馆购置的电子资源利用、管理等方面进行绩效评价和有效管理。该系统的推出，极大地促进了图书馆管理全文类、引文类、摘要类等多类型数据库的购买及访问数据，使图书馆对电子资源的管理有了系统保障。

电子资源管理系统产生于 20 世纪末，经历了图书馆自行设计开发、系统提供商和软件提供商研发、数字图书馆联盟 DLF 的 ERMI（电子资源管理先导计划）建立标准、产品市场化四个阶段。图书馆自行开发阶段是电子资源管理系统的初创阶段，典型系统如美国宾夕法尼亚州立大学开发的电子资源许可和信息中心（Electronic Resources Licensing and Information Center，ERLIC）、加州大学洛杉矶分校设计开发的电子采购数据库（Digital Acquisitions Database，DAD）、麻省理工学院开发设计的虚拟电子资源检索系统（Virtual Electronic Resources Access，VERA）、美国霍普金斯大学设计开发的霍普金斯电子资源管理系统（Hopkins Electronic Resource Management System，HERMES）等③。

随着图书馆对电子资源采购管理需求的增加，传统的图书馆集成管理商和其他软件开发商捕捉到这一商机，DLF 建立了由图书馆、信息管理系统开发商、出版商等机构参与的电子资源管理标准组，于 2004 年推出系统研制的标准。经过十余年发展，这些商业的电子资源管理系统根据公司类型可划分为以下几类：①图书馆集成管理系统提供商提供的产品，如 Innovative Interfaces 的 ERM、Dynix 的

① 吴秀娥，2008. 论高校数字图书馆的发展理念[J]. 现代情报（1）：20-21.
② 石泽顺，孙博阳，2017. 开源电子资源管理系统 CORAL 研究[J]. 图书情报工作，61（4）：130-137.
③ SADEH T, ELLINGSEN M, 2005. Electronic Resource Management Systems: the Need and the Realization[J]. New Library World（5）：208-218.

Horizon ERM、Endeavor 的 Meridian、Ex Libris 的 Verde；②数据库资源提供商推出的产品，如 EBSCO 公司的 EBSCO EIS、ProQuest Serials Solutions 的 360 Resource Manager、Harrossowiz 的 HERMIS；③开源性产品，如 Colorado 研究图书馆联盟的 e-Resource Manager、美国 Notre Dame Hesburgh 大学图书馆的 CORAL（Centralized Online Resources Acquisitions and Licensing）①、美国 Wisconsin-La Crosse 大学 Murphy 图书馆开发的 ERMes 系统等②。

目前国内使用电子资源管理系统的图书馆很少，只有国家图书馆、清华大学图书馆、武汉大学图书馆等。研制出电子资源管理系统的公司和机构在国内似乎没有，只有深圳大学图书馆 SULCMIS 在进行相关研究。

二、学位论文管理与服务系统

学位论文管理与服务系统是专门针对学位论文的创建、提交、管理、发布、维护，并提供对学位论文的检索、浏览、下载的数字资源管理平台。该系统主要功能体现在三个方面：一是将分散在不同机构部门、不同专业的学位论文进行集中、有序管理，实现学位论文的远程提交；二是为用户提供学位论文检索与下载服务；三是对学位论文进行统计和管理。系统由论文提交模块、论文审核与编目模块、文档标准化制作模块、论文发布与检索模块、论文回溯制作模块和系统管理模块组成。

国内学位论文管理系统产生的时间在 20 世纪 90 年代中后期，大规模应用则源自 CALIS 学位论文项目的推动，目前国内外绝大多数高校已经采用学位论文管理和服务系统处理本校的学位论文。国外有些高校图书馆并没有构建自己的学位论文系统，而是通过与 ProQuest 等商业数据库公司达成相关协议，将本机构的学位论文提交到 ProQuest 等论文系统，以便于本校免费检索和获取。国外也有一些图书馆自行开发或利用 DSpace、Eprints 的开源机构库管理软件构建自己的学位论文管理与服务系统。国外也出现了专门的开放源代码的学位论文管理与服务系统，如美国罗格斯大学（Rutgers University）图书馆开发的 OpenETD 系统③。国内大多数高校图书馆采用专门的商业公司开发的学位论文管理系统，相关公司的软件有清华同方 TPI 系统、北京天宇、北大方正、北京拓尔思 TRS 系统、杭州麦达 IDL 系统、北大数图、成都国图 DIPS 等④。

① CORAL[EB/OL]. (2017-02-02)[2017-03-04]. http://library.nd.edu/eresources/downloads/.

② ERMes Electronic Resource Management (ERM) Software[EB/OL]. (2017-01-15)[2017-03-04]. http://murphylibrary. uwlax.edu/erm/.

③ OpenETD[EB/OL]. (2016-06-19)[2017-03-05]. http://rucore. libraries. rutgers. edu/open/projects/openetd/.

④ 赵阳，姜爱蓉，2004. 学位论文网上提交和发布系统比较研究[J]. 大学图书馆学报（3）：36-40.

论文提交模块主要支持在线提交、反复修改、重新上传、全文和元数据分别存放，论文提交支持 Word、PDF 等格式。论文审核与编目模块主要包括学位论文元数据和原文审核、E-mail 通知审核结果、自动或手动分配馆藏号、论文发布年限、按单位或按人分配审核任务等。文档标准化制作模块主要功能是基于 PDF Writer 软件自动、批量地将 Word 文件转换成 PDF 文件。论文发布与检索模块则主要实现论文概要、前 16 页、全文发布，实现全文检索并突出显示检索词，实现支持密级期限动态设置。论文回溯制作模块则包括扫描、格式转换、资源制作上传等流程。系统管理模块一般提供多种访问、统计方法，可统计未处理、不合格与合格的记录总数，支持日志分析、数据库备份与还原、元数据导入与导出等。

三、特色数据库管理与服务系统

特色数据库管理与服务系统是根据图书馆的馆藏特色、地方特色或者本单位学科特色制作的有特色资源文献和服务对象的系统，如教师课件、重点学科成果论文数据库、馆藏视频、录音、图片等多媒体数据库及互联网信息采集数据库等。特色数据库一般有多种数字化文献类型共存，资源在限定范围内使用。特色数据库管理与服务平台具有特色资源数据库创建、检索、发布功能，能够实现资源采集、存储、格式转换、元数据编目、浏览阅读、数据统计分析等功能[①]。

在国内主要应用的特色数据库主要有清华同方 TPI 系统和北京拓尔思的 TRS系统。TPI 是清华同方光盘股份有限公司自主研制、基于网络平台上用于图书馆特色数据库创建、管理、维护、信息资源生产和发布的系列工具软件系统，是经过CALIS 评估认可选定的特色数据库构建平台之一。TPI 是基于非结构化管理开发的大型智能型内容管理系统，采用先进的 B/S、C/S 浏览器、应用服务器、数据库服务器三层架构，以全文检索系统 FTS 为核心，对文字、图片等多媒体信息进行全面管理。TPI 包括数字资源采集系统、数字资源加工系统、数据库发布与检索系统、数据资源管理系统、数字参考资源系统、网上用户教育系统、个人数字图书馆 7 个子系统。TPI 完全兼容图书馆普遍使用的 CNMARC 标准、RDF 和都柏林核心元素集标准 Dublin Core，支持 Z39.50 协议标准和 METS 协议，支持 XML文件格式、电子资源共享、异构数据库统一检索和分布式集群检索[②]。在字符集方面支持《信息交换用汉字编码字符集 基本集》（GB 2312—80）等多种国际和国家标准。

北京拓尔思信息技术有限公司在充分调研数字图书馆应用现状的基础上，提

① 吴涛，李锋，2005. 基于 TPI 的特色数据库建设实践[J]. 现代情报（7）：165-168.
② 孙书平，2004. 清华同方数字图书馆管理与建设平台 TPI 试用报告[J]. 图书馆学研究（3）：14-16.

出了 TRS 数字图书馆应用方案，TRS 平台设计理念定位于图书馆馆藏信息数字化管理，通过图书馆网络建设和多媒体数据库的建设，有机地衔接图书馆自动化管理系统，实现图书馆的数字化。TRS 软件产品涉及大数据管理、信息安全、知识管理、内容管理、身份管理等领域。其全文检索系统在政府、媒体、企业、教育、科研等领域得到广泛应用，拥有了 3000 多家企业级用户，国内市场占有率达 70%以上。目前，TRS 推出的第六版 TRS 全文数据库系统，采用开放的体系结构，实现全中文化处理，支持所有数字图书馆技术的国际国内标准，包括 ISO OAIS 系统结构，MARC、Dublin Core 等元数据规范，XML、RDF 元数据描述标准，OAI、Z39.50 等交互协议等[①]。在国内应用 TRS 全文检索系统主要是在 CALIS 的推动下联合采购，如吉林大学等 CALIS 成员馆以及吉林省图书馆、深圳图书馆、浙江图书馆等公共图书馆通过 TRS 平台构建各自的特色数据库。

四、随书光盘管理与服务系统

随书光盘是指以光盘为媒介，与纸质图书一起发行并对图书内容起到补充或辅助作用的电子阅读物。伴随着图书馆馆藏图书光盘总量的增加，随书光盘的管理和服务已成为图书馆工作中不可忽视的需求，随书光盘管理系统（也称为非书资料管理系统）便应运而生。目前市场上主流的应用于光盘管理系统的主要有：杭州麦达电子有限公司开发出来的博云非书资料管理系统[②]、北京畅想书源信息技术有限公司开发的"畅想之星"随书光盘管理平台、江苏汇文软件有限公司与南京昂克科技有限公司联合开发的"非书资料管理系统"、杭州卓源科技有限公司的"CD Tower 光盘系统"等[③]。

随书光盘系统一般都能支持在线运行和本地运行两种方式，支持虚拟光盘镜像文件格式，可与多个 OPAC 系统整合，支持双向链接。在虚拟光驱核心技术上，"畅想之星"和麦达公司是自主研发，因此在国内市场上其用户群相对占有优势。例如，部署杭州麦达博云非书资料管理系统的单位有广西大学、浙江工商大学、湖南师范大学、南开大学、华中科技大学、武汉大学等高校图书馆，部署"畅想之星"随书光盘管理系统的有北京大学、清华大学、南京大学、哈尔滨工业大学等高校图书馆。截止到 2016 年底，"畅想之星"随书光盘云服务中心首页显示光盘种类达 9.16 万种 10.09 万张，访问量达 317.7 万人次，这充分论证了随书光盘服务的不可缺失。

随书光盘管理系统是图书馆解决非书资料网络发布的完整系统，其发展趋势

---

① 陈全平，2010. 我国特色数据库建设问题与对策[J]. 图书馆理论与实践（12）：14-17.

② 博云光盘系统[EB/OL]. [2017-03-07]. http://www.metadata.com.cn/Html/Product_boyun.html.

③ 任平，林佳，2008. 国内四种非书资源管理系统的比较研究[J]. 现代图书情报技术（11）：94-98.

是部署安装云端化。系统通过云服务平台实现非书资料的收集、加工、发布。系统与图书馆自动化系统无缝集成，读者通过 OPAC 页面就可以方便使用非书资源。系统采用云服务平台，使得光盘收集、加工、发布都集中在云端，无须工作人员进行繁杂的数据收集与加工，节省了图书馆的人力成本、硬件成本等。

五、数字参考咨询管理与服务系统

　　数字参考咨询管理与服务系统是图书馆传统参考咨询在数字图书馆时代的发展，是借助于计算机和网络技术向用户提供咨询服务的平台。综观国内外的数字参考咨询管理与服务系统，从针对的用户群体来看分为两大类：一类是针对所有用户泛主题的数字参考咨询服务，这类服务侧重于知识库形式，如 FAQ 常见问题的回答、网络资源导航类在线查询工具[1]；另一类是针对特定用户、特定主题的数字参考咨询服务，这种服务方式主要通过参考咨询馆员借助某种信息交流工具来回答用户提出的问题。这些工具有电子邮件、BBS、Web 表单、QQ、微信、MSN 或专用的参考咨询软件。

　　由于利用非专用的参考咨询工具很难将工作开展得更加深入，很难实现诸如"同步浏览"这样的功能，而且数字参考咨询也需要在更大范围内开展合作，于是专用的数字参考咨询软件迎合了图书馆的需要而产生。商业性的数字参考咨询软件系统国外有 Ask A Library、24/7 Reference、CDRS 及 OCLC 的 QuestionsPoint、LSSI 公司开发的 Virtual Reference Toolkit 等产品[2]。国内则有大连博菲特公司集成在广东网络图书馆、北京网络图书馆和浙江工业园区网络图书馆等软件中的数字参考咨询模块。自主开发的有中科院文献情报中心及科研所图书馆推出的"国家科学数字图书馆科学参考咨询台"、北京大学图书馆的参考咨询台、上海交通大学图书馆的数字参考咨询系统、清华大学图书馆虚拟参考咨询系统、上海图书馆的网上联合知识导航站（CORS）[3]。但最有影响的参考咨询系统是 CALIS 二期规划项目：中国高等教育分布式联合数字参考咨询，目的是为 CALIS 成员馆提供一个联合数字参考咨询平台，真正实时地解答用户在使用数字图书馆过程中第一时间所遇到的问题。

　　参考咨询系统在网络技术、信息搜寻技术的驱动下，从最初依靠本馆文献资源和人力资源，到现在转向联合公共、科研、高校图书馆等机构，依靠图书馆行业联盟的所有文献资源，来搭建网络联合参考咨询系统平台，共享各地资深参考馆员和行业专家的人力资源和文献资源，从而带给读者用户更有效的使用体验。

---

① 黄飞燕，肖希明，孙坦，2007. 国内主要数字参考咨询系统比较研究[J]. 图书馆理论与实践（4）：38-41，61.
② 周敬治，王强，2007. 国内主要数字参考咨询系统构建模式与功能的比较研究[J]. 图书馆论坛（2）：5-9.
③ 网上联合知识导航站[EB/OL]. [2017-03-08]. http://vrd.library.sh.cn/Page_Messages.aspx?type=1.

六、机构知识库管理与服务系统

机构知识库又称机构仓储，是针对本机构的知识资源如预印本、学位论文、工作报告、多媒体数据、会议论文、教学资料、实验结果等文献，通过网络提交实现资源存储、共享并动态增加与长期保存的一类数字资源管理与服务系统。机构仓储建设开端于 2000 年惠普公司（HP）与麻省理工学院（MIT）的合作，其雏形为俄亥俄州立大学知识库，广泛应用的产品为 MIT 与 HP 成功研制并免费推出的 DSpace 机构仓储系统[①]。

机构知识库管理与服务系统按照软件研制背景大体分为四大类：第一类是专业机构以项目带动的形式，对本机构所产生的原生数字资源进行采集、保管和提供服务的研究，开发出实用的知识库管理与服务系统，这类机构存储的大多为自身专用系统，如 eScholarship、JISCIE、Knowledge Bank 等；第二类是提供各类机构免费使用的开放源码系统，诸如 Dspace、CDSware、Archimede、Fedora 等；第三类是专业性研制商业性系统，以盈利、市场占有为目标的系统，如 DRM、Documentum、Bepress、DigitalCommons、CONTENTdm、Open Repository 等；第四类是混合型系统，如 VTLS 公司的 Vital 等[②]。

在国内主要是利用 DSpace 构建机构知识库，使用 DSpace 的学术机构比例高达 60%，其中以收集论文预印本的机构仓储发展较为迅速，出现了教育部的中国科技论文在线、国家科技文献图书中心、中国科学技术信息研究所的中国预印本服务系统、奇迹文库等比较著名的预印本网站，建立了一些国外学术论文预印本的中国镜像站，如中国数理科学电子预印本镜像库。

综观以上陈述，数字图书馆环境中的图书馆自动化网络化集成系统，在传统系统功能的基础上，增加了数字资源的全文链接功能，向第三方资源数据库商开放数据接口，支持 OAI、Open URL 数据商资源关联功能，同时在系统部署方面支持分布式部署，实现应用和数据库软硬件的分离部署。其技术与功能特点见表 5-3。

数字图书馆环境下，图书馆馆藏结构发生根本性的变革，传统图书馆以纸质馆藏为主的结构模式和以到馆服务为主的服务模式，在数字图书馆状态下开始慢慢发生改变：图书馆传统文献外借量明显下降，数字资源文献利用的重要性已经深入图书馆管理者人心。这种根本性的变革，也推动了以纸质文献管理为主导的图书馆自动化集成系统的集成功能在数字资源服务的应用环境中，开始走向分化和独立。

---

① ROGERS S A，2003. Developing an Institutional Knowledge Bank at Ohio State University: From Concept to Action Plan[J]. Libraries and the Academy（1）：125-136.

② 王玉玲，2008. 机构知识库（Institutional Repository）及其案例研究[J]. 农业图书情报学刊（5）：113-115, 126.

表 5-3　数字图书馆环境中网络化集成图书馆系统的技术与功能特点

系统技术		功能模块		标准及接口应用		应用时期及反响
类目	内容	功能	说明	标准及接口	说明	
服务器	HP、IBM、浪潮、联想等小型机种及其塔式服务器、机架式服务器、刀片式服务器等	采访子系统	可导入采访数据	《文献著录第1部分：总则》（GB 3792.1—2009）	文献著录标准	1. 21 世纪初至 2011 年，产品大多为 B/S 结构，自动化系统应用普及，OPAC 检索深受读者欢迎。2. 国产自动化系统在"211"高校应用较多的有汇文和北邮等公司的系统，在省级公共图书馆应用较多的有科图 ILAS 和图创 Interlib 等系统
工作站	国产联想等 PC 机	编目子系统	能导入外部编目数据，进行套录，能通过网络套录 CALIS、国图编目数据[①]	《检索期刊条目著录规则》（GB 3793—83）	文献著录标准	
运行方式	Client/Server 或 Browser/Server 或多层 Browser/WebServer/DbSever 架构	流通子系统	具备借还、预约、续借功能	《文献目录信息交换用磁带格式》（GB 2901—82）	MARC 数据交换	
数据输入	键盘输入、五笔输入法等多种输入方式，汉字输入较快	期刊管理子系统	具备期刊现刊记到、过刊装订功能	CNMARC/USMARC、ISO 2709	中文支持CNMARC，西文支持USMARC	
磁盘容量	SCSI 磁盘、SATA 磁盘、SAS 磁盘，单块磁盘容量几百 GB 到 1TB，服务器具备磁盘冗余的功能	检索子系统	主要面向读者开放，读者检索系统，全部都有 OPAC 系统，增加 856 字段链接全文功能	字符集支持	系统支持 GBK 和 ISO 10646 国际大字符集，支持 Unicode	
操作系统	Windows Server、Linux、Solaris、AIX、HP-UNIX、SCO UnixWare	馆际互借	网上查询、登记、受理、文献下架、送出、馆际借入借出、读者流通、文献回馆、催还等	外部数据导入	支持标准数据的本地导入	
底层数据库	SQL Server、Oracle、Sybase 等数据库	联机编目	多馆合作联机编目	Z39.50	支持可访问 Internet 上的 Z39.50 服务器，套录编目数据[②]	
程序设计语言	交互式编程语言 JAVA 为主，Visual.Net 可视化编程语言	馆务子系统	具备人事管理和设备管理功能	ISO 10160/ISO 10161	支持馆际互借标准协议	
系统界面	图形界面 GUI	自助功能	网上办证、网上续借、"我的图书馆"	OAI、Open URL	提供开放性接口	
扫描技术	条形码扫描器、激光扫描器、RFID 识别	数字资源链接功能	增加 856 字段具备数字资源链接功能	系统相关技术接口	一卡通、门禁、短信服务、电话语音、流媒体、RFID、自助借阅机等应用环境接口	
组网方式	TCP/IP 网络、局域网	Web2.0 功能	OPAC 增加分面功能、评价等功能			
书目数据库规模	几十万条至几百万条	总分馆功能	支持超大型书目数据库和海量日志数据，网络、存储、运算功能很强大			
分布式部署	应用和数据库分离部署、数据库可分布式部署					

① 王梦菊, 2005. CALIS 联机合作编目的套录要点[J]. 山东图书馆季刊（2）：72-74.
② 丰博, 2009. Z39.50 平台在全省编目数据共享中的应用——以黑龙江省图书馆为例[J]. 黑龙江史志（21）：56-57.

第六章 移动图书馆环境中的自动化、网络化集成系统（2012—2018）

21世纪出现了两大技术的融合,即移动计算技术和社交网络技术的互相推动。社交网络技术激发了人们利用计算机的热情,推进了计算机应用普及程度,而移动计算技术则提供了社交网络的便利,使得人们可在移动环境中随时随地进行社交网络活动。受益于两大技术的促进,日常生活用品逐步变成网络产品软件供人们选择。期刊、报纸、图书、音乐、钱包等与生活相关的东西从实物转变成软件等浪潮,从一个行业涌向另一个行业,带来了虚拟企业的崛起。

随着移动网络技术、智能移动终端设备的发展与普及,人们的阅读行为逐渐向数字化、移动化转移。无线移动互联网的飞速发展,给图书馆带来了巨大的机遇和挑战。为顺应读者阅读移动化的发展趋势,基于移动终端的移动图书馆成为图书馆的新型服务模式,从SMS服务、WAP服务到APP服务、微信服务,图书馆的馆藏资源"可移动化",让用户感受到移动图书馆的服务理念更为贴近现代人的需要。以2010年、2011年书生公司、超星公司先后推出移动图书馆产品,以2012年移动图书馆APP普及应用为始,标志着图书馆自动化系统进入移动图书馆阶段。

第一节 移动图书馆的出现

移动图书馆是指图书馆通过移动互联网络将图书馆资源、图书馆服务输送到读者用户个体所拥有的智能手机、Kindle、iPad、Mp3/Mp4、PSP等移动终端设备上,以便于读者用户访问图书馆资源、进行阅读和检索查询[1],这一概念是目前大家比较认可的移动图书馆的概念。但是,移动图书馆经历十年的发展,其概念的内涵与外延也在不断地丰富,移动图书馆概念起源与演变应该从交通工具、计算机技术、无线电子通信设备技术、网站技术、移动应用程序技术等角度加以分析[2]。

一、移动图书馆

移动图书馆历经流动图书馆、计算机移动图书馆、SMS移动图书馆、WAP移

---

① 魏群义,侯桂楠,霍然,2012. 移动图书馆理论研究与实践应用综述[J]. 图书情报知识（1）：80-85.
② 高春玲,张文亮,2013. 关于我国移动图书馆服务的理性思考[J]. 图书馆建设（11）：80-84,94.

动图书馆阶段，现正处在 APP 移动图书馆、微信图书馆大发展时期。移动图书馆的发展，使传统的图书馆自动化系统对外关联了海量的馆藏文献数据，为读者提供了不受场所限制、不受开放时间限制的移动文献服务，也为传统的参考咨询、流通借阅、图书采购等业务带来移动服务的平台[①]。

（一）移动图书馆的发展

1. 流动图书馆——原始的移动图书馆

移动图书馆概念在国内最早起源于"自动车图书馆"（book automobile），它是以汽车等交通工具运载图书资料，以图书馆员跟随交通工具直接服务的形式，定期定点地巡回开展图书资料服务[②]。其服务内容主要是图书借还、预约、购买、信息咨询，其服务模式是定期到各流动点提供服务，其服务手段是借助交通运输工具，其核心特征是定期流动，因此更符合流动图书馆特征。

2. 电子图书馆——计算机移动图书馆

20 世纪 90 年代，图书馆开始了计算机的应用，随着图书馆馆藏目录数字化、计算机目录检索、光盘检索、因特网和电子图书馆的出现，图书馆借助计算机设备对馆藏资源进行分类、编目、检索、借还管理，计算机开始在国内图书馆业务流程中得到广泛的应用。人们借助电子计算机等设备，通过因特网获取信息，不再局限于图书馆开放时间的限制。图书馆所开展的馆藏计算机检索、电子目录、电子阅读等服务，其更多内容是与固定位置的计算机绑定来进行相关服务。因此，移动图书馆是借助于服务器、目录型数据库、局域网络、因特网而实现的，移动图书馆提供的资源为电子化的数据库和网络化连通，其关键变化是资源电子化传输，可进行异地查询，有专家称其为电子流动图书馆[③]。21 世纪初期，由于存储设备技术、数字化技术、网络技术等飞速发展，电子图书馆逐渐向数字图书馆迈进，海量存储、海量检索、全文网络化传递成为数字图书馆最基本的特征，用户通过互联网可以远程、在线访问数字图书馆资源，这为移动图书馆的进一步发展提供了坚实的资源基础。

3. 短信服务图书馆——SMS 移动图书馆

电话、电报、无线对讲机、无绳电话、寻呼机、小灵通、大灵通等移动设备，为图书馆开展移动服务提供电话和短信服务功能，但这种图书馆服务的使用成本和推广成本较高，用户群规模小，适用性不强。到了 21 世纪初期，具备蜂窝通信

① 宋恩梅，袁琳，2010. 移动的书海：国内移动图书馆现状及发展趋势[J]. 中国图书馆学报（5）：34-48.

② 何维义，1998. 论汽车图书馆[J]. 图书馆界（2）：31-34.

③ 施国洪，夏前龙，2014. 移动图书馆研究回顾与展望[J]. 中国图书馆学报（2）：78-91.

能力的手持设备（手机）的短信服务在国内图书馆应用，为移动图书馆概念、内容注入了现代化移动终端设备元素。由于移动设备的便携性、阅读的适时性，SMS即短信服务在移动图书馆业务中几乎占据了全部内容[①]，移动图书馆概念在此时几乎等同于 SMS，开展移动图书馆 SMS 服务均搭建了 SMS 移动信息平台。

4. 移动网站图书馆——WAP 移动图书馆

从马丁·库帕（Martin L. Cooper）1973 年成功制造第一部手机开始，手机经历了 1G、2G、2.5G、3G、4G 时代，现正迈向 5G 时代。手机从 2G 时代开始，移动设备价格降低，移动用户在国内普及。WAP（Wireless Application Protocol）的出现为手机等移动设备提供访问互联网的简化 Internet 协议，从而使得数量庞大的移动用户通过移动设备访问 WAP 网站变得十分容易。国内图书馆紧跟这一技术潮流，设立专门的 WAP 服务器为持有移动终端的读者提供网站服务。WAP 移动图书馆的核心元素就是 WAP 网站、移动设备、无线网络[②]。

5. 客户端图书馆——APP 移动图书馆

3G 时代的智能手机的出现和无线网络的数据传输速度改善，让手机越来越具备计算机功能、电视机功能。手机股票、手机报纸、手机导航等数目繁多的 APP 客户端功能软件的出现，催生了移动图书馆 APP 客户端软件，读者安装这一软件便可随时获取图书馆的信息服务。读者安装移动图书馆 APP 客户端，首次输入合法读者身份，便可建立与图书馆的关联，以后就可以在无线网络、移动网络环境下查询馆藏、续借图书、在线全文浏览或下载电子图书和电子期刊、请求文献传递至个人注册的邮箱。APP 服务无须到实体馆即可实现对物理馆藏和数字馆藏资源的访问、利用。

（二）移动图书馆的功能

移动图书馆的功能主要体现在开展移动服务方面。移动图书馆在历经短信服务、WAP 网站服务、APP 服务阶段后，在服务形式上更加多样化、内容上更加丰富。SMS、WAP、APP 三种服务并不是相互取代，而是趋向于把各自的服务优势整合、集成。综观国内论述移动图书馆的功能文献，笔者根据移动终端读者使用频次和功能发展，将移动图书馆功能的重要程度分为如下三个层次：常用功能、重要功能、潜在功能。

---

①茆意宏，2008. 基于手机移动通信网络的图书馆服务研究述评[J]. 图书馆理论与实践（2）：22-24.
②朱海峰，2002. 数字化图书馆的发展——无线图书馆[J]. 图书馆理论与实践（6）：14-15.

1. 移动图书馆的常用功能

目前移动图书馆使用最为频繁的功能有：查询自己所借书刊的借阅状态、查询是否超期、进行续借；书目检索查询，即查询纸质馆藏、数字馆藏，进行数据库检索，根据需要预约；读者借阅历史查询，图书馆对超期图书进行短信催还和E-mail 催还，预约取书短信或 E-mail 通知；读者身份注册、信息修改等。

2. 移动图书馆的重要功能

移动图书馆的重要功能相对常用功能来讲，在使用频次方面总量少些，但这些服务确实必不可少。这些移动图书馆功能主要有：在线咨询，主要是利用移动、实时通信技术建立与图书馆咨询馆员 7×24 小时的咨询机制，让读者用户在移动环境下感受到图书馆馆员的实时帮助，高效解答读者用户提出的一些咨询问题；信息公告，主要是图书馆发布一些公告、通知类的信息，需要及时告知一些应急事情，如假期开放、闭馆时段、培训讲座等；电子书下载、阅读应是移动图书馆今后大受欢迎的一项重要功能，随着电子墨水技术、视网膜显示技术等技术手段的改善，移动阅读越来越为移动设备用户所接受，从而促进移动图书馆电子资源的全文下载和浏览；新书推介，包括新购的纸质图书和电子图书的推荐功能。[①]

3. 移动图书馆的潜在功能

伴随着物联网技术与互联网技术的发展与融合，移动图书馆也推出了一些新的功能，如二维码扫描功能、导引音视频和导引地图功能、信息空间预订功能、资源移动推送功能、虚拟体验功能等[②]，这些功能目前尽管不是常用功能，但随着体验性能的改善和读者用户信息技能素养提高，潜在功能也有可能转化为常用功能。二维码扫描功能只需要用移动设备（如手机）扫描二维码，就可以把整本图书下载到移动设备实现阅读；情景结合地图导航，通过移动设备帮助读者用户实现在物理馆内的导航，甚至导引读者找到具体的书刊资料；移动查询空间信息功能，根据读者用户需要查询图书馆信息共享空间，如研究室空间、阅览自习室座位、会议室等空间信息；资源移动推送功能，根据用户浏览检索的痕迹、用户关注的主题，个性化推送符合用户需求的学术文本文献、学术视频等多媒体文献，并可实现圈内分享、集成书评等功能；虚拟体验功能，就是利用虚拟现实技术，以增强对物理现实和虚拟现实的理解，提高读者用户对实体图书馆和虚拟图书馆的熟悉程度，提升读者用户的信息素养，如清华大学图书馆排架游戏、3D 馆内导航、虚拟咨询台等。

---

① 李臻，姜海峰，2013. 图书馆移动服务变迁与走向泛在服务解决方案[J]. 图书情报工作（4）：32-38.
② 严浪，2013. 国内外图书馆 APP 移动服务比较分析及启示[J]. 情报资料工作（6）：85-88.

二、商业化公司推出的移动图书馆

移动图书馆的产生和发展离不开数字图书馆和移动互联网技术。数字图书馆建设为移动图书馆提供了丰富的文献资源支撑，而移动终端设备为数字图书馆的服务提供了无所不在的移动服务工具。

我国移动图书馆最早用于手机短信服务平台，主要功能是流通借阅通知的实时提醒，标志性的是北京理工大学图书馆 2003 年 12 月在国内图书馆行业内率先开通流通借阅短信实时提醒服务[①]。之后 2005 年上海图书馆开通了首家手机图书馆，其后北京大学、清华大学、重庆大学等高校图书馆也相继推出了手机图书馆服务，这些服务主要是图书馆依靠移动运营商平台发送短信提醒、通知等。到了2008 年，移动图书馆开始由短信服务为主，转向以 WAP 网站、馆藏查询、个人图书馆、移动阅读服务为主，移动图书馆服务开始集上述服务功能于一体，如国家图书馆的"掌上国图"，服务内容除了短信服务外，还有移动数图模块、WAP 网站模块、手机阅读模块和国图漫游模块服务的集成[②]。

到了 2011 年，除了移动电信短信服务平台外，国内自动化系统商、数据库资源商等众多公司加盟到移动图书馆平台的开发与研制中，购置移动图书馆服务的图书馆数量开始迅速增长。

（一）图书馆自动化系统公司推出的移动图书馆

在移动智能时代，图书馆自动化系统公司针对图书馆应用需求，相应地推出各自的移动图书馆产品。由于国内图书馆自动化系统公司为典型的技术开发商，缺乏文献资源支撑基础，因此其开发出来的移动图书馆平台大多数的功能集中在新书通报、读者荐购、热门借阅、通知公告、讲座信息、图书搜索、快速续借等方面。北京金盘鹏图软件技术有限公司推出的金盘移动图书馆管理系统，是国内首个实现基于各类手持终端设备对各类数据库资源进行统一检索和全文访问阅读的真正意义上的移动图书馆。

江苏汇文软件有限公司推出的与移动服务相关的产品有短信服务平台、手机图书馆门户、汇文掌上终端、微信服务平台。短信服务平台包括互动类短信服务和提醒类短信服务，平台需要收集读者用户准确的手机号码信息，在短信控制平台上定制相应的发送指令和业务参数。读者用户通过互动类短信服务平台可以发送特定交互指令，参与书刊续借、借阅信息查询、证件挂失、预约信息查询、预约取消、通知和咨询服务等业务。提醒类短信服务主要用于用户定制提醒类短信服务，包括预约到书、借阅到期、超期催还、借书成功、还书成功等服务提醒。

① 叶莎莎，2015. 基于情境感知的移动图书馆服务研究[M]. 上海：世界图书出版公司.

② 叶爱芳，2011. 移动图书馆在我国的发展现状与展望[J]. 图书与情报（4）：69-71，93.

　　汇文手机图书馆门户则包括掌上门户和掌上APP[1]，两者功能基本相同，只不过掌上门户是通过手机浏览器输入相应的地址来展现移动图书馆的门户，而掌上APP是通过手机终端下载安装相应的安卓（Android）或IOS客户端，以固定的APP软件来提供移动图书馆服务。汇文手机图书馆门户的服务内容大部分与传统图书馆自动化系统相关，只不过通过移动终端设备为读者提供了更为便捷的读者续借、读者查询、馆藏查询等功能，尽管提供了电子书服务栏目，但由于电子书资源与各类资源提供商的数据相关，因此在实施过程中还不尽如人意，没有真正集成这一类的全文电子图书、电子期刊等资源。

　　汇文掌上终端是面向馆员工作业务需要推出的图书馆移动业务平台，该设备集智能手机、一体化条码扫描设备和图书管理软件于一体，支持在线或离线模式，具备图书外采、馆藏清点、书刊调拨、条码采集等功能，支持在线查重及离线查重（本地数据库）两种查重模式。

　　手机微信在2011年由腾讯公司推出后，在国内广大手机用户群体中迅速普及。图书馆自动化系统公司也针对读者用户群的使用习惯，推出了与图书馆业务相关的微信服务产品。汇文公司在2014年为图书馆提供微信服务解决方案[2]，读者通过微信就可以享受到图书馆最贴心的服务。此平台主要提供借还书成功通知、预约委托图书到馆通知、超期催还通知、图书到期提醒通知等功能。

　　除了江苏汇文软件公司的移动图书馆服务产品外，还有深圳科图、清大新洋、广州图创等国内公司推出的移动服务产品（见表6-1）。

表6-1　国内图书馆自动化系统商推出的移动图书馆产品

公司名称	移动图书馆产品	推出时间	服务内容
深圳市科图自动化新技术应用公司[3]	ILAS微信服务平台	2015年3月	新书推荐、数字资源信息、活动通知、图书馆动态、馆藏查询、读者借阅查询、续借、绑定读者证、挂失等
广州图创计算机软件开发有限公司[4]	1. Interlib移动图书馆，包括手机短信服务和掌上图书馆；2. 图创微信平台	2011年1月；2014年7月	WAP网站门户、书目查询、读者借阅查询、预约、续借、"我的图书馆"等
北京清大新洋科技有限公司[5]	1. 清大新洋短信平台；2. 手机图书馆系统	2012年	书目查询、读者借阅查询、预约、续借、"我的图书馆"等

① 汇文手机图书馆门户[EB/OL]. [2017-03-11]. http://www.libsys.com.cn/mobile_opacnew.php.
② 汇文软件微信平台[EB/OL]. [2017-03-11]. http://www.libsys.com.cn/product_weixin.html.
③ ILAS世界，深圳市科图自动化新技术应用公司[EB/OL]. [2017-03-11].http://www.ilas.com.cn/.
④ 广州图创计算机软件开发有限公司[EB/OL]. [2017-03-11].http://www.interlib.com.cn/tc/web/index.
⑤ 清大新洋产品介绍[EB/OL]. [2017-03-11]. http://www.infosea.com.cn/cp/cplist.html.

续表

公司名称	移动图书馆产品	推出时间	服务内容
北京创讯未来软件技术有限公司①	1. 创讯掌上图书馆；2. 图书馆微信服务平台	2015 年	检索、预约、续借、留言、收藏、图书荐购、短信推送等操作，查看新书通报、个性化推荐、热门借阅、图书馆公告、本馆介绍、微信二维码借书、图书转借、投票统计等
北京金盘鹏图软件技术有限公司②	1. 金盘移动图书馆管理系统（集掌上门户、掌上 APP、微信平台于一体）；2. 微信公众平台	2014 年	WAP 和 APP 服务：借阅查询、书刊续借、证件挂失、图书查询、热门收藏、新书通报、热门借阅、热门评论、读者荐购、通知公告、电子书阅读、条码扫描、预约到馆
大连网信软件有限公司③	1. Muse6.5 手机检索系统；2. 流通通知短消息发送模块 V1.0	2010 年 1 月	WAP 手机图书馆检索、流通借还通知消息发送等
重庆图腾软件发展有限公司④	图腾短信服务平台（V1.0）	2007 年 1 月	图书催还、公告通知、借阅查询、挂失、续借

从移动图书馆建设方案来看，国内图书馆自主研发的建设较少，由于自主建设的开发和维护成本较高，要求具有较强的技术队伍实力，只有少数图书馆（如清华大学、南京师范大学、上海交通大学等）曾采取过自主建设模式。绝大多数图书馆与公司进行合作研发，如与信息技术公司、图书馆集成系统公司、移动运营商等合作。短信服务为主的移动图书馆一般与网络运营商合作较多，WAP 页面的移动图书馆与超星公司、汇文公司、书生公司合作较多。

（二）资源数据库商推出的移动图书馆产品

截至 2009 年底，中国移动阅读市场活跃用户已超过 1.55 亿人，而 2010 年中国移动阅读市场规模达 46 亿元，2013 年突破百亿大关。在庞大的阅读市场中，图书馆读者是阅读市场的主要人群，因此，传统图书馆向移动图书馆发展是移动阅读形势发展之需要⑤。

1. 面向大众的移动阅读产品

据《中国互联网络发展状况统计调查》数据表明，我国手机网民从 2007 年的 5040 万，增加到 2016 年的 6.95 亿，数量增加了 13 倍，手机网民占网民总数的

① 北京创讯未来软件技术有限公司[EB/OL]. [2017-03-11]. http://www.bcrj.com.cn/product.aspx?CateId=13&ProductsCateId=13.
② 北京金盘鹏图软件技术有限公司[EB/OL]. [2017-03-12].http://www.goldlib.com.cn/list.asp?classid=2.
③ 大连网信软件有限公司[EB/OL]. [2017-03-11].http://www.ni-soft.com/netinfo/index.html.
④ 重庆图腾软件发展有限公司[EB/OL]. [2017-03-11]. http://www.totalsoft.com.cn/more.aspx?id=76.
⑤ 钱志新，2011. 大智慧城市——2020 城市竞争力[M]. 南京：江苏人民出版社.

95.1%①。从《2012 年中国移动阅读产业分析报告》的用户数量、资源数量可以看出，中国移动手机阅读用户规模排名第一，用户数量超过 4 亿，全年日均活跃用户数达 289.6 万，图书资源数量达 34.6 万册，杂志共计 1166 种。而紧随其后的是中国联通、中国电信，月均 PV（Page View，即页面浏览量）均达到上亿次，2012 年中国联通的阅读业务收入达到 5.7 亿元。国内三大运营商的移动阅读业务稳居前三，这得益于引入传统出版单位、文化公司和网络文学站点的内容资源，可供用户消费的电子书、网络文学作品的数量急剧攀升。

参与移动阅读的出版企业、网络服务商瞄准商机，纷纷推出自己的阅读客户端软件，通过网络阅读、移动阅读等方式分享电子阅读的市场。这些公司根据网络条件的发展和用户群体情况，针对性地推出不同类型的移动阅读 APP 产品，如 QQ 阅读、云中书城、红袖添香、小说阅读网等。这些移动阅读产品带来的商业性收入少则几千万元，多至上亿元②。

就移动阅读 APP 的代表企业产品类型划分，可划分为五种类型，即门户类、电子商务类、专业阅读类、内容提供商类和资讯综合类。网易、百度、新浪、腾讯等公司推出的移动阅读属于门户类，当当读书、京东 LeBook、亚马逊的 Kindle 则归属于电子商务类，掌阅（iReader）、百阅、多看、17K 小说、云中书城则属于专业阅读类，亿部书城、中信飞书等为内容提供商类，以资讯信息阅读为主的鲜果联播、酷云阅读、Zaker 则划为资讯聚合类。

手机报是传统报纸媒介与电信服务商联动发起的针对移动阅读的增值业务，出版报社、网络商、移动服务商三方合作，搭建移动阅读的网络信息平台。据相关部门统计，2012 年手机报阅读市场规模达 20 亿元，其中电信商收入 19.8 亿元，从中可以看出手机报阅读人群的庞大基数。随着网络基础设施的提质升级，上网速度和移动终端性能的改善、各类 APP 的应用，手机报阅读的发展受到其他阅读业务的强烈冲击。

移动电子期刊阅读方面的一线行业品牌，主要有龙源期刊、读览天下、Viva 等，这些公司推出的移动阅读应用 APP 产品，其用户注册规模大多达到千万人次，年销售收入低的有 2000 多万元，高的达到 8000 万元，其市场定位为杂志信息类聚合产品。

2. 面向机构用户的移动图书馆产品

国内中国电信、中国移动、中国联通三大移动互联网运营商建立了各自的阅读平台，为智能手机等移动终端用户的移动阅读提供了很好的阅读体验，对全国

---

① CNNIC 发布第 39 次《中国互联网络发展状况统计报告》[EB/OL]. (2017-01-22)[2017-03-14]. http://www.cnnic.cn/gywm/xwzx/rdxw/20172017/201701/t20170122_66448.htm.

② 官建文，唐胜宏，2013. 移动互联网蓝皮书：中国移动互联网发展报告（2013）[M]. 北京：社会科学文献出版社.

手机用户接受移动阅读的观念起到了巨大的推动作用。随着图书馆所处的移动网络环境、资源数字化建设不断完善，国内也涌现了针对图书馆机构用户的移动图书馆解决方案的公司，如书生公司、超星公司、方正公司等[①]。

资源数据商等公司推出的移动图书馆产品一般包含印刷本馆藏和数字馆藏的移动查询、续借、在线阅读等功能。对于印刷本馆藏，通过与馆藏 OPAC 接口调用图书馆自动化管理系统的馆藏信息，为读者提供馆藏目录、借阅相关信息的查询，类似于各传统图书馆的 OPAC 系统提供的功能。对于数字馆藏通过部署文档交换服务器，与资源数据库商提供的非结构化的文本文件、图像文件、音视频文件建立权限关联，以 UOML（Unstructured Operation Markup Language）协议调取读者所需要的文献资源正文[②]。

移动图书馆要实现图书馆印则本馆藏和数字馆藏的移动阅读功能，需要部署 UOML 文档交换服务器或代理服务器，该服务器具备对远程和本地的资源数据库访问权限，具备内网交换和公网 IP 资源交换全文的权限，从本地数据库或远程数据库中取得全文并交换成可供各类移动终端设备访问的正文内容。

（1）书生移动图书馆

移动图书馆是依托目前比较成熟的无线移动网络、国际互联网以及多媒体技术，使人们不受时间、地点和空间的限制，通过各类手持终端设备对各类数据库资源进行统一检索和查看全文，从而实现真正意义上的移动图书馆。2010 年，北京书生公司首先推出了能够实现全文阅读的移动图书馆[③]，随后 2011 年北京大学、清华大学引进了书生移动图书馆系统。

书生移动图书馆是通过应用在核心软件技术领域自主创新的非结构化操作置标语言 UOML 标准、书生 SEP 文档库技术，利用书生全息数字化制作系统、书生全息数字化发布系统、书生全文检索系统、书生网站管理系统、书生数字图书借阅系统、书生广播系统等系统，搭建综合性的书生移动图书馆平台。平台有效地整合了图书馆内的各类数字化资源，包括图书、中文期刊、中文会议论文、中文学位论文、外文期刊、外文学位论文等在手持设备上的统一检索，并可直接查看正文。书生移动图书馆在 2012 年 7 月获得中关村国家自主创新示范区新技术新产品证书。

截至 2017 年 12 月 30 日，已有北京大学图书馆、清华大学图书馆、复旦大学图书馆、福建省图书馆、厦门少年儿童图书馆、上海外国语大学图书馆、苏州市图书馆、广西壮族自治区图书馆等数十所高校或公共图书馆签署了采购合同并正式上线。同时，仍有近百家高校图书馆及数十万用户和部分社会公共图书馆处于

① 张宏伟，李馨，2013. 高校图书馆移动服务体系构建与展望[J]. 图书馆学刊（3）：61-63.

② 姜海峰，2010. 移动图书馆的兴起和解决方案[J]. 大学图书馆学报（6）：12-15.

③ 李敬，2010-08-16. 书生全球首推"移动图书馆"[N]. 计算机世界（24）.

试用阶段。

（2）超星移动图书馆

北京超星公司 2011 年推出移动图书馆服务产品，其移动图书馆依托超星公司自有的海量电子图书、报刊、学术视频等元数据资源，通过图书馆行业联盟的力量整合了 CNKI、万方、重庆维普等数据库，提供了元数据级的统一检索，并提供与本地 OPAC 系统对接，实现统一认证、馆藏查询、图书续借、全文阅读等核心功能，特别是利用其自有的读秀平台实现文献传递、利用百链技术实现移动参考咨询，从而打造出一个对图书馆等文献机构具有很强吸引力的综合性移动服务平台[①]。超星移动图书馆一经推出，很受图书馆用户认可和欢迎。

超星移动图书馆几乎占据了国内图书馆绝大部分市场，以湖南省内高校和公共图书馆为例，据 2015 年笔者通过在线网络统计，省内本二以上（含本二）28 所高校图书馆全部购置了超星移动图书馆产品，省内地市级以上的有经济实力的公共图书馆大部分也购置了超星歌德电子借阅机等移动图书馆产品。

（3）方正移动图书馆

北京方正阿帕比技术有限公司推出的移动图书馆产品，主要基于数字出版的文本图书数据，其推出的移动 APP 先后有方正飞阅无限（2008）、中华数字文苑 Apapi Reader（2010）、阅知移动图书馆（2015）[②]。北京方正公司针对 PDF、EPUB 这两种适用于 PC、手机端不同阅读格式，研发出一种能融合多种技术、满足不同阅读器，将版式阅读和流式阅读进行最佳融合的 CEBX 技术，从而实现多阅读终端设备进行自适应的阅读，不受阅读终端尺寸限制的移动阅读体验性能。针对电子图书阅读，推出了基础版的全民阅读机和扩展版的全民阅读机，资源类型不仅包括电子书、数字报等资源，还与中华数字书苑全库的海量资源对接。方正电子书库拥有 220 万册可供阅读的电子图书、2.2 亿章节。其中可全文下载的共 68.9 万册，可试读本数 183 万，支持移动阅读 17 万本（目前正在替换书苑的 CEB 文件，全部完成后有 38 万本可适用移动阅读）。外文图书 5000 多种，民国期刊 20000 多期，中医古籍 2000 余册，国学要览 80000 余册。

方正移动图书馆正是迎合读者们阅读方式多元化转变的需求，从纸质阅读转向多元化的电脑、手机、平板电脑等移动阅读，与超星移动图书馆相比，方正移动图书馆的电子图书资源内容上更多的是出版数字化的教学参考书，其数字化资源绝大部分来自纯文本格式，从清晰度、舒适度来讲，更适合阅读[③]。北京大学、清华大学、东南大学、复旦大学、剑桥大学等 30 余所国内外知名高校，以及国内上海图书馆等公共图书馆均与方正公司合作，通过利用方正公司的技术和资源整

---

① 龚亦农，2013. 四种移动图书馆服务系统的比较研究[J]. 新世纪图书馆（11）：60-62.

② 阅知移动图书馆解决方案[EB/OL]. [2017-04-07]. http://www.apabi.net/solution/library/1/.

③ 傅俏，杨小琴，袁润，2012. 高校图书馆开展移动阅读服务的探索与实践——以方正阿帕比移动阅读解决方案为例[J]. 大学图书馆学报（6）：92-97.

合各自图书馆的数字图书馆资源，打造数字图书馆和移动阅读服务平台。

（4）汇文移动图书馆

江苏汇文软件有限公司以开发专业的图书馆自动化管理系统起步，2010 年开始与移动公司联合，推出高校图书馆与移动终端相结合的汇文移动图书馆，提供短信和 WAP 方式的移动服务。2011 年汇文公司推出 APP 手机客户端的"汇文掌上图书馆"，包含书目检索、续借、新书通报、通知公告、热门借阅、读者荐购等功能，其中图书检索支持电子书的查询和阅读[①]。汇文目前的移动图书馆产品的各项服务，是在自动化管理系统自身的数据库基础上进行数据服务，并未涉及数字图书馆的统一检索、全文阅读等，因此一定程度上也代表着自动化系统公司在开发移动图书馆产品资源方面拥有量的劣势。

汇文基于馆藏书目检索功能为主的移动图书馆产品，通过与汇文公司的核心产品 LIBSYS 一起，已经在国内 700 多家知名高校和公共图书馆投入使用，其中包括南京大学、东南大学、华南师范大学、厦门大学等"985"和"211"高校图书馆用户[②]。手机图书馆门户产品的热门借阅、新书通报、热门评价栏目可以按《中国图书馆分类法》22 个大类分别展现，得到了广大图书馆用户的认可。

总体上来讲，自动化系统提供商解决移动图书馆的方案侧重于手机 OPAC，主要解决的是纸本书的移动查询、续借等功能，不支持电子文献查阅和电子书查阅。而文献资源数据库商提供的移动图书馆，重点是实现自有的数据库的电子文献查阅，对于图书馆来讲采购成本较高，每年需要支付使用费用。

第二节　移动信息服务向移动阅读服务转变

从 2003 年北京理工大学图书馆开通普通手机接收和发送短信为主的馆藏查询、借阅查询、续借等移动信息服务以来，移动图书馆从服务方式上讲经历了短信服务、WAP 网站和 APP 客户端软件；从服务终端设备上讲，经历了普通手机、智能手机、电子阅读器、掌上电脑；从网络通信技术上讲，经历了 2G、2.5G、3G、4G 网络，目前移动无线网络正迈向 5G。移动图书馆的服务从提供借阅查询、馆藏查询等目录层次、功能层次的浅信息服务，向基于全文阅读、知识搜索等深层次的阅读服务转变。

一、以短信和 WAP 服务为主的移动图书馆服务阶段

（一）短信服务为主阶段

以 2003 年北京理工大学图书馆开通短信服务为标志，开启了国内移动图书馆

---

① 汇文手机图书馆门户[EB/OL]. [2017-04-09]. http://www.libsys.com.cn/mobile_opacnew.php.

② 李逦, 2016. 移动服务时代图书馆自动化系统的发展研究[J]. 无线互联科技（15）：51-53.

建设之路，随后香港大学图书馆、上海图书馆、南京森林警察学院图书馆、吉林省图书馆、辽宁省图书馆、国家图书馆也推出了短信息服务。到 2005 至 2006 年，国内开通移动短信服务的图书馆数量明显增多，2008 至 2009 年这种趋势更加显著，据茆意宏的调查统计，至少有 33 家高校图书馆、公共图书馆开通了短信服务[1]。

图书馆短信服务一般采用 C/S 结构，客户端部署在图书馆运行，服务器端则依靠移动数据增值服务商（即 SP 商家）运行。运行流程一般通过 SP 的短信网关 ISMG，将 IP 地址绑定在电信运营商的服务器上，SP 通过编制程序，利用电信运营商的 SMPP 协议解开读者发来的短信，再访问图书馆数据库，以电信运营商的 SOCKET 协议进行查询，将查询结果通过电信运营商的短信中心 SMSC 返回给读者。短信服务适合于频繁传送小流量数据的应用，可以让读者随时随地查询馆藏图书信息、借阅情况等。

在图书馆提供手机短信服务方面，最为常见的为书目检索、借阅到期提醒、查阅借阅信息、续借、图书馆通知、新书推介、预约通知等。读者获取图书馆短信主要通过订阅来实现，一般有包月订阅和随时查询两种形式[2]。这种移动信息服务方式对于当时的非智能手机时代来讲，只需要一部手机或小灵通，就能以短信形式查询图书馆的馆藏信息和借阅信息等，相较于到馆查询续借、电话查询续借、上网续借查询，有其独特的方便、快捷的优势。

到 2007 年后，由于无线网络技术的发展、WAP 技术的普及、网络资费的调整等有利因素，图书馆移动信息的 WAP 服务开始兴起，在原有短信服务的基础上，开始将图书馆网站功能内容迁移到适合手机阅读的 WAP 页面上，从而出现了 WAP 技术和短信服务一起主导移动信息服务的局面。

（二）WAP 服务为主阶段

湖南理工学院图书馆 WAP 信息服务走在全国前列，于 2007 年率先开通了 WAP 信息服务。北京大学图书馆、成都理工大学图书馆、华南理工大学图书馆、苏州市图书馆等在 2008 年先后开通了 WAP 移动网站，进行移动图书馆服务。至 2011 年，国内开通 WAP 网站的图书馆越来越多，这一方面是由于手机用户通过 WAP 上网已经形成习惯，另一方面是由于图书馆网站需要读者借助计算机联网来查询馆藏资源，而计算机设备由于携带不便，WAP 网站则因为手机携带方便随时可以打开网页进行浏览，因此很受读者欢迎。相较于短信服务而言，WAP 可将图书馆网站内容摘其重要功能完全展现在 WAP 网站上，从而使图书馆的数字服务不只局限于计算机设备，还可以拓展到移动终端设备上。

图书馆采用 WAP 网站可以提供比短信方式更为丰富与强大的服务功能，如书

---

① 茆意宏，2012. 我国图书馆移动信息服务的现状与发展对策[J]. 大学图书馆学报（2）：35-41.
② 吴爱云，孙秀萍，2006. 吉林省图书馆手机短信服务平台的构建[J]. 图书馆学研究（1）：41-43.

目数据库查询、公告通知等。但 WAP 移动服务模式因移动终端与计算机的硬件差别、显示机制与协议标准的不同，WAP 服务采取的 WML 标准与 HTML 不兼容，使得 WAP 网站功能实现与以 HTML 为核心的 WEB 网站有较大的差距①。WAP 站点模式下，由于受访问限制等因素的影响，数字图书资源十分有限，并且由于 WAP 协议本身的数据传输速率不高，因而读者用户获取资源的效率比较低。同时，WAP 移动服务模式下手机数据流量较大造成的资费较高，也是影响其推广的一个重要因素。

　　WAP 网站服务源于将图书馆馆藏资源服务复制到移动终端设备上，技术上要求与图书馆 OPAC 系统保持一致性和无缝性，数据上要求实时性，避免产生中间数据。移动图书馆 WAP 服务与图书馆自动化系统数据接口涉及用户登录、借阅信息、馆藏查询、馆藏纸本书目详细页面、续借与预约等接口。这些接口主要通过 http 协议访问 OPAC 系统，并对该协议返回的页面信息进行解析、封装和转化，构造移动图书馆所需要的字段信息加以展现②。

　　上海图书馆、首都图书馆在推出手机图书馆网站、手机电子书服务后，于 2010 年推出移动图书馆 APP，成为国内首批推出智能手机客户端 APP 应用的图书馆③。从此，移动图书馆以 SMS 和 WAP 这两种技术，从注重纸质馆藏目录信息服务为主，开始迈向以数字图书馆服务为主，强调集异构资源统一检索、移动阅读、文献传递等多功能为一体的移动 APP 服务阶段。

二、以移动阅读服务为主的移动图书馆服务阶段

　　移动图书馆开展移动阅读服务之前，其功能大部分只是将自动化系统的 Web 模块功能从 PC 端移到移动终端设备，重心仍以 OPAC 检索、图书预约、续借等基本的文献借阅辅助服务为主，大多数移动图书馆并未将电子图书、期刊、专业数据库的全文资源延伸到移动终端设备，也没有将此作为移动图书馆的服务核心，数字化全文服务尚未真正普及④。

　　北京大学、清华大学图书馆在 2009 年底就开始对书生移动图书馆系统平台进行调研，经过近两年的试用，发现该移动图书馆产品能够实现图书馆不同来源的数据资源格式在不同终端设备进行展示，这大大提升了图书馆数据库资源群移动服务的应用水平。书生移动图书馆产品能够适应各种手机平台、手持阅读器等移动终端设备，通过无线网络实现对图书馆购置的各类数据库进行检索，并能够在线查看数据库相对应的 PDF、CAJ、NH、CEB、PDG、SEP 全文数据。因此这两

①　司敬新，2010. 移动图书馆——高校数字图书馆信息服务的发展方向[J]. 黑龙江史志（17）：169-170.
②　殷长庆，2012. 移动图书馆服务功能的现状及应对策略[J]. 图书馆理论与实践（9）：58-61.
③　上海图书馆：开启图书移动服务新模式[EB/OL]. (2014-01-28)[2017-04-16]. http://culture.people.com.cn/n/2014/0128/c172318- 24249229.html.
④　萧志华，2011. 试论移动数字图书馆现状及其发展策略[J]. 图书馆论坛（4）：103-105.

所学校于 2011 年正式购置移动图书馆系统平台，从而为全国图书馆界移动图书馆服务的推广树立了风向标，基于全文阅读的移动图书馆从此开始被引进到越来越多的实体图书馆。

基于全文阅读的移动图书馆离不开数字图书馆平台支撑，SMS 和 WAP 服务是源于传统纸质图书馆资源的服务功能的移动化，移动阅读的移动图书馆服务则是源于数字图书馆服务功能的移动化[①]。在数字图书馆系统平台，可以对各种数据库资源实现一站式的统一检索方式，因此从读者用户要求上，移动图书馆的功能也要实现数字图书馆系统的同样功能，可以对购置的各种异构数据库资源采用统一的检索界面和统一的检索语言，实现对所有的馆藏电子资源跨库跨平台检索，为读者用户提供图书、期刊、论文、报纸、学位论文的同构统一检索服务。

移动图书馆的重要功能是实现图书、期刊等资源的全文阅读、下载，因此需要涉及读者用户的统一认证和一站式检索[②]，解决来自不同数据库资源的检索结果的显示、不同格式的全文转换等问题。当前国内各资源数据商针对移动图书馆的发展采用了不同的技术解决方案。如书生公司通过开发 UOML 文档转换接口标准，设立文档交换服务器，将来自不同的数据源进行格式转换，使不同类型的移动终端均可直接进行全文阅读。超星公司的移动图书馆则是利用了读秀学术搜索、百链等元数据搜索引擎，通过移动平台的书架、报纸、学术资源、公开课、视频等众多栏目，既可以一站式检索获取异构资源，也可以通过在线书城获取适于手机阅读的纯文本格式图书，还可以分类查看各自栏目的全文内容。超星移动图书馆实现机制是通过将用户检索词发送到百链等搜索引擎，搜索引擎将结果的原文地址发送到移动平台，然后移动平台向资源库发出全文调度请求，再由资源所在数据库向移动平台返回所要全文，最后移动平台将数据库返回的原始页面转换为适合手机等终端阅读操作的页面，并发送到相对应的读者移动终端。

移动阅读服务突破了图书馆传统服务的空间和时间的限制，读者用户可以随时随地使用图书馆的资源，这种服务集传统图书馆的自动化管理系统和先进的数字图书馆系统的服务于一体，方便读者零距离地享受图书馆的资源服务，从而增强了读者自主学习能力，提升了图书馆实体资源和虚拟资源的利用率[③]。

移动 APP 相较于 WAP 网站服务，尽管两者均可以实现移动阅读的功能，但移动 APP 在用户体验方面强于 WAP 网站服务，因为 WAP 是使用网页技术实现的，用户体验相对较差，而移动 APP 是基于安卓 Android 系统、苹果 iOS 系统等应用，用户体验很受称赞[④]。移动图书馆发展移动阅读是在移动网络技术、移动设备计算性能不断改善的情景需求下产生的，智能手机、智能终端设备广泛普及及良好的

---

① 茆意宏，2010. 论手机移动阅读[J]. 大学图书馆学报（6）：5-11.

② 刘伟辉，2011. 移动阅读与图书馆延伸服务[J]. 河南图书馆学刊（5）：52-53，62.

③ 付跃安，2015. 图书馆移动阅读服务需求研究[J]. 图书馆杂志（4）：87-93.

④ 邓李君，杨文建，2013. 高校图书馆开展移动阅读服务的困惑与对策[J]. 图书馆工作与研究（12）：92-95.

用户阅读体验催生了移动阅读市场，图书馆作为阅读文化战线的主要场所，各数据商的移动图书馆 APP 产品一经推出，图书馆马上做出反应，纷纷购置了移动图书馆产品以满足读者用户的需求。

图书馆作为商业数据库的购置者身份，大多数并不具备移动图书馆技术开发和资源整合的实力，它们也并不熟悉各类数据库的底层结构和元数据，因此在结合本馆特色数字资源和数据商的数字资源方面，往往需要依靠软件商、自动化系统商、数据库商协作开发定制适合自身的移动图书馆应用程序。

国内移动图书馆服务始于 2003 年北京理工大学图书馆开通相关信息服务，2005 年进入以短信服务为主的集中发展阶段，2007 年以后 WAP 网站服务开始兴起，其随着无线网络的推广而进入快速应用阶段，2012 年随着书生、超星等公司的移动图书馆终端产品的推出，移动图书馆成为图书馆进行移动信息服务、移动阅读的最为理想的产品，成为图书馆创新服务的趋势[①]。

第三节　超星移动图书馆

数字图书馆已经深入人心。众所周知，随着便携数字图书阅读设备，如智能手机、iPad、平板电脑等手持移动终端的大众化应用，用户和读者通过手中的移动终端来浏览、下载、阅读、欣赏数字资源的现象变得非常普遍。图书馆作为海量文献资源的供给方，通过对数字图书馆资源格式转换以适应移动终端设备阅读，对读者提供移动阅读服务，读者用户可以不必依赖 PC 来实现数字资源的检索、浏览、下载和阅读。超星公司着眼于图书馆读者这一现实需要，打造移动数字图书馆产品，以移动阅读作为图书馆服务目标之一，读者可以在任一时间、任一场所检索和阅读图书馆的数字资源，从而实现了图书馆资源服务、读者服务的全天候。图书馆从纸本服务转向数字化服务是一个巨大的进步，而从数字化服务进入移动图书馆服务则是一个巨大飞跃，可让读者随时随地享受图书馆服务。

根据 2016 年 11 月 1 日市场调查公司统计的 StatCounter 公布的报告，智能移动终端（含手机和平板电脑）的上网次数和上网流量第一次超过个人电脑（PC），智能手机等便携设备为全世界贡献了 51.26% 的上网流量[②]。

针对智能手机上网普及的现象，超星公司在海量资源元数据整合的基础之上，通过与图书馆集成管理系统平台的对接，依托移动无线通信网络，以适应智能手机 APP 程序一站式信息检索获取应用为目的，以云服务、云资源为保障，图书馆读者用户通过手持智能手机，无须借助馆员就可以查询馆藏、续借书刊、借阅电

① 宋恩梅，袁琳，2010. 移动的书海：国内移动图书馆现状及发展趋势[J]. 中国图书馆学报（5）：34-48.
② 鼎宏，2016. 全球过半互联网使用量来自移动设备 首次超过 PC 端[EB/OL]. (2016-11-02)[2017-04-18]. http://tech.sina.com.cn/i/2016-11-02/doc-ifxxmyuk5557418.shtml.

子文献，设计出移动图书馆系统。超星移动图书馆是帮助读者方便获取图书馆文献资源信息服务的一站式平台。

一、基于云服务技术资源整合技术

（一）资源整合系统架构

超星移动图书馆从图书馆面临的现实情况出发，针对馆员和读者用户，科学规划、整理、融合图书馆数字馆藏、纸质馆藏和联盟馆资源①。超星移动图书馆基于云服务的技术资源体系分为业务应用层、应用支撑层、数据资源层和网络平台层，具体如图6-1所示。

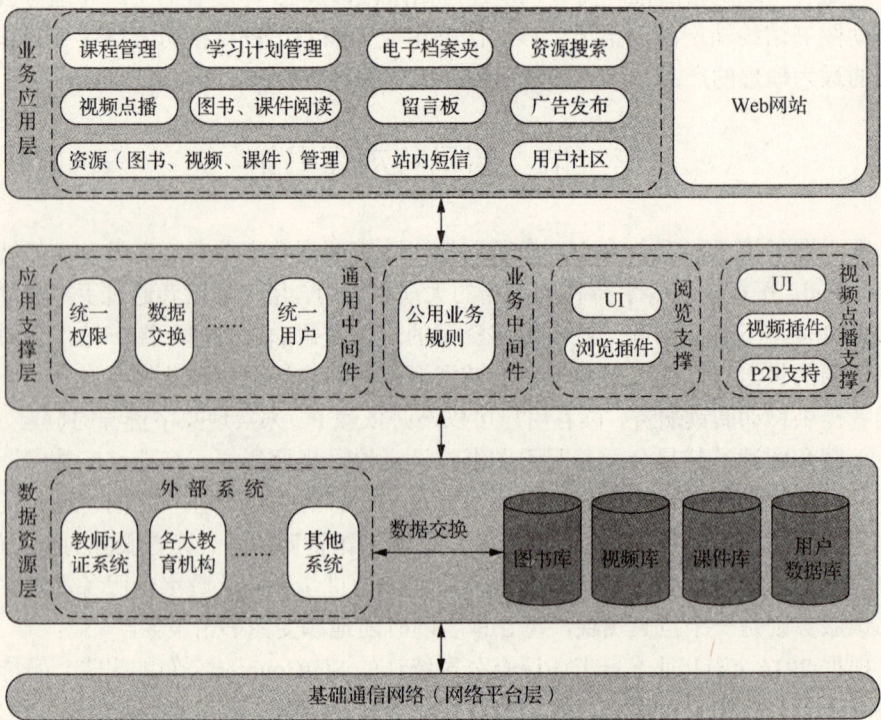

图6-1　超星公司资源整合系统架构图

该系统架构通过基础通信网络平台、业务应用平台等技术平台，以及图书馆馆员的文献整理工作，对海量数字资源进行充分关联、挖掘、知识化升值，再利用云服务技术高效率构建全国性的联合目录体系，全面揭示文献资源信息和服务的流程，使读者对所查找的资源和所获得的服务有更全面深入的了解，使读者查找和定位信息更加快捷，从而为图书馆移动用户创造了一个可移动远程利用资源

---

① 莫少强，2007-06-14. 超星数字图书馆是我国科技创新的旗帜[N]. 国际商报（5）.

的自由式的学习环境①。超星移动图书馆通过资源元数据集成，使用户感受到文献信息资源是一个整体，不再是零散割裂的"信息孤岛"，免去了读者为了查询资料需要分别登录不同系统、熟悉不同的检索命令，重复进行检索的烦恼。同时，移动图书馆读者用户可以自主完成直接下载或通过文献传递等全文操作，无缝实现"检"与"索"的高度统一。

（二）元数据挖掘存储管理系统

跨库检索（又称联邦检索）平台集成在图书馆门户网站中，作为一门检索技术与 OpenURL、机构用户认证、资源权限管理、数据库导航、个性化定制服务等功能结合应用，集成构建一个面向读者实用的、融合的图书馆数字资源门户②。然而，在实际应用中跨库检索追求的对所有数据库资源的检索是不可能的，这是因为针对分布在全球的、为数众多的异构数据库进行跨库检索，在技术实现上比较复杂，而且受制于数据库检索性能、网络条件，往往检索结果难遂人愿。事实上，对无选择性、不加分类的众多数据库的跨库检索，其应用价值会大打折扣。用户的需求是针对其最相关的专业主题文献，以及其个性化需求定制的信息资源。

基于上述情形，超星公司借助成熟的元数据挖掘存储技术，通过建立基于元数据检索的元数据挖掘和存储管理系统，通过对元数据进行去重和排序，为读者提供类似 Google 搜索引擎的检索体验，从而改变了用户对图书馆资源整合平台的看法。元数据挖掘存储管理的主要功能有两个方面：一是负责数据获取前端工具之间的通信与协调、数据仓库的建模工作；二是存储和管理好元数据仓库，对元数据进行去重和元数据关联维护。

（三）元数据处理流程

元数据收割、处理、整理技术是将各文献数据库中的元数据进行提取和格式转换，之后存储到海量元数据仓库中。超星移动图书馆整个元数据处理流程分为三种类型：第一种是针对已经搜集到自有的标准化的中外文图书元数据、中外文期刊元数据，直接存入元数据仓储库。第二种是针对非自有元数据部分，且这类元数据支持 OAI-PMH 协议元数据，则利用 OAI-PMH 元数据收割工具，收割其开放资源的元数据并自动存储在元数据库中。一般所指的支持 OAI 技术的数据库基本上为开放存取资源及图书馆联盟建设资源，愿意提供元数据资源开放接口的 Data-Provider，知名商业化数据库资源一般很少支持 OAI 协议。第三种是针对不提供数据开放接口及不支持 OAI-PMH 的数据库资源，则采用网页分析抓取工具，

① 过仕明，梁欣，2014. 国内移动图书馆服务模式发展现状与趋势调研[J]. 大学图书馆学报（1）：90-96.
② 田燕，2009. 中外跨库检索平台的功能分析及展望[J]. 农业图书情报学刊（7）：5-8.

如蜘蛛爬虫工具 spider，将抓取到的元数据按标准规范后自动保存至元数据仓库[①]。

在分析和处理元数据方面，按照统一数据处理机制：从元数据收割到元数据查重、建立索引，从元数据索引处理到统一元数据检索，再到资源调度获取全文，其中分析数据主要侧重于利用联机分析处理工具，对元数据自动查重、排序，建立映射关系表，通过多维映射来支持标准格式化的元数据检索[②]。超星公司建立的元数据仓储记录数达数亿条以上，通过 OAI-DP 平台提供接口供其他应用系统检索调用，返回的检索结果全部为标准的 XML 格式。元数据仓库存储对象分为索引目录数据库和关系映射数据库，前者用于读者用户检索需要，后者主要用于元数据与相对应的全文关联。整个流程中的标准元数据组件和元数据更新组件管理着信息资源加工、整合的元数据库规范、元数据更新与发布。移动图书馆建设元数据范围是针对特定行业、区域内图书馆的馆藏与数字资源系统，涵盖了电子文献传递、统一检索、OPAC 系统、远程检索服务系统等。

二、资源一站式统一检索

超星公司的资源一站式统一检索系统，通过与中外文图书、期刊、学位论文等资源调度系统、馆际互借系统关联集成，对各类异构数据库资源进行整合，以便于读者进行高效率文献检索的应用[③]。

全文检索系统主要是利用全文搜索引擎工具，实现文章层级的题名、作者等外部特征和关键词等主题特征分析，更为重要的是能够深入文章内容的全文检索，使用户可以方便快捷地检索他们所需要的文章内容信息，并通过系统的链接技术和语义关联获取所在知识点的全文信息及其关联信息。超星移动图书馆的资源一站式统一检索系统，提供一站式检索界面和统一的检索语言和检索规则，通过统一检索系统能对馆藏本地资源系统、馆外资源系统实现一框式检索，不管是异构资源还是元数据库联合仓库，均可执行跨库检索。系统既可以作为核心组件被其他应用系统调用、集成，也可以作为独立系统运行使用。

移动图书馆的检索功能，具有支持全文检索、快捷检索、分面导航、语义分析、元数据检索功能。通过元数据检索，从数亿条元数据中已经序化处理好的数据仓储提取无重复的检索记录，对于同一知识片段或文章同时有多个来源数据库的情况，系统则从来源字段列出多个出处，检索结果归集清楚简单。超星移动图书馆平台提供 8 亿页全文资料的全文本检索，支持用户从移动终端对图书章节、论文内容的全文检索，而类似百度一样的快速检索则帮助读者无须具备检索知识就能检索获取自己所需要的学术文献。检准率方面，移动图书馆提供结果中检索

① 郭少友，2005. 基于 OAI-PMH 的信息资源整合[J]. 大学图书馆学报（3）：16-18.
② 赵阳，2004. 基于 OAI 的元数据收割系统结构框架分析[J]. 现代图书情报技术（6）：11-15，19.
③ 李幸，2012. 读秀学术搜索的信息组织探析[J]. 图书馆杂志（4）：29-32.

的二次检索功能，并可根据检索需要进行结果集的筛选，检索结果可以选择多种排序方式，有助于实现检索结果的准确定位。资源导航功能则主要是通过学科、主题途径的分类，对各类电子资源进行聚类导航。系统内嵌自然语言分析模块，通过对输入的检索词进行语义分词分析，达到智能检索和精确检索的目的。

三、资源调度系统

移动图书馆平台的链接原文功能主要依赖于资源调度系统，该系统主要建立整合元数据与其所关联的原文的链接服务，系统基于全文链接标准 OpenURL，能够实现调度和自动更新调度知识库。调度系统采用动态脚本技术制定知识调度及链接规则，便于插入或更新资源及服务，确保资源调度、服务调度的时效性和准确性[①]。

OpenURL 开放链接全文：是一种解决不同数据库资源系统的互操作、元数据资源整合的技术标准，OpenURL 带有上下文元数据信息、资源文件地址等信息，且通过可链接运行来解决二次文献数据库动态链接全文的问题。通过对链接解析器维护可依据 OpenURL 规则生成开放链接的"URL"，以实现资源间的一对一和一对多的映射链接，文献资源之间的复杂关联在 OpenURL 技术的支撑下管理和链接做到有序不乱。

近地优先原则：在系统中根据用户所在机构设定资源权重系数，以用户移动终端设备所处情况优先部署，调度最近、最快的资源响应，资源权重优先次序如图 6-2 所示。

图 6-2　资源调度的"近地优先"示意

重复数据合并：对检索结果元数据自动查重，并在系统中自动对重复元数据判别、合并，检索结果无重复记录，用户点击链接可直接获取资源全文。

文献传递自动化：对于系统内已有的全文资源，系统设定自动发送传递；对于系统内没有的全文资源，系统自动判定转入人工传递模块。

认证调度：系统通过用户登录情况判断用户的资源授权使用权限，对于授权资源用户可直接获取全文，对于非授权资源的利用则通过调度系统自动转发到授权范围内成员馆，以便于进行文献传递。

调度参数配置：利用 OpenURL 等链接原文工具，可以对调度知识库进行参数

---

① 孙一钢，王安生，2008. 移动数字图书馆集成服务的体系结构与表现形式[J]. 国家图书馆学刊（3）：28-32.

配置，查出、修改和更新原文链接[①]。

知识库配置：超星资源调度系统让图书馆馆员可根据本馆资源情况直接调用系统内的中外文数据库资源配置规则模块，并在此基础上进行一定程度的修改。

资源调配：建设好区域内文献目录数据库，对于有全文资源访问权限的用户直接链接全文，对于没有权限访问全文资源的用户则根据目录信息将用户需求转发到资源拥有馆进行文献传递。

四、文献传递系统和移动阅读平台

超星移动图书馆的文献传递平台对于弥补馆藏不足，提升本馆文献保障能力有非常明显的正向作用。而通过移动阅读平台，读者可以很方便地在移动终端设备上进行电子阅读，也可以将所需要的文献归集在自己的书架，通过移动阅读平台的知识搜索功能进行知识片段的阅读。

（一）文献传递系统

超星公司的文献传递系统平台，重视与其他资源提供商的资源目录集成，通过云计算机、云服务技术，把文献传递系统与电子图书系统、中外文期刊系统、馆藏 OPAC 系统等集成到一个拥有海量元数据的检索平台，读者直接通过网上提交馆际申请的文献传递，即可以实时查询申请处理情况，并通过 E-mail 获取平台内成员馆丰富的馆藏文献及数字资源[②]。

馆际互借：成员馆单位接到馆际互借文献请求后，从本馆或中心平台自动（或人工）检索文献资源，调配发送到请求馆用户邮箱。馆际互借系统遵循 ISO 10160/10161 标准协议，在网域内可实现成员馆的文献互借。

资源服务统计集成：元数据仓库、文献传递系统、馆际互借三者统一集成，用户通过一站式检索界面检出所需结果，可直接向中心请求链接全文。文献传递平台的资源服务统计模块，可实现成员馆用户、成员馆单位之间的文献传递服务情况统计[③]。

文献传递：文献传递功能内嵌到移动图书馆、资源检索系统中，用户检索时检索结果对应的全文请求得不到满足时，系统将结果转发到系统内所有成员馆，任何成员馆对提出的文献请求均可抢领任务，进行文献传递。

传递管理和互借员管理：平台系统面向机构用户提供后台账户管理、用户权限管理、事务管理、报表统计、参数设置等管理功能，能在区域内为成员馆设置

① 牛现云，刘术华，苏明忠，2014. 基于移动应用的图书馆服务设计与实现——以"国家数字图书馆"移动应用为例[J]. 数字图书馆论坛（7）：39-44.

② 许兴斌，2014. 超星发现系统对高校图书馆文献传递服务的影响及对策分析[J]. 农业图书情报学刊，26（8）：118-120.

③ 曹霞，2012. 国内外著名文献传递系统的比较分析[J]. 情报资料工作（4）：75-77.

系统管理员和馆际互借账户。

事务与统计管理：包括本馆和他馆的借阅申请，馆际互借处理事务，用户申请统计，馆际互借工作人员工作量统计，馆际文献借阅、传递服务统计。

（二）移动图书馆阅读服务平台

超星公司所拥有的移动图书馆阅读服务平台，能够与图书馆馆藏 OPAC 系统、数字图书馆系统、全国图书馆云服务集成，实现纸本馆藏文献的移动终端检索与个性化自助，包括定制推送文献信息、书刊电子借阅、馆藏查询、续借、催还信息发送等功能，在数字资源方面，可实现电子资源的一站式检索与移动全文阅读，多类型、多单位资源的联合检索与文献传递[①]。

移动图书馆借助手机等移动终端阅读设备，通过在平台上的读者阅读互动交流模块，实现读者之间、读者与作者之间的阅读交流，图书馆与读者可在平台上进行信息交流与信息发布，读者可借助该平台进行信息需求定制。资源数据商定期购置适合手机阅读的 epub 格式的阅读资源。移动平台聚集了至少 3 万种适合手机阅读的电子图书和近 8000 万篇电子报纸资源。300 多种主流报纸，15000 集有声读物，2 万节在线视频课程，让用户随时随地可以听到、看到名师、大师的课程。

超星公司基于超星数字图书馆推出的移动图书馆平台和移动图书馆 WAP 网站，整个系统包括读者注册与认证登录系统、统一检索引擎、电子资源全文调度、界面自动转换平台，以及适合各类常用的移动终端设备的 WAP 网站系统。

超星移动图书馆集成了馆藏查询、报纸、学术资源、有声读物、公开课、学术视频等 30 种常用频道栏目功能，读者可个性化定制自己的书架，还有诸多内容栏目可根据用户兴趣进行 RSS 订阅，移动图书馆平台使得用户可在任何时间、任何地点检索下载阅读所喜欢的文献，包括图书章节、期刊报纸、视频新闻等内容，实现读者个性化阅读需求。

第四节 超星百链云图书馆

Medalink 百链是超星公司专为国内图书馆用户保障获取外文文献而设计的检索平台系统，其百链搜索引擎依靠后台百链云图书馆，联合国内近 800 家图书馆的藏书、报纸、期刊论文、专利标准、视频资源等文献资源和 260 多个电子资源数据库，通过对联合馆藏外文元数据的集中仓储和开放链接，以一站式检索获取全文或通过文献传递来满足读者外文需求[②]。百链云图书馆通过资源共享、互补，可以弥补单个图书馆资源不足的弊端，大大提高了本图书馆文献资源的保障能力。

---

① 曲佳彬, 2016. 响应式 Web 设计的图书馆移动服务研究——以图书馆 OPAC 为例[J]. 图书馆学研究（21）: 79-86.
② 刘荣发, 2014. 福州地区大学城文献提供云平台建设研究[J]. 图书馆学研究（4）: 9-12, 16.

超星百链为图书馆读者提供一站式检索中外文文献服务方式，图书馆在文献保障方面既合理控制了成本，又使读者获得了高效的图书馆资源服务。广大读者通过网络检索百链数据库，检索、查找和获取海量百链云的文献资源，服务不受时间、空间限制。而且，百链使图书馆读者服务突破了单个馆藏限制，享受到图书馆联盟多元化服务的优越性。

一、超星百链的检索效果及特点

Medalink 整合了近 130 种外文数据库资源的元数据，资源内容包括图书、期刊论文、学位论文、专利等外国语种文献，百链与读秀学术搜索资源通过后台支撑融合在一个界面，可供读者自由选择检索，读者通过超星百链平台可一步到位完成中外文资源的检索[①]。其元数据内容涵盖中外文图书、期刊、论文、报纸、专利、标准、科技成果等。MedaLink 是新一代的云图书馆，也是图书馆的应用平台及全文传递平台，系统覆盖国内图书馆主要使用的 125 种外文数据库，并以全文保障率高而著称。保证每天都对所有中外文数据库元数据进行更新，可实现区域内资源共享的区域性数字图书馆功能[②]。

Medalink 拥有 4.7 亿条仓储元数据规模，其中外文元数据约 1.1 亿条，中文报刊元数据约 1.3 亿条，其他元数据 2.3 亿条，百链数据库动态更新，数据日更新 10 万余条。百链平台提供的海量中外文元数据检索，包括图书、期刊、报纸、专利、学位论文、会议文献、标准、视频等文献类型。通过百链 Medalink 检索平台能够一站式检索 Elsevier、Springer、ProQuest、EBSCO 等知名外文学术数据库资源，也能与读秀学术集成一框式检索中国知网、万方、维普等中文学术资源。百链检索结果可根据文献类型、出版时间、期刊重要程度、主题、作者（SCI、SSCI、EI核心期刊和非核心期刊）进行分面聚类，进一步提升检索准确度，检索结果页除了提供全文链接和馆藏地的信息外，还提供其他文献来源和文献类型形式的扩展检索[③]。百链检索系统把网络电子资源整合到统一界面，避免了图书馆读者用户在多个数据库间切换检索的烦琐，大大改善了用户检索文献的效率。

百链云图书馆具有虚拟性，不具备实体性和物理空间。传统图书馆具备物理实体和服务空间，拥有宽大的活动建筑空间和丰富的纸质文献馆藏。传统馆舍建筑内拥有管理藏书和服务读者的馆员，是典型的实体服务场所。传统图书馆主要任务是搜集、整理、保存、管理文献，是社会性文化教育机构，其开展服务的主要内容有图书外借、报刊阅览、情报咨询、检索查询等信息服务。

传统图书馆依靠的物质基础是设施设备和文献资料，图书馆借助楼栋建筑来

---

① 学校电子图书自助借阅机方案[EB/OL]．[2017-03-09]. https://max.book118.com/html/2016/0331/39278267.shtm.

② 祁卓麟，李其圣，2013. 百链云图书馆与高校文献传递服务对比分析[J]. 图书馆论坛（1）：43-46，16.

③ 刘晓坤，任俊革，李维云，2013. Google 学术搜索与百链云图书馆文献检索比较研究[J]. 大学图书情报学刊（4）：43-46.

开展文献贮存和空间服务，借助书架、报刊架、桌椅、书刊资料等设施来开展阅览、外借服务，物理硬件设施和印本文献资源是传统图书馆开展服务的必不可少的物质条件。

百链是基于图书馆数字资源不足而产生的，数字图书馆则是基于文献数字化背景产生的。20世纪90年代以来，开始进入数字图书馆实施和应用阶段，由于传统图书馆以纸质文献提供服务为主，纸质文献的不足及纸质文献借阅服务需要到馆才能提供，且检索获取资源信息量有限[①]，到了数字化时代，伴随网络和计算机技术、数字化文献存储与通信技术的全面应用，社会对文献信息资源的收集、加工、存储、检索等方面有了更高要求，在这种背景下数字图书馆平台诞生了。

图书馆所收藏的所有文献均可以数字化上网提供，数字图书馆是依靠有序化组织的数字化信息资源及技术服务平台来为图书馆读者提供服务的，它包括网络访问的数字图书馆系统和文献资源数据库系统，如电子图书数据库、多媒体声像数据库、学术期刊文献数据库等。

数字图书馆是一种分布式存储的信息系统，包含了数字资源加工平台、数字资源发布平台、数字资源存储平台。数字图书馆运用计算机、网络、数字化、大容量存储等技术，把不同文献类型，甚至跨地区的文献资源进行组织化存储，以方便读者用户进行网络检索和阅读。数字图书馆不需要宏大的建筑场所，是没有物理空间的虚拟化图书馆。

数字图书馆具备信息资源数字化、文献传输网络化、操作程序计算机化、获取资源权限化四个特征[②]。存储在数字图书馆的信息资源，无论是何种文献类型，无论是文本、图片还是音视频资料，都是以数字化形式存储在磁介质或光纤介质载体之中。数字图书馆所有资源都要借助通信网络，不管是区域性网络，还是全球性互联网，以服务器（存储服务器）—互联网—局域网—单机或终端浏览器的网络传输路径来完成资源的检索与存取、下载与阅读。读者用户针对数字图书馆的所有操作，均离不开计算机或相当于计算机功能的设备，一切输入关键词、检索、存取、复制、浏览的使用行为，均需通过操作计算机来实现。数字图书馆由于资源所有权等知识产权限制，需要读者获得充分授权方可获取本馆的数字图书馆资源，建立在权限内的合法用户可以不受时空限制访问数字图书馆资源。

数字图书馆相对于传统图书馆而言是一个巨大的飞跃，但数字图书馆也不是十全十美的。数字图书馆的建设和运维需要很大的经费支持，包括购买各种全文类的资源性数据库及支撑数据库运行的软硬件维护开支。一般情形是，大多数中小型图书馆的购买经费相当有限，购置的数据库非常有限，不能购全所需要的数据库；更何况图书馆所购置的数据库资源在提供读者检索时，需要在多个数据库

① 胡万德，2013. 高校数字图书馆联盟发展管见[J]. 图书馆学刊（3）：50-52.
② 陆颖隽，2013. 虚拟现实技术在数字图书馆的应用研究[D]. 武汉：武汉大学.

中进行分别检索，不能一站式检索。面对这些问题，国外图书馆通过购置联邦检索、知识发现系统来解决，而对国内图书馆来说，超星公司推出的百链云图书馆数据库很好地解决了这个难题。

百链云图书馆，就是指信息时代馆际之间实施协调合作的一种形式，由若干有着共同目标的图书馆结成网络联盟，为共同开展服务、共同开发信息市场而实施全方位合作的一种网络运作模式。百链云图书馆是建立在网络基础上的技术与资源共享的图书馆联盟。全球进入数字化、网络化时代，图书馆之间由于服务对象、所处地位等的不同，馆藏规模与特色也有所不同，针对共同开发馆藏资源、优势互补的文献信息环境，解决用户市场个性化、多样性的信息资源需求这一共性需要，超星公司组织建立了在信息网络共享平台基础上的技术与资源共享、动态发展、利益与共的图书馆联合体——百链云图书馆①。

百链云图书馆的架构、理念及应用，影响了藏书建设的理论思路与方法，调整优化了图书馆的藏书规模与内容结构，延伸了图书馆信息服务边际，突破了局限于一馆的读者服务模式和服务空间范围。图书馆馆际协调与合作、资源共建与共享不再是空中楼阁，图书馆联合体建设中的每个成员馆成为信息资源网络的重要资源站点②。百链云图书馆汇集了多馆资源，实现了对来源各异的数据库资源检索的无缝集成，基于元数据集成的分布式贮存和检索的百链检索系统，突破了图书馆时空限制的局限，是超星公司依托全国图书馆资源体系创建的大规模的知识网络系统。

百链云图书馆的设计理念创新体现在五个方面③。

1）资源上：从本馆学术资源延伸到全球性学术资源；

2）检索上：从单库检索到跨库资源元数据一站式检索；

3）地域上：从本馆文献资源组织到异地跨区域馆的文献资源揭示；

4）职能上：从基于本馆的保障性读者服务向基于区域性、互惠互利的读者保障服务转变；

5）技术上：从本地数据库保障到海量云数据服务，利用网络图书馆的资源与服务。

百链云图书馆资源全球化、资源共享化、获取自由化的重要特征，具体表现为：资源不局限于本馆藏书资源，读者可以获取世界上各个图书馆的学术资源，检索范围方面广而全④；读者不分国家、地域、系统、机构限制，均可以通过网络检索途径检索百链资源，共享图书馆电子资源；读者可以选择任一时间和场所，

---

① 蓝青，2012. 全国图书馆参考咨询联盟的创新性与实践研究[J]. 图书馆学研究（14）：85-88.

② 马铭锦，2012. 百链学术搜索对高校图书馆文献传递服务的影响及对策分析[J]. 新世纪图书馆（4）：34-36.

③ 苏健，朱田园，2013. 百链学术搜索引擎特征研究[J]. 情报探索（8）：99-101.

④ 刘晓坤，任俊革，李维云，2013. Google 学术搜索与百链云图书馆文献检索比较研究[J]. 大学图书情报学刊（4）：43-46.

只要具备网络条件，就可访问百链云端资源，而不受各个数据库不同的检索技术和检索权限的约束。

二、超星百链的技术模式

超星百链的技术模式的选择是经过对比了 CALIS 基于 SaaS 模式的文献传递系统以及国外 EDS 等知识发现系统，并从这些系统中吸收了成功的技术经验，以读者良好的检索体验、便捷的服务效果、市场反响为指导原则开发出来的资源检索引擎系统[1]。百链集成了自动传递和馆际合作传递两种文献服务模式，超星电子图书能够实现实时或时效性较强的文献自动传递，其他如学术论文等资源则是图书馆之间相互传递，保障了读者自由检索、免费获取文献的高效率体验。

（一）CALIS 技术模式强调读者所在馆的中介转发

CALIS 文献传递于 2004 年启动，是高校图书馆目前普遍应用的文献传递系统。CALIS 文献传递技术由于增加了用户馆注册、用户馆申请转呈及文献代收等程序，读者检索获得文献的体验满意度较低[2]。读者从 CALIS 获取文献的路径如图 6-3 所示。

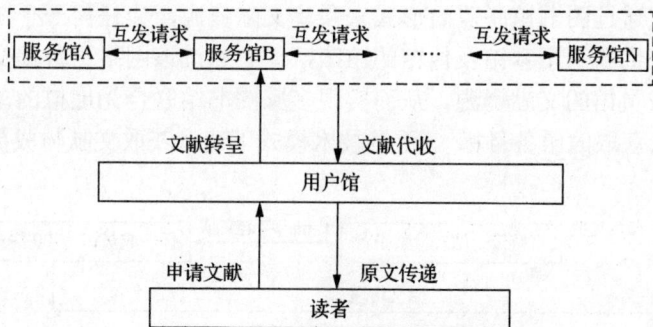

图 6-3　CALIS 文献传递技术实现

2009 年 CALIS 管理中心将 OPAC 目录系统、西文期刊篇名目次数据库 CCC 系统、CALIS 统一资源检索及调度系统集成，以 SaaS 理念构建集元数据检索、文献传递于一体的共享版体系，突出条块合作，外联国家科技图书文献中心 NSTL，内联 CALIS 成员馆资源，以省级中心辐射省域内高校图书馆[3]。具体技术路径如图 6-4 所示。

---

① 姚晓霞，赵永超，陈凌，等，2012. 基于 SaaS 的 CALIS 共享服务实践[J]. 大学图书馆学报（4）：24-29.

② 王海艳，李迁廷，2005. CALIS 文献传递系统与 NSTL 文献传递系统分析[J]. 现代情报（11）：154，157.

③ 黄星亮，2009. 图书馆资源搜索的变革——读秀学术搜索与 CALIS 统一检索系统对比研究[J]. 高校图书馆工作（3）：30-32.

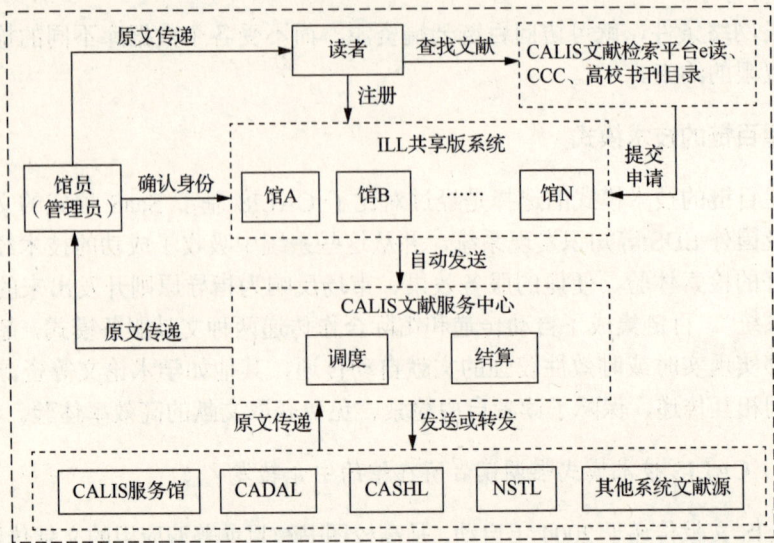

图 6-4　CALIS 共享版技术实现

（二）超星百链技术模式强调读者在线获取

超星百链通过图书馆联盟的形式来共享文献资源，让任何一个图书馆盟员的读者都可以查询和利用本馆及他馆的馆藏，读者通过该网络平台提交申请，以在线方式获取成员馆的文献资源，从而实现多家图书馆联合为虚拟的单一馆藏，达到资源网络云获取的服务目标[①]。百链技术模式下读者获取文献与成员馆的关系如图 6-5 所示。

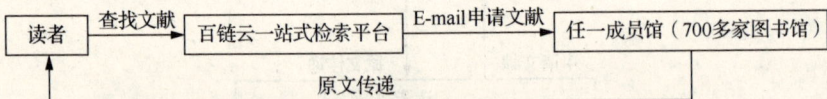

图 6-5　超星百链文献传递运行流程

百链文献传递系统与国内 700 多个图书馆建立资源对接，包括与目录检索OPAC 系统、中外文电子期刊数据库系统、电子图书系统的集成[②]。读者通过计算机或移动终端设备在网络上提交文献传递申请，并与读者自己的邮箱绑定，就可实时在平台上查询文献传递的处理进度，以所在馆的读者身份获取网域内成员馆丰富的电子文献资源。百链文献传递系统服务包括申请文献传递和处理传递流程两个服务模块，它所提供的资源有近 3 亿条中外文数据库资源的元数据，系统所有数据随着来源数据库的变化而动态进行日更新。其中收录的中文电子图书书目有 300 余万种，中外文期刊数据约 1.5 亿篇，中文期刊论文全文满足率 96%，外文

① 李幸，2012. 读秀学术搜索的信息组织探析[J]. 图书馆杂志（4）：29-32.

② 祁卓麟，李其圣，2013. 百链云图书馆与高校文献传递服务对比分析[J]. 图书馆论坛（1）：43-46，16.

资源全文保障率 86%。在检索结果中，每条命中记录提供了题录信息，同时提供获取途径。若本馆已购买该资源，可直接链接到原文；若本馆未购买资源，可通过邮箱申请原文传递。原文传递会在 72 小时内给予答复（一般 2～10 小时便收到回复）。

　　超星百链产生于 2010 年，其产生背景是需要解决图书馆读者面临资源提供商提供的各种各样的检索界面，读者需要熟悉不同的检索系统，在检索时需要切换到不同的检索系统等一系列操作困境。为了解决这一困境，国际上原来采用联邦检索（跨库检索）技术，即主要依赖计算机能力和标准协议对异构数据库的实时检索，后来发展到采用基于元数据收集构建数据仓储技术的同构聚合元数据检索①。联邦检索受制于待检数据库的访问速度和检索性能，因此每次检索结果呈现并不一样，并且检索效率因受区域性网络和数据库性能影响而很难提高。而元数据检索系统则是通过对异构数据库的数据抽取、导入和映射，构建本地存储的聚合性、同构性元数据仓储。这种数据检索系统的优点是元数据格式统一、结构规范，可以按照需求建立不同的分类体系，甚至可对知识本体数据进行组织和管理。但往往元数据检索系统的瓶颈是融合商业性学术资源元数据的规模和覆盖范围，因为一些资源提供商不同意将其元数据二次收集、聚合到另外一个系统平台②。

第五节　网络环境下的移动借阅

　　移动互联网络升级换代很快，目前已发展到 5G 网络，在线文本阅读、视频播放已能够轻松实现。据 CNNIC 第 39 次《中国互联网络发展状况统计报告》数据，使用手机上网的网民规模保持快速增长，使用台式电脑、笔记本上网的比例则继续呈下降态势。截至 2016 年 12 月，我国网民使用手机上网的比例为 95.1%，较 2015 年底提升了 5.0 个百分点；使用台式电脑、笔记本电脑上网的比例分别为 60.1%、36.8%，较 2015 年底均有所下降③。

　　随着手机等移动设备的普及和移动互联网络全覆盖，读者用户希望利用移动网络、在自己携带的移动设备上完成图书借还、借阅记录管理等相对实用、简单的操作。图书馆在此背景下，通过引进、自主研发等手段，对图书馆自动化系统进行功能升级、扩展，支持读者用户借助自有的手持移动设备，进入、控制个人借阅系统，自主执行续借、查询书目等操作。

---

① 宋爽，张国栋，2011. 国内外同构聚合检索系统比较研究[J]. 大学图书馆学报，29（5）：55-59.
② 姜爱蓉，2006. 数字资源整合系统的技术发展与应用趋势[J]. 图书馆杂志（12）：14-18.
③ 中央网络安全和信息化领导小组办公室，国家互联网信息办公室，中国互联网络信息中心. 中国互联网络发展状况统计报告[EB/OL].（2017-01-22）[2020-01-24]. http://cnnic.cn/hlwfzyj/hlwxzbg/hlwtjbg/201701/P020170123364672657408.pdf.

一、馆内自助借还

自助服务最受读者欢迎是因为其易用性和不受馆员干预，早期的自助借还是设置还书柜，通过在馆外或馆内设置 24 小时还书柜，让读者将所借图书放进还书柜，馆员定期到还书柜取走柜内图书，进行还书操作。这种自助还书最大的好处是读者不用到馆员工作台，不受闭馆时间影响，只需要将图书投入图书馆前的还书口，或就近投入街道和校园图书馆还书柜即可。后来随着条形码技术、磁条技术、无线射频技术的发展，超市自助结账、自助交易等商业自助服务应用进入日常生活中，这些技术的成熟为图书馆自动化发展提供了技术支撑。20 世纪 90 年代末，商用的自助借还产品被陆续投入图书馆自助借还等应用当中。

（一）磁条+条形码自助借还系统

自助借还系统是一种利用计算机、磁条感应、充磁消磁、信息识别等设备集成，在馆内让读者自助操作机器，进行借还书刊资料的自主服务系统。整个借还过程不需要馆员干涉，读者借阅的自由度和舒适度明显提升[①]。条形码+防盗磁条模式的自助流通系统，离不开红外或激光条码扫描枪、充消磁设备、借还计算机设备。一般自助服务提供商将上述设备集成为一体化设备进行销售，读者只需要根据设备显示屏的功能按钮选择借、还书按键，借书时先按借书按钮，再依次将读者证、书刊放到扫描区域进行识读，完成借书操作工序。按下显示屏上的还书按钮或还书键，打开图书条形码页面并将其放置在扫描区域，让扫描器识别并读取条形码，还书成功的同时对图书进行自动充磁并打印还书凭条，完成还书操作全程。

磁条+条形码自助借还系统的优点是实现了读者自助操作借还，不受馆员过多干涉，摆脱开放时间对读者借阅图书的限制，体现了一定的自由性。并且这种自助借还将过去需要馆员完成的读卡、扫描、充磁、消磁等简单的工序，交由读者和机器自动完成，让馆员有更多时间从事更深层次的读者辅导工作[②]。

磁条+条形码自助借还系统在优点之外还存在着一些缺陷：一是充消磁需要将书脊与操作台挡板紧密接触，初次使用的读者在充消磁、扫描图书条码时存在较多失误，需要加强培训；二是自助借还书机是根据书脊所夹磁条产生磁场大小来判断书的数量，这种判断偶尔会存在失误，如在借书过程中两书紧贴扫条码外借时，只需要完成一书外借，设备自动完成两书的消磁程序，从而造成读者所借两本书经过门禁设备时，不会触发门禁防盗报警，而读者操作时在数据库中流通日志和外借记录只留有一书记录，因此存在图书流失现象；三是磁条+条形码自助借

---

① 潘永明，刘辉辉，刘燕权，2014. 美国高校图书馆中的移动流通自助服务[J]. 图书馆情报工作（12）：26-31.
② 钱红，2008. 自助借还书系统的"功"与"过"[J]. 图书馆建设（5）：75-76，80.

还，由于受磁场判断和条码阅读限制，只能一次借阅一册，多本借阅则需重复同样的借阅步骤。

（二）RFID 自助借还系统

RFID（Radio Frequency Identification）无线射频识别，其主要构件为三部分：电子标签、阅读器件、数据库系统。RFID 实现机制就是通过非接触的无线技术来完成物件识别和数据读取、更新和交换[①]。RFID 应用于图书馆馆藏文献的流通管理：将电子标签粘贴在馆藏图书上，当贴有 RFID 电子标签的图书进入 RFID 阅读区域磁场时，电子标签就会产生感应电流，将存储在电子标签内的图书单册数据信息自动读取、发送到数据库管理系统，再调取图书馆自动化管理系统的相关功能模块，进行自助借还书操作。读者借书时，只需要将 RFID 借阅证、所借图书先后放到自助借还机器的感应区，它就能自动快速地读取读者身份信息，进行借书操作。

相较于传统条码+磁条自助借还技术，RFID 技术优点在于读取识别速度快，只需要进入磁场，无须接触或瞄准，就可以识别，识别过程无须人工干预，读者自助借还可以实现多册图书批量借阅，简化了操作程序[②]。在财产清点方面，可以实现图书自动分拣、盘点、顺架、定位等功能。RFID 电子标签芯片具备较大的信息存储能力，可修改存储信息，在一定范围内，可实现对图书动态追踪和监控。

RFID 自助借还系统的缺陷是在有效距离内，RFID 借书卡在无意中接近读卡器的无线射频识别范围，容易被误读为借书者，从而产生误借、错借记录，为此，图书馆不得不在自助借书程序中增加密码检验程序，以避免产生误操作[③]。尽管 RFID 借还可以实现多册图书全部识别，但偶尔也会出现单册书不能识别的情况。在安全性方面，RFID 芯片容易受到金属干扰和液体对无线电波的吸收作用，导致读取信息能力差。此外这种电子标签极易折断，造成标签失效。在升级为 RFID 管理系统时，昂贵的硬件实施的成本也严重制约了其在图书馆的普遍应用。

无论是条码+防盗磁条模式，还是 RFID 模式，从安全角度都存有无法克服的安全漏洞，但与管理效率的提升和管理成本方面相比，这些安全因素引发的图书被偷和报错毕竟少之又少，其造成的成本损失与投入人力成本相比可以忽略不计。更何况民众的道德素质也在不断提高，RFID 成本也在不断下降，完全有理由相信图书馆未来的自助借还系统将更加人性化！

---

② 肖焕忠，2007. 两种自助借还管理系统的应用比较[J]. 图书馆杂志（4）：39-41.
③ 齐凌，宓永迪，2011. RFID 自助借还系统使用情况分析——以浙江图书馆为例[J]. 图书馆建设（10）：77-79.

二、移动设备续借

随着计算机设备、移动终端设备的普及，以及移动互联网络、无线网络、有线网络三种网络的普遍使用，图书馆通过门户网站、移动图书馆 APP、微信公众号等平台，建立与图书馆自动化系统的馆藏查询、图书借阅查询、图书续借等功能对接，使得读者不用物理到馆就可以查询图书馆的馆藏，极大地方便了读者。

（一）门户网站续借

读者只需要打开图书馆的门户网站，不管是通过 WAP 方式还是 HTTP 方式，进入"我的图书馆"或者个人图书馆栏目，或者是图书续借等相关栏目，通过认证登录即可进入、浏览自己所借的图书，查询是否有即将超期图书，如果有只需要点击"续借"按钮就可实现借期延期。据吉首大学图书馆自助续借统计，2011年通过门户网站及 OPAC 系统的续借使用达 14293 册次，来馆续借为 648 册次，网络续借占比 95.66%。到 2013 年，通过门户网站或 OPAC 系统续借为 5780 册次，来馆续借 120 册次，网络续借占比 97.97%[①]。这一数据表明，读者非常乐意进行自助续借，依赖馆员进行续借的情况将会越来越少。

（二）移动终端设备续借

伴随移动图书馆和图书馆微信公众号的推广，图书馆通过将续借功能绑定在读者使用广泛的图书馆微信公众号上和移动图书馆 APP 上，使得读者用户只需要在自有的移动设备上安装或关注图书馆的产品，在无线网络等环境下，可以自主地进行续借操作[②]。2015 年吉首大学图书馆应用了超星移动图书馆产品，全年通过门户网站、OPAC 系统、移动图书馆续借为 3618 册次，物理到馆续借 356 册次，网络续借占比为 91.04%。2016 年吉首大学图书馆推广了微信公众号，使读者续借有了更多的途径选择，通过网络续借达 4001 册次，物理到馆续借 660 册次，网络续借占比为 85.84%。

2011 年吉首大学图书馆的外借书刊达 258015 册次，到了 2016 年，外借书刊下降到 124318 册次，下降幅度达 51.8%，在五年时间内，外借量锐减了一半。尽管这样，但通过门户网站、移动图书馆、微信公众号等途径的网络续借仍是续借的主流形式，这一方面是图书馆员宣传的效果，另一方面也是读者乐于选择网络续借这一形式使然。

---

① 根据笔者对吉首大学图书馆自动化系统流通日志数据统计得出。
② 覃燕梅, 2015. 高校移动图书馆 APP 功能优化及拓展研究[J]. 图书与情报（6）：122-125.

三、二维码借书

　　二维码借书分为两个方面的应用：一是在取代实体读者卡；二是通过扫描二维码转借①。基于二维码技术的手机读者证，将二维码与读者身份信息结合，使其具备与实体读者卡相同的功效。读者只需要在手机微信上关注所在馆的图书馆公众号，或在应用市场下载安装图书馆 APP，通过注册认证后系统生成"二维码借阅证"，借助图书馆门禁设备、外借自助设备的二维码扫描读取设备，"扫一下"就可完成入馆和借还中的身份识别。上海图书馆等图书馆在 2015 年前后推出手机二维码读者证，既方便了读者在图书馆内的各种使用，又有效弥补了传统实体卡存在的冒用借用等弊端，为读者提供了更安全的身份隐私保护②。

　　在二维码应用于转借图书方面，杭州图书馆利用悦读 APP 应用进行在线转借。具体流程是：读者所借来的书，经该读者推荐给朋友，如果该朋友想看这本书，同时他也是图书馆的读者，那么该读者只需要扫描对方的悦读 APP 二维码，点击"我要传书"，朋友再点击"我要接收"，就可以直接把书转借给他了。二维码转借图书，可以在熟人朋友圈分享阅读体验，通过相互推荐，提升图书流通量，同时也避免了到馆还书、借书、开馆时间等因素制约。内蒙古图书馆 2015 年通过"彩云服务"手机客户端 APP 上线，内嵌"彩云传书"功能③，实现一本书在两个读者间的自动转借，手机扫一扫即可，无须归还后再办理借阅手续。

四、电子书借阅

　　电子书（E-Book）是基于现代出版技术的新型出版物，已成为图书馆借阅服务的重要组成部分。但出版商为保障自身利益对图书馆电子书借阅服务进行种种限制，图书馆、出版商在网络知识服务时代，双方试图寻找一个双赢的机制，以寻求电子书借阅限制方面的平衡。

　　在美国，占据图书馆市场的电子书业务服务的公司主要有 NetLibrary 和 OverDrive 两家公司。据 2013 年 OverDrive 公司发布的统计报告显示，2012 年一些大型公共图书馆的电子书借阅量已经突破百万次，如美国纽约公共图书馆电子书借阅量达 110 万次④。电子书服务公司分别与出版商签订合作合同，以获取出版商提供的最新出版的电子书。但是，出版商往往更重视保障自己的商业利益，这种与图书馆电子书服务提供商合作是不稳定的，如 2011 年著名出版商企鹅出版社（Penguin Books）就因为 OverDrive 借助亚马逊平台向读者提供基于 Kindle 阅读器

---

① 任姝玮, 2017. 共享图书该何去何从[J]. 浦东开发（9）：47-48.
② 上海图书馆推"手机读者证""扫一扫"可借书还书[EB/OL]. (2015-08-13)[2017-05-07]. http://www.china.com.cn/ cppcc/ 2015-08/13/content_36297928.htm.
③ 韩冰, 李晓秋, 2016. 内蒙古图书馆"彩云服务"探究[J]. 图书馆论坛（3）：65-69.
④ 杨岭雪, 2014. 寻求双赢：美英公共图书馆电子书借阅机制探索[J]. 中国图书馆学报（1）：110-117.

的电子书借阅事件，停止与 OverDrive 合作。

由于电子书借阅太容易、不易损耗、容易共享等特性，读者会倾向于借阅电子书而不是购买电子书。这些因素导致电子书出版商限制图书馆进行电子书服务，这些限制措施有如下几种：①不允许图书馆出借其出版的电子书；②以数倍于纸本图书价格给图书馆提供电子书；③限制电子图书的借阅次数，如超过外借 26 次，则要重新购买使用权；④只允许外借其几年前出版的旧电子书。

图书馆认为电子书借阅理想的方式是被无限制地借阅，而对相应参照传统图书借阅模式"一人一书"并不认可，显然图书馆渴望的借阅模式是不能被出版商所接受的[①]。图书馆、出版商、著者三方利益均应有所考虑，为此，2012 年国际图联就电子书借阅问题形成一个重要成果《图书馆电子书借阅的基本原则》（*IFLA Principles for Library eLending*）。国际图联明确了图书馆有权向读者免费借阅电子书，并且可以向读者提供远程借阅服务，并确定了"一书一借"模式，并且限定了借阅次数，若超过借阅次数，图书馆则需要另行购买复本。

从书商或平台商销售电子书模式划分，电子书借阅模式划分为面向读者的 B2C 模式和面向图书馆的 B2B 模式[②]。B2C 模式是由书商或平台商通过网站向读者出售或免费提供电子书，如国外的亚马逊 Kindle、巴诺 nook 等借阅平台，国内当当网的当当读书，这些服务平台直接面向读者提供电子书借阅服务，读者可以直接登录电子书服务平台进行电子书借阅支付，享受电子书借阅服务。B2B 模式主要是面向图书馆等文献机构，随着电子书产业的快速发展，书商为寻求新的盈利模式，与图书馆合作开展电子书借阅，以促进电子书的广泛传播与销售，读者可以通过电脑或移动终端设备如手机、电子书阅读器下载图书馆免费的电子书。如美国电子书经销商 3M、OverDrive，我国的超星、阿帕比电子书商分别与图书馆合作进行电子书借阅活动。

（一）超星数字图书馆的电子书

超星数字图书馆是每天开放的网络电子图书馆，为全球中文在线数字图书馆，包括数百万册电子图书、500 万篇论文，全文资料达 13 亿余页，拥有 35 万授权作者、5300 位名师。超星公司利用图像扫描等技术将已经出版的印刷本图书转换为数字保存，由于是图书扫描的图片格式，放大后效果不太好。超星公司开放了大量无版权纠纷的电子图书，可以在线免费浏览和下载，对于大部分的电子图书则需要付费阅读。超星公司在解决版权授权上大体有三种：第一种是以 10 年为期的读书卡获得作者 10 年的作品授权；第二种是根据图书下载量付费，计算公式为售卡收入×0.15×（单本图书下载量/全部下载数量），版权费用每年结算一次；第三种

---

① 杨岭雪，2014. 寻求双赢：美英公共图书馆电子书借阅机制探索[J]. 中国图书馆学报（1）：110-117.
② 刘骁，魏来，2015. 图书馆电子书借阅中的版权机制研究[J]. 图书馆学研究（22）：81-86.

是作者单独定价模式，无论读者是否为会员卡，均不能直接阅读，需要按照作者的协议定价付款后才能下载阅读。

超星数字图书馆的版权授权模式，由于执行的是作者到作品模式，并且版权期限没有稳定性，因此这种模式不可能解决持续、长久的版权问题[①]。对于畅销图书、著名作者、很有影响力的图书，读者往往看不到该书的全文。超星公司在协调知名作者的版权授权与读者的期待方面还有较大的不足，这一因素导致读者往往在超星数字图书馆找不到其想要的书，从而对图书馆购置的超星数字图书馆资源关注度会大打折扣，进而限制了超星数字图书馆的发展。

基于上述情况，超星公司通过读秀学术搜索产品，以文献传递、文献互助等形式来弥补图书馆读者获取文献资源不足的问题。在全文检索方面，读秀数据库支持显示检索知识点起前翻两页后翻十页的原文。对于只能在版权范围内局部使用的图书文献，通过文献传递来加以解决。具体是：提供图书单次不超过50页的文献传递，同本文献一周累计咨询量不超过整本的 20%；并且所有文献传递提供的有效文献的有效期为20天，即文献传递至读者邮箱中有效期为20天。

（二）超星歌德机电子书

纸质图书、声像资料等传统文献传统传播的路径主要依靠手工借阅、电脑管理借阅、购买借阅等方式，必须到物理实体场所、借助他人帮助才能满足阅读需要。全媒体时代来临，信息展现形式多样化：网站网页、印刷文字、影视动画、图片视频、音频、多媒体等，通过丰富多样的信息展现形态进行不同模式的宣传推广与信息传播。图书、报纸、杂志、电影、广播、电视、网站等多种媒介载体，以广电网络、电信网络、互联网络、传统出版网络等多种融合的网络进行传播，实现个人用户通过广播电视、计算机、智能手机等终端设备完成信息获取，达成无论何人、无论何时、无论何地均可通过任一终端接收设备自助接收任何想要获取的信息[②]。信息基础设施平台除了传统的出版发行平台和广播电视平台外，还有基于不断发展的移动通信、互联网络等技术的平台。

从全球范围来看，数字出版是大趋势，使用手机、电脑获取资源的读者用户数量在不断增加，图书馆更为趋向于从过去以纸质书为主服务转变到以数字文献服务为主。一些数据服务提供商仿照传统图书馆的服务模式，推出电子书刊借阅机，使读者可以现场扫码方式借阅电子书刊，也可以不到现场通过手机 APP 的形式，在线下载浏览电子书刊。如"中文在线"2014 年推出云屏数字借阅机，同年超星公司推出了歌德电子书借阅机，龙源集团、方正集团也各自推出了电子书借阅机。据统计，95%以上的电子书借阅机设备进入图书馆，设备提供商推行"扫二

---

① 刘志刚，2006. 数字时代版权授权方式比较研究与图书馆适用[J]. 图书情报工作（8）：91-95，116.
② 金钰，张琳，2013. 电子书移动阅读形态及服务模式研究[J]. 情报探索（9）：81-84.

维码可把电子书带回家"的理念，借助电子书借阅平台的实体电子屏幕实现随扫随读。这种设备除可部署在传统的公共图书馆、学校图书馆外，还可部署在车站、机场、银行、地铁等公共场所。

尽管电子书借阅机提供商认为该种机器的市场前景广阔，但持反对意见的行业内人士也不少，其主要观点是：需要手机借助借阅机大屏幕下载，之后还要借用手机来阅读，那还不如直接用手机来得直接[1]。就吉首大学图书馆统计的数据表明，进出图书阅览室的读者数量明显多于使用电子书借阅机的用户，电子书借阅机主要是商家通过线下布局来寻找更多的互联网入口而已[2]。

歌德电子书借阅机——全天候开放的 24 小时借阅系统，是基于电子图书、移动终端、无线网络的移动借阅系统，主要借助 Wireless Network Wi-Fi 与 3G、4G移动网络，以及后台电子图书资源库系统，通过读者携带的移动终端设备自助触屏选择、扫码借阅电子图书。电子书借阅机系统由借阅终端平台、移动阅读平台APP、电子书资源库、数据中心服务器、系统管理平台组成。

歌德借阅终端平台在图书馆实际应用中，以人机交互、触控扫码的一体广告机硬件设施出现。它是 24 小时自助借阅电子图书机的核心硬件，也是直接面向读者的服务终端。终端借阅平台包括应用软件系统、网络管理系统，软件系统与数据中心服务器实时连线，以保持每天的图书、报刊、视频等数据更新，同时将终端的数据及时上传至服务器，便于统计终端借阅次数。

移动图书馆的客户端程序 APP，是读者进行自助借阅所依赖的应用系统平台。读者借助 APP 应用程序，调出二维码扫码工具，对歌德借阅机上的图书二维码进行扫描下载、完成借阅，之后可以进行离线阅读。除了平台的电子图书外，还可以在线利用提供的数字期刊、数字报纸阅读服务。移动客户端程序可通过百度搜索下载安装，也可以通过在相应手机系统提供的应用市场中检索到超星移动图书馆 APP 安装，该阅读器支持多种格式的打开阅读，包括 PDF、TXT、EPUB 等，支持缩放阅读和笔记、批注等功能，可根据光线强度自由选择白天、夜间阅读模式。

歌德借阅机系统每月在线更新 100 种最新出版的图书，系统提供近 3 年的畅销电子图书，这些图书均解决了知识版权问题，且借阅次数不限。基础教育版歌德机提供了 12 种适合中小学的图书分类，内置了 2000 本精选的适合中小学生的书籍。

歌德电子图书借阅广告机与移动图书馆 APP 关联，通过网络与服务器中心数据库进行数据信息交互，软件和资源数据不定期进行升级和更新。借阅终端机的后台管理程序实时监控、采集借阅机借阅情况，并统计借阅终端机上的图书和其他资源的页面浏览量与图书扫描下载量。

① 焦雯，2014-10-13. 面对科技浪潮，图书馆何去何从[N]. 中国文化报（2）.
② 卢扬，2015-05-22. 电子书借阅机吸金还是败金[N]. 北京商报（A3）.

　　综观本章，图书馆自动化系统在移动图书馆环境中，系统支持字符集方面，大部分图书馆自动化系统公司的 LIS 产品支持 CJK、Unicode 和小语种，Web2.0 功能的应用，拥有 OPAC 检索分组分面功能，同时增加与资源数据库商的资源链接功能。自助功能可借助移动终端更加方便读者利用移动互联网络随时随地查询、续借馆藏。系统功能及技术特点见表 6-2。

表 6-2 移动图书馆环境中图书馆自动化、网络化系统的技术及功能特点

系统技术		功能模块		标准及接口应用		应用时期及反响
类目	内容	功能	说明	标准及接口	说明	
服务器	HP、IBM、浪潮、联想等小型机种及其塔式服务器、机架式服务器、刀片式服务器等	采访子系统	可导入采访数据	《文献著录第1部分：总则》（GB 3792.1—2009）	文献著录标准	1. 2012 年至 2018 年，产品大多为 B/S 结构，OPAC 检索、移动图书馆深受读者欢迎。 2. 国产自动化系统在"211 高校"应用较多的有汇文、北邮、清大新洋等公司的系统，在省级公共图书馆应用较多的有科图 ILAS 和图创 Interlib 等系统
工作站	国产联想等 PC 机	编目子系统	能导入外部编目数据，进行套录，能通过网络套录 CALIS、国图编目数据，增加856 字段具备数字资源链接功能	《检索期刊条目著录规则》（GB 3793—83）	文献著录标准	
运行方式	Client/Server 或 Browser/Server 或多层 Browser/WebServer/DbSever 架构	流通子系统	具备借还、预约、续借功能	《文献目录信息交换用磁带格式》（GB 2901—82）	MARC 数据交换	
数据输入	键盘输入、五笔输入法等多种输入方式，汉字输入较快	期刊管理子系统	具备期刊现刊记到、过刊装订功能	CNMARC/USMARC、ISO 2709	中文支持CNMARC，西文支持 USMARC	
磁盘容量	SCSI 磁盘、SATA 磁盘、SAS磁盘，单块磁盘容量几百 GB 到 1TB，服务器具备磁盘冗余的功能	检索子系统	主要面向读者开放，读者检索系统全部都有 OPAC 系统，有全文检索功能	字符集支持	大部分系统支持 GBK 和 ISO 10646 国际大字符集，支持 Unicode[①]	
操作系统	Windows Server、Linux、Solaris、AIX、HP-UNIX、SCO UnixWare	馆际互借	网上查询、登记、受理、文献下架、送出、馆际借入借出、读者流通、文献回馆、催还等	外部数据导入	支持标准数据的本地导入	

①陈继红，陈少鸿，2010. UNICODE 与图书馆多语种编目系统[J]. 图书馆工作与研究（11）：52-54.

续表

系统技术		功能模块		标准及接口应用		应用时期及反响
类目	内容	功能	说明	标准及接口	说明	
底层数据库	SQL Server、Oracle、Sybase 等数据库	联机编目	多馆合作联机编目	Z39.50	支持可访问 Internet 上的 Z39.50 服务器，套录编目数据	
程序设计语言	交互式编程语言 JAVA 为主，Visual.Net 可视化编程语言	馆务子系统	具备人事管理和设备管理功能	ISO 10160/ISO 10161	支持馆际互借标准协议	
系统界面	图形界面 GUI	自助功能	网上办证、网上续借、"我的图书馆"	OAI、Open URL	提供开放性接口	
扫描技术	条形码扫描器、激光扫描器、RFID 识别	OPAC 数字资源链接功能	增加与资源数据商如亚马逊、读秀、当当知网的链接功能	系统相关技术接口	一卡通、门禁、短信服务、电话语音、流媒体、RFID、自助借阅机、移动 APP 等应用环境接口	
组网方式	TCP/IP 网络、局域网	Web2.0 功能	OPAC 增加分面检索功能、评价功能等			
书目数据库规模	几十万条至几百万条	总分馆功能	支持超大型书目数据库和海量日志数据，网络、存储、运算功能很强大			
分布式部署	应用和数据库分离部署、数据库可分布式部署	移动图书馆	增加移动环境中的手机短信、手机查询馆藏、手机续借、二维码等功能			

移动互联网兴起，推动了移动图书馆的广泛应用，也扩大了传统图书馆的服务范围，为拥有智能化移动终端设备的读者提供移动阅读，极大地方便了读者利用图书馆查找资料。移动图书馆借助数字图书馆的资源平台，利用数字化技术将阅读平台、服务方式从 PC 平台迁移到移动终端平台，从而打造了多平台、多途径、多选择地不受时间、地点、空间限制地享受图书馆文献资源服务的文献保障体系。通过大规模的元数据知识仓库建设，并与图书馆自动化系统进行关联，读者可以在移动场所通过无线移动互联网络一站式获取图书馆提供的知识服务。

第七章 图书馆自动化系统发展成就和趋势

图书馆自动化系统的发展一直离不开计算机技术、数字存储技术和网络化技术的支撑。图书馆自动化系统的应用，在很大程度上减轻了馆员进行文献整理和文献管理的工作强度，也为读者用户查找文献资料节约了时间，提升了图书馆对读者文献需求的保障能力和保障效率。图书馆自动化系统在国内历经 40 余年的发展，随着系统所处的时代和不断革新的技术环境的变化，系统本身经历了一代代的升级改造，并且与不同类型的文献服务系统联系更加紧密。从某种意义上讲，图书馆自动化系统开始淡出核心地位，被更多的数字图书馆系统、移动图书馆系统取代其核心地位。但不管怎样，目前图书馆自动化系统依然是图书馆的重要系统之一。

第一节 我国图书馆自动化系统的发展成就

从"748 工程"算起，我国图书馆自动化系统发展从零起步，实现了从无到有、从有到多、从多到广的过程。尽管我国图书馆自动化系统尚未走出国门，但在国内基本实现了县级图书馆的自动化系统管理。借助文化共享工程、中国图书馆数字图书馆工程等项目主推之东风，国内各级公共图书馆均在国家投入下安装了图书馆自动化系统平台和数字图书馆平台。

一、图书馆自动化系统软件的商业化

无论是国内还是国外，图书馆自动化系统软件的研制，发端于从图书馆开始的启动、试验，并逐步走向成熟投入应用，再脱离图书馆进行公司化运作以完成商业化的运营。从 20 世纪 80 年代中期开始，欧美等发达国家图书馆不再将精力放在自动化系统软件研制上，而是直接购买商品化的软件系统。我国自动化系统市场从图书馆各自为政独立研制，到 90 年代开始放弃自主研制转向购买，从而对图书馆自动化软件系统商业化起到了积极的推动作用[①]。到 90 年代中期，出现了一批实用性较强、功能完备、稳定性较强的商业化图书馆集成管理系统。依托文化部和深圳图书馆的 ILAS 系统，在公共系统图书馆占据较大市场，深圳图书馆还在全国率先成立图书馆自动化系统产品推广公司——深圳市科图自动化新技术应用公司。依托江苏省教育厅和南京大学等图书馆的 Libsys 系统，在高校图书馆占

---

① 贺子岳, 2002. 世纪之交中国图书馆事业发展研究综述[J]. 图书情报知识 (3): 27-32.

据了主导市场，以股份制形式出现的江苏汇文软件有限公司拥有 41% 的"985"高校和 47% 的"211"高校的用户市场份额。依托东莞图书馆的广州图创计算机软件开发有限公司的 Interlib 系统，是图书馆自动化产品供应商中的后起之秀，其发展壮大抓住了总分馆建设的机遇，以区域图书馆群的资源共建共享和联合服务作为特色和优势打开了国内市场，占据了总分馆建设的市场份额。与北京师范大学图书馆有一定关联的息洋电子和清大新洋的 GLIS 系统，拥有高等院校、企事业单位、中小学等用户近 3000 家。而那些曾经有过影响力的上海交通大学研制的以小型机为硬件环境的图书馆自动化系统、广东省中山图书馆的自动化集成系统、华东师范大学图书馆研制的图书馆管理系统，都曾经拥有十几个图书馆用户，但由于缺乏有效的市场机制和开发动力，在市场竞争中逐步退出了用户市场。

二、图书馆自动化系统市场细分化

经过 40 多年的发展，图书馆自动化系统应用从原来的高端用户走向中端用户，再走向基层用户，从原来国家图书馆、北京大学图书馆用户，走向省级公共图书馆、一般本科院校用户，再走向高职院校用户、县级图书馆用户和中小学用户，图书馆自动化系统的市场在用户结构方面进一步细分。同一图书馆自动化系统公司的产品，根据图书馆用户所属系统和资源情况推出不同的产品。ILAS 针对不同用户需求推出不同的版本，有按照公共图书馆业务需求设计的公共版，适应高校图书馆需求的大学版，适合企业等单位的企业版，适合中小学图书馆、图书室的小型版和云版，适合港澳台地区的基于 BIG5 版[①]。目前公共图书馆应用的国产图书馆自动化系统产品主要有 ILAS、Inerlib，汇文 Libsys、智慧 2000、文华集群数字图书馆 DLibs 系统相应部署在少数的公共图书馆平台上。汇文 Libsys、金盘 GDLIS、北邮 MELINETS 的目标锁定的用户群主要集中在"211 工程"院校，博菲特、ILAS、图腾、SULCMIS、丹诚、纵横 3000、清大新洋系统、台湾传技占有的高校客户相对较少，占有的高职院校、政府机关、企业单位图书馆用户相对较多[②]。面向中小型图书馆、中小学图书馆、医院图书馆等单位的图书馆自动化系统软件有常州春晖软件、东莞图联计算机科技有限公司的拓迪 ILMS 系统、南昌北创科技的瑞天图书馆管理系统、南京图书馆的力博软件。因图书馆用户的资源规模、功能需求、技术水平、设备条件等不同，图书馆自动化系统公司定位自身的产品研制要求也有所不同，因此投入的研制成本也有很大的区别。总的来说，国产图书馆自动化系统软件价格少则 1 万元人民币，多至几十万元人民币，对应着不同系统的图书馆用户的需要。

---

① 王小林，李文跃，黄建辉，2014. 国内省级公共图书馆自动化系统评析[J]. 数字与缩微影像（1）：16-20.
② 吴汉华，2013. 对我国高校图书馆信息化设施建设现状的分析[J]. 图书情报工作，57（22）：81-86，71.

三、书目数据库建设有较大规模

图书馆自动化系统数据库建设，从 20 世纪 70 年代书目数据库建设只有几千条书目记录数据，到 80 年代的深圳图书馆的 65000 条标准书目数据，再到 90 年代 CALIS 书目数据库建设的几百万条书目记录，最后到商业化公司提供的几亿条元数据记录，如中文数据库超星读秀、知识发现，外文数据库 EDS，数据库容纳书目记录的规模呈几何级地增长。在联机编目数据库建设方面，实现了从无到有，从有到多，目前拥有全国图书馆联合编目中心、CALIS 联机合作编目中心、中科院国家科学图书馆联机联合编目系统、上海市文献联合编目中心、地方版文献联合采编协作网[①]。只要是联盟成员馆，联机编目时可直接套录上述数据库中的书目数据。从图书馆自身来讲，省级公共图书馆、高校图书馆购买的数据库少则十几个，多至几百个，其中大部分图书馆拥有自建数据库。国家图书馆建成中国最大的数字文献资源库和服务基地，数字资源总量超过 1000TB，并以每年 100TB 的速度增长。CALIS 则在统一检索系统方面，完成了近 100 个国内外电子资源数据库的关联配置工作。

四、自动化系统的网络化进程加快

从国家层面来讲，通过图书馆联盟的力量，从国家中心、区域中心、省级中心，再到成员馆，建立起四级网络架构的资源共享平台，图书馆成员通过网络平台来享受各个中心的文献资源。CALIS 系统建成基本实现了成员馆可在平台上进行公共检索、馆际互借、文献传递、协调采购、联机编目等功能。从图书馆自动化系统公司来讲，原来需要到馆维护升级系统、培训馆员，现在通过网络软件来远程进行维护，如利用 QQ、TeamViewer 等工具登录到客户的服务器系统进行维护，从而降低了公司的维护成本。而图书馆用户在使用自动化系统时，遇到技术问题也可直接通过网络来请求 LIS 公司技术员进行远程解答或实时演示解决。从自动化系统软件本身来讲，单机阶段、集成管理系统阶段均由于网络支撑条件差，网络技术条件不具备，因而系统不具备网络化功能。发展到网络化阶段，由于软件是基于网络平台设计，软件在较为完善的 TCP/IP、网络客户端、文件打印及共享等网络协议下运行，因此网络化功能较强，在此基础上开发基于 B/S、C/S 两层或多层系统架构模式，可使图书馆用户在任意地点访问图书馆自动化管理系统平台。网络化技术的支撑帮助图书馆进行读者服务、资源建设时，不再局限于图书馆局域网，图书馆的资源可与因特网相连，从而达到图书馆之间的互联，各图书馆资源在互联网的背景下得以共享[②]。

---

① 徐咏梅, 2009. 我国联机联合编目系统现状述要[J]. 法律文献信息与研究（3）：41-49.
② 吴慰慈，许桂菊, 1999. 图书馆自动化与网络化之现状及展望[J]. 中国图书馆学报（1）：43-47.

五、系统功能不断丰富

图书馆自动化系统从最初的单机单项应用，发展到单机多项应用集成管理系统阶段，再发展到网络化的集成管理系统阶段，到了数字图书馆阶段，图书馆自动化系统在数字资源链接功能、OPAC 检索功能等方面从形式和内容上进一步强化。具体来说，图书馆自动化系统功能模块从最初的采访、编目、流通、期刊、检索中任选一种功能进行设计，发展到集成两种或两种以上功能，到后来再发展到涵盖图书馆主要业务的集成管理系统阶段。从功能模块来讲，40 多年的自动化系统发展，其主要模块变化不大，均包括了采访、编目、连续出版物、典藏、流通、系统管理、统计、OPAC，但附加模块则不同时期均有不同变化，如网络化阶段，增加了联机编目和馆际互借功能，这是因为只有在网络环境下才可实现两地多馆之间的资源共享。在数字图书馆环境下，增加了电子阅览室管理功能模块和 OPAC 检索全文功能；在办公自动化条件下，增加了馆务管理，包括设备管理、行政管理等模块[1]；在移动互联条件下，新增了移动图书馆、移动办公系统功能；在建设特色数据库方面，增加了学术论文提交系统、自定义数据库功能；在 RFID 无线射频技术条件下，增加了自助借还系统功能；在大数据背景下，新增了数据决策系统功能。

六、标准化应用卓有成效

图书馆自动化系统应用的标准主要有书目记录存储和转换标准、书目数据检索标准、电子数据交换标准、项目识别标准、流通信息标准和馆际互借标准。MARC 是实现图书馆数据共享的关键，为了更好地实现世界图书馆书目资源的共享，MARC 标准经过 MARC I、MARC II、LCMARC、USMARC、UNIMARC 发展而来，MARC21 可以说是综合了 UKMARC、USMARC、CANMARC 的优势而协调达成的一致标准，其规范了图书馆书目信息，推动了图书馆自动化的发展。MARC21 包括书目数据格式、馆藏数据格式标准和规范数据格式[2]。大多数国内自动化系统均遵循 MARC21 著录标准，而 UNIMARC 则是国家之间进行书目交换需要遵循的标准。我国图书馆行业则根据 MARC21 和 UNIMARC，制定了适合国情的 CNMARC 标准，供国内图书馆及图书馆自动化系统公司进行程序设计时遵守执行。

Z39.50 协议则辅助解决了网络环境中图书馆书目信息检索系统之间的通信问题，极大地促进了图书馆之间的书目信息资源共享，所以在图书馆自动化模块中需要配置 Z39.50 服务器来实现书目信息的共享与交换。ZING 是 Z39.50 协议的下

---

① 李伟超，2016. 国内外 ILS 的现状、功能及趋势——基于"211 工程"高校 ILS 的调查[J]. 图书馆学研究（1）：13-18.

② 胡维青，2006. 图书馆集成系统的应用标准[J]. 枣庄学院学报（2）：79-84.

一代版本，旨在促进图书馆之间 Web 资源系统的通信问题。大部分自动化系统基于 Z39.50 协议设计，支持 CALIS 的联合联机目录的管理。在流通模块方面，支持 3M SIP 和 Z39.83 协议，能够在异构图书馆系统之间相互交换流通信息，实现开放流通管理。

第二节　中国图书馆自动化系统发展的特点

1974 至 2018 年这 40 余年，中国图书馆自动化系统的产生和发展具有以下几个方面的特点。

一、图书馆自动化系统研制特征

我国图书馆自动化系统始终是伴随着国际图书馆自动化系统技术发展而产生并逐渐成长起来的[①]。回顾其历史发展，国内图书馆自动化系统的研制特征，经过笔者总结大致分为以下三种。

（一）自主研制

自主研制特征是指完全由国内图书馆或国内自动化系统公司按照系统设计项目书进行独立研发，整个研制过程不存在调用或借用任何国外自动化系统的代码模块，其特点是立足于国内图书馆业务的现有流程进行程式化研制。自"748 工程"以来，我国通过引进 MARC 磁带等机读文献，通过对情报检索技术摸索、学习、试验，研制出以"NDTS-78"为代表的情报检索试验软件。1979 年由中科院图书馆和北京大学图书馆学系培养了首批图书馆自动化系统的研制人才，这批图书馆技术人才，掀起了图书馆人进行目录检索试验、图书馆自动化系统研制的高潮。从南京大学的流通管理系统 NDTLT、上海交通大学的流通管理系统 SJTUCS[②]、深圳图书馆的光笔流通管理系统、北京大学的 PULAIS 系统，到大规模应用的深圳图书馆 ILAS 系统、汇文 Libsys、广州图创 Interlib、北邮 MELINETS、丹诚 DataTrans、金盘 GDLIS、深大 SULCMIS、大连博菲特、清大新洋、文津系统、智慧 2000、力博、春晖等，这些都是国内自主研制 ILS 系统产品的成功典型。

（二）引进再吸收

引进再吸引特征是指国内图书馆针对国产图书馆自动化系统功能性不足，在引进的基础上利用公司的技术资源、结合本馆的技术力量对不符合语言习惯需求

---

① 韦艳芳，陈燕霞，1999. 对国产图书馆自动化软件的考察与分析[J]. 图书馆界（4）：44-46.

② 胡风生，董相端，1987. SJTUCS 光笔输入多用户图书流通系统结构化菜单的屏幕设计[J]. 计算机工程与应用（5）：59-63.

的系统底层进行汉化，或对系统功能根据自身需求进行扩充或改造。20 世纪 90
年代初期，以清华大学图书馆、华东师范大学图书馆等为代表的文献机构率先引
进国外的图书馆自动化系统，如 1990 年引进的日本富士通公司研制的 ILIS 系统。
该系统被引进后，在国内图书馆专业技术人员的协同下，ILIS 系统公司对其进行
了汉化改造和本土化功能改造，使其能够适应国内图书馆业务流程需要[①]。此后，
国内一些一流高校图书馆通过对国内外图书馆自动化系统的比较，认可了国外自
动化系统在系统稳定性、可靠性和管理方面均有一定的优势，从而在这一时期开
始引进 Sirsi 公司的 Unicorn、III 公司的 Millennium 和 InnoPac、Dynix 的 Horizon、
Ex Libris 的 Aleph500 等国外系统，这些系统带来的不仅是业务系统，更重要的是
带来了管理思想、管理方法、读者服务理念的变革。同时，这些系统在底层汉化、
操作习惯、业务表达等方面与国内的应用习惯有一定脱节，因此在引进初期图书
馆仍需要花费较大力气与公司一起对系统进行汉化和改造。

　　经过对国内众多引进系统的摸索、观察和分析，国内一些自动化系统公司也
纷纷借鉴国外系统的成功经验和思路，通过接受、引进国外先进系统的数据结构、
部署模式、服务理念，研制出符合我国国情的新一代的图书馆自动化系统，从而
加速促成了国内自动化系统的升级换代进程[②]。这其中的成功典范代表 ILAS II 系
统，就是从国外引进了当时 IBM 最新版 C-Tree Plus 6.8 版及数据库开发工具包，
在此基础上成功研制图书馆专用数据库管理系统 LDBS。其他如北邮的 MELINETS
系统、北京丹诚的 DataTrans-1500、江苏汇文的 Libsys2000 均采用了国外主流 LIS
系统所使用的 Sybase、Oracle、SQL Server 等数据库。

　　（三）全盘引进

　　全盘引进主要是基于该类国外自动化系统比较切合国内实际应用，数据库底
层及软件系统汉化比较彻底，能支持 Unicode 字符集和小语种字符集，并且软件
系统架构稳定等优势，由国内有实力的图书馆采取的购置方式。自 2000 年后，由
于数字图书馆技术、联邦搜索技术、链接技术等新兴技术兴起，国外图书馆自动
化系统对这些技术做出快速反应，电子资源管理、资源发现系统投入图书馆应用
取得很好的反响。国内高校对艾利贝斯公司、Innovative Interfaces 公司、SirsiDynix
公司的产品表现了浓厚的兴趣，国内如清华大学图书馆等高端优质客户纷纷成为
国外系统的用户。

　　国外系统占据中国市场最为成功的当属 Ex Libris 公司，其在北京专门设有办

---

① 彭道杰，张友信，1997. 日本富士通 K650/30 小型机图书馆管理系统的应用与开发[J]. 高校图书馆工作（4）：
　 38-41.
② 郑巧英，杨宗英，2002. Horizon 图书馆管理系统的应用和二次开发[J]. 图书馆杂志（7）：30-33.

事处来支持本地化开发，目前已拥有国家图书馆、中科院图书馆、56 家"211"和33 家"985"高校图书馆，以及首都图书馆、上海图书馆、天津图书馆、重庆图书馆、南京图书馆、广东省立中山图书馆等省级图书馆用户[①]。

二、图书馆自动化系统发展的驱动力特征

从技术层面上来讲，图书馆自动化系统离不开计算机技术、底层数据库技术、系统体系架构技术、操作系统、计算机处理语言、网络技术等总体技术的支撑，不同阶段的自动化系统其背后也反映了当时的计算机技术发展水平。从政策层面上来讲，图书馆自动化系统离不开政府的支持、政策的引导，不同阶段的自动化系统反映了政府支持文化事业的力度和决心。从经济层面上来讲，图书馆自动化系统的发展离不开强有力的资金支持，无论是开发系统、升级系统还是引进系统，均需要强有力的财力保障。从技术层面和应用层面上来讲，图书馆自动化系统升级换代是根本原因驱动使然，即现有的应用系统满足不了图书馆业务的需求。

（一）系统架构变化的驱动

计算机技术、网络技术、数字化技术、移动互联网等技术发展，促使软件应用系统提供商从架构设计、功能扩充、运行平台等方面重新考虑设计，让软件应用系统变得更加符合业务需求，运行速度更快、更稳定、更安全。例如，单机到网络，再到移动互联网络；主机终端到 C/S 架构，再到 B/S 架构和多层架构。

国内经过图书馆自动化思想启蒙和试验后，单项业务应用系统开始在图书馆得到实用。在这一时期，流通管理、书目检索、采访、编目等单功能系统研制成功，并投入使用，这些系统均有简单的、著录标准不同的书目数据库，并且这些各自独立的单一系统的书目数据不能共用和通用[②]。这些单功能应用系统模拟手工系统操作流程，采用条码技术来配合，一般由技术力量较强的高校图书馆或大型公共图书馆根据传统业务需求自主研发而成，但大多数系统只能独立完成图书馆的一个或几个业务自动化管理工作，且采取单机运行模式，系统产品化程度低，功能简单，多为自行研发供本单位自己使用。

单功能应用系统是集成系统发展的基础，不少集成系统是由流通等单功能系统附加其他模块建立起来的[③]。随着网络环境的改善和计算机设备的快速发展，开始在局域网先后出现以主机终端、客户端/服务器方式的集成系统，集成系统通过整合系统模块，带来了系统模块之间的协同工作，实现了图书馆核心数据与主要

① 艾利贝斯软件科技发展（北京）有限公司[EB/OL]. [2017-03-12].http://www.exlibris.com.cn/new/index.asp.
② 陈睿，谢新洲，1989. 图书馆自动化系统：微型机局域网与超级微机或小型机多终端分时系统的比较研究[J]. 大学图书馆学报（6）：1-7, 25.
③ 黄兆棠，1989. 我国高校图书馆开发自动化系统成功的道路[J]. 大学图书馆学报（3）：1-7.

业务功能的集成化管理，数据的实时性大大提高，业务与服务质量也迅速提升。图书馆自动化系统中集成系统的使用促使图书馆进行了业务机构的重组，对传统业务变革做出了贡献。该阶段的系统采取微机局域网方式或主机终端方式运行，并逐渐占据主导地位[①]。系统产品化程度不断提高，功能体系日益完善，出现了一批集成系统开发供应商，如深圳图书馆的 ILAS 图书馆自动化系统（1988）、大连博菲特文献管理集成系统（1993）等。

随着 Internet 的发展，图书馆自动化系统向网络化、资源共建与共享方向发展（如联机编目中心、多馆统一检索等）。电子资源的不断涌现促使图书馆从信息存储中心转变为专业化的信息服务中心，趋向于在网上进行全球性、整体化、电子化信息服务[②]。网上业务需求如 OPAC、联机编目服务、网上流通服务、网上预约服务、网上续借、读者网上荐购、网上报订、网上预约借书等都促使图书馆自动化系统更新换代，这个阶段的图书馆自动化系统以信息管理为主要内容，采取基于 Windows 视窗的 C/S 或 B/S 模式，具有网络化、规模化、模块化特征[③]。基于标准协议的系统互访也开始出现。相关软件产品趋于系列化，开发供应商的销售、服务对象有所细分，产品成熟度大大提高，售后服务问题开始逐渐被人们所重视。如北京丹诚图书馆集成系统（1996）、深圳图书馆的 ILAS II（1998）、北邮现代电子图书馆集成系统（1998）、江苏汇文文献信息服务系统（1999）。

同时，国外图书馆自动化系统开始登陆我国，如 1993 年中科院文献情报中心引进了美国传技公司的 TOTALS 系统，1996 年清华大学图书馆和上海图书馆分别引进了美国 Innovative Interfaces 公司的 InnoPac 系统和澳大利亚 Dynix 公司的 Horizon 系统。

（二）用户需求变化的驱动

图书馆自动化系统基于实体文献的管理在数字化时代开始变得有点不合时宜，而信息服务提供商抓住这一变化，推出了集数字资源文献收集、加工、整理、发布为一体的软件应用系统。图书馆购置众多的数据库资源系统，也需要一个统一的检索平台来节省读者检索时选择数据库的时间。随着移动互联网的兴起，读者希望通过移动终端设备就能方便地检索馆藏和阅读文献，这些因素促成了图书馆自动化系统在管理数字资源和检索数字资源方面的变革，特色数据库平台、856字段链接数字全文、MARC21 格式转换 XML 格式、联邦检索、移动图书馆等新的应用是这一时期自动化系统新的重要变化。

随着数字资源越来越丰富，服务手段也越来越多样化，到馆服务、网上服务、

---

① 秦铁辉，张俊芳，1993. 集成图书馆系统与我国图书馆自动化[J]. 晋图学刊（2）：32-35.
② 陈燕，1995. INTERNET：图书馆的发展战略[J]. 国外情报科学（4）：34-35，46.
③ 王绍平，1996. 计算机公共查询系统（OPAC）刍议[J]. 图书馆杂志（6）：28-30.

短信服务、语音服务、自助服务等多种服务模式相互结合，电子资源管理与服务专门化，图书馆自动化网络化步入更高层次的系统复合阶段，传统图书馆、自动化图书馆、网络化图书馆、数字化图书馆并存。[①]面对区域化合作趋势需求，一个馆的多个系统之间，多个馆的系统之间不可避免地要进行互通互联。图书馆自动化网络化建设更多地需要依赖资源整合、服务整合、系统集成、系统互联。除所销售的产品之外，开发供应商将整合、集成其他系统资源的能力作为主要竞争优势，系统升级能力、扩展能力、相互对接能力强的产品深受欢迎。国内各大图书馆自动化系统开发商以及由政府扶持的资源提供商都纷纷推出更新换代产品，如大联网信 2005 年推出的"妙思文献管理集成系统" V6.5，深圳图书馆 2005 年推出的 ILAS Ⅲ，江苏汇文推出的 Libsys 4.0 版，丹诚 2007 年推出的新一代 DataTrans-2000，等等[②]。国外则相继出现联邦检索系统、统一检索系统、知识发现系统、电子资源管理系统等，同时国内在引入国外系统时，也出现了国内学位论文管理与服务系统、特色数据库管理系统、随书光盘系统、机构库知识库系统等。

在这一阶段，随着我国经济实力的增强和一些图书馆重点建设项目的启动，我国部分高校图书馆和大型公共图书馆开始引进国外图书馆自动化系统，包括中国国家图书馆、中科院文献情报中心（国家科学图书馆）、北京大学图书馆、清华大学图书馆等一批国内大型图书馆都开始引进国外 LAS 系统。随着国外图书馆自动化系统的引进和吸收，国内系统开始借鉴国外系统的经验，对系统进行更新换代，系统采用基于客户端/服务器的多层体系结构和成熟稳定的大型商用数据库。

伴随移动计算技术和社交网络技术的融合，无线移动互联网络的飞速发展，日常生活用品从实物硬件转变为计算机虚拟化软件，交易和获取变得越来越容易和不受场所限制的移动化，图书馆的馆藏资源变得越来越可"移动化"[③]。在数字化、网络化、智能化等技术的支撑下，移动化的图书馆形式从流动图书馆、计算机移动图书馆、SMS 移动图书馆、WAP 移动图书馆，向 APP 移动图书馆、微信图书馆发展和并存。移动浪潮兴起，使图书馆自动化系统无处不在，提供很方便的关联跨平台、异结构的海量馆藏文献数据，读者可以享受图书馆全天候的移动文献服务。

图书馆自动化系统服务也不再局限于传统的到馆服务，开始扩展移动化服务功能，从而推出具有移动服务的 ILS 产品。国内图书馆自动化系统提供商提供的移动服务产品主要集中在短信服务平台、手机图书馆门户、掌上终端、微信服务平台，由于缺乏资源性产品和关联性资源元数据，以及与系统外资源平台少有关

---

① 王丽华，2007. 大资源观与复合图书馆[J]. 图书馆理论与实践（6）：16-17.

② 张晓娟，1997. 数字图书馆与中国图书馆自动化的发展路向[J]. 图书情报知识（1）：7-10.

③ 刘红丽，2012. 国内移动图书馆研究现状与趋势[J]. 国家图书馆学刊（2）：92-98，112.

联和融合，因此功能主要集中于续借、借阅查询、挂失、预约、服务提醒等业务[①]。类似的产品有深圳科图的 ILAS 微信服务平台、图创的掌上图书馆、清大新洋的短信平台、北京创讯的微信服务平台、大联网信的 Muse6.5 手机检索系统等。

　　图书馆自动化系统公司推出的移动图书馆产品，由于其资源性缺陷和元数据仓库缺陷，导致其应用受限[②]。而资源数据库公司抓住这一时机，将原有数字图书馆产品进行技术升级和改造，打造出适合移动终端产品或自适应硬件的移动图书馆产品，并建立与图书馆自动化系统产品的关联，具备较佳的用户体验，其中有国内最早推出的移动图书馆产品——书生移动图书馆、市场占有率最高的超星移动图书馆、方正移动图书馆等。资源数据库提供商及出版数据库提供商的积极参与移动图书馆的研发，使得原有以提供馆藏、借阅信息服务为主的传统自动化系统的移动图书馆服务，向以提供移动阅读服务为主的资源提供商的移动图书馆服务转变[③]。

（三）系统数据库变化的驱动

　　图书馆自动化系统运行需要一个稳定的数据库，从 20 世纪 70 年代至 80 年代，图书馆自动化系统采用的数据库大部分是 dBase、FoxBase，数据库记录均采用的是固定长度格式，无变长格式记录，且数据库运行微机本身的限制，存在着执行效率低、数据库容量有限、数据共享性较差等弊端[④]。dBase 和 FoxBASE 数据库在 DOS 操作系统下运行，而 FoxPro 则可在 Windows、UNIX、DOS 三种操作系统下运行，FoxPro 被微软收购后推出了 Visual FoxPro，在图书馆单项业务系统和集成管理系统阶段，大部分均是采用该种数据库系统。先后推出的 dBase、FoxBASE、FoxPro 数据库产品性能不断提升，特别是 FoxPro 引入关系数据库查询语言，其 2.0 版引入 Rushmore 技术后，其存储记录数据规模可达百万，检索查询性能大大提高[⑤]，因此国内不少自动化系统采用这种数据库。但总体上来讲 FoxPro 数据库稳定性不如 Oracle、Sybase、Informix，但在 90 年代前后，PC 机不支持 Oracle 这些大型数据库的应用，这些数据库软件主要运行在小型机上。ILAS 得到巨大成功的原因是同期其他软件系统大多采用 FoxBASE 类数据库，而深图 ILAS 从美国 FairCom 公司引进数据库核心 C-tree 软件包，并在此基础开发 LDBMS，根据书目数据的特征和处理需要，增加外部数据处理接口、构造 SQL 解释语言层，从而形

① 吴爱琼，2012. 移动互联网平台中的移动图书馆服务[J]. 图书馆学刊（1）：80-83.
② 李逦，2016. 移动服务时代图书馆自动化系统的发展研究[J]. 无线互联科技（15）：51-53.
③ 李月明，2014. 新信息环境下图书馆自动化系统功能优化研究[J]. 图书馆（6）：133-134，140.
④ 任文岚，王淑香，吕红戈，1990. RDB/VMS 与 dBASE 数据库文件格式双向转换技术[J]. 小型微型计算机系统（7）：42-48.
⑤ 管蕾，1994. FoxPro 的过去、现在和未来[J]. 电脑编程技巧与维护（1）：67.

成分布式数据库管理系统。ILAS 是基于知名数据库底层核心件进行设计，具有自主知识产权，其数据库检索速度较快，性能较国内同期的图书馆自动化产品要好，因此 ILAS 在 90 年代中国图书馆自动化市场独领风骚，选择自主设计的数据库底层是其成功的一个关键因素。

数据库技术的变化从最初的 dBase、FoxBASE、FoxPro，到 SQL Server、Oracle、Sybase、Informix，从开始运行的 DOS、UNIX，到 Windows NT、Windows 2000 Server、Windows 2003 Server、Linux，在数据库检索性能、数据库支持并发用户数、数据库的稳定性等方面一代比一代强，基于数据库的升级和操作系统的升级，图书馆自动化系统也不断进行升级和换代。进入 21 世纪，ASP、PHP、JSP 等脚本语言成为交互式网站主体设计使用的程序语言，在基于数据库数据操作的页面制作中，运用 JavaScript 脚本做前端脚本语言，辅以 Flash、CSS3 等动画元素，可建立与数据库进行交互、数据传递等动态交互性页面。也正是这一时期，JAVA 语言开始应用于图书馆自动化系统设计，因其良好的交互性能，使得 JAVA+Oracle 成为图书馆自动化系统设计的绝好选择。

三、图书馆自动化系统差异性特征

国内自行开发的图书馆自动化系统经过四十几年的发展和在各类型图书馆的应用，其总体应用效果很好。下面对国内图书馆自动化系统的体系架构、设计理念、系统功能及应用效果等方面进行分析。

国内自行研制开发的文献信息自动化系统、全文检索软件、多媒体资料查询系统、数字资源应用平台等种类较多，其系统结构不同，功能各异，各具特色。

ILAS 最大的特色在于其独特的双屏编辑模式。双屏不仅可以方便编目人员查重，还可同时显示中央数据库和当前数据库的情况。两屏数据可自由剪切、粘贴个别字段或进行全部字段的复制，以方便多卷书的分项著录，无须进行屏幕间的切换。但有人指出其毕竟是面向公共图书馆而开发的软件，对高校图书馆的情况考虑不足，不利于高校图书馆的采用。

Libsys 最早提供的是 Z39.50 技术，图书馆主要业务的功能做得比较规范。但在开发中采用了模块式的开发方法，一个模块完成一项图书馆基本业务。该系统由于在开发中分成了不同的开发小组，所使用的前台开发工具不尽相同（VB 和 VC），从而影响了系统的统一性。该系统的售后服务体系不够健全，技术支持还有所欠缺。而且这套系统是以南京大学图书馆的业务流程作为其开发原型，故系统设计得比较规范和专业，对用户的图书馆学专业知识和技能有较高的要求，并且要求用户有一定的维护技术力量，因此不利于在技术力量比较薄弱的图书馆推广应用。

丹诚 DataTrans 系统完全支持出版商系统和发行商系统，可利用电子邮件方式获取网上书目数据和原始文献数据，实现网上联合订购、联机联合编目、联合书目的管理。其不足之处是，界面不够清晰，在文字的阐述上使用了过多的专业术语，图书馆工作人员利用起来有一定的困难。系统使用自主研制开发的后台数据库，在功能等方面与一些成熟的商业数据库相比较，还存在着较大的差距，并且维护起来也比较困难。

金盘 GDLIS 的电子阅览室管理系统非常不错，但其系统的查询功能有待加强，系统某些模块设计过于灵活，不够规范，可能会产生一些冗余数据。

Interlib 采用了大集中的方式，它通过 Internet 网络或城域网络将区域内各图书馆联合起来，组成一个区域性的虚拟图书馆群。用户只需要浏览器就可以登录系统进行业务操作，这从根本上可以解决城市区域内中心图书馆与下级图书馆、大学多校区和院系资料室的管理问题。但有人指出 Interlib 系统使用的是先进的计算机技术，却没有从图书馆的业务流程出发，所以使用过的不少图书馆认为该系统对于 ILAS 系统来说在某种程度上是退步，特别是在处理图书馆具体业务时非常麻烦。

博菲特的文献集成管理系统是涉及图书馆业务最多的一个系统，特别是它的行政管理子系统，对于图书馆领导掌握查询图书馆工作人员的工作量、各类图书的藏书状况及利用情况有一定的帮助。但博菲特除了开发图书馆集成管理系统外，还研制开发其他的一些软件产品，所以精力可能会有所分散，后续开发能力存在着一定问题。前台的开发工具为 VFP，技术相对落后。加上公司体制和一些复杂的内部关系处理不当，其软件售后服务和技术支持都存在着较多隐患。

总之通过对以上系统的分析和比较，不难看出，各套系统都有自己的特色，但同时也有不足之处。可以得出 ILAS 适合大中型公共图书馆，汇文系统比较适合大型高校图书馆，而 Interlib 比较适合中小型图书馆。GLIS、博菲特、丹诚、金盘、图腾、北邮系统主要是面向中小型图书馆。中、小学图书馆可以采用力博、春晖等软件。

国内早期自行研制开发的自动化系统主要实现的是图书馆传统业务自动化管理功能，赶不上国外大型产品的技术思路和缺乏完整的软件产品生产线。如果加上定制开发数字图书馆功能部分，国内目前还没有很成熟而又能完全满足大多数图书馆需求的系统产品。而当前的数字图书馆发展趋势对现有的图书馆自动化系统功能提出了更高的要求，图书馆所要求的自动化业务功能与数字资源结合的、功能全面的"图书馆集成管理系统"正期待着国产 ILS 软件商提供一个完善的解决方案。

第三节　我国图书馆自动化系统的发展趋势

我国图书馆自动化系统经历了自主研发自行应用到商业化、市场化运作，从功能单一到集成化、网络化的发展历程，面对日益丰富的数字资源以及读者对信息服务需求的快捷要求，以数字化、网络化为基础的数字图书馆研究在国内外均已取得突破性成果。随着以计算机技术、网络技术、数据库技术等核心技术为主的相关技术不断发展，如 RFID 技术、无线网络技术、自动控制技术、仓储技术、短信技术、多媒体语音技术、应用软件技术、缩微、照相、复印、扫描技术等，信息服务机构和图书馆依托多源的分布式数据库将为读者提供更多数字化的文献载体，海量数据的存储和检索使用服务。先进的网络通信环境以及友好的读者界面，为读者提供方便快捷的即时信息服务。

基于网络和各种服务模式，未来的图书馆自动化系统将从整体上构建新的多级分布式体系，数字图书馆管理与图书馆自动化管理的技术、方法、资源有机融合，优势互补，形成不限于一个馆的多元化、综合性、分布式系统。区域性合作越来越受到重视，小型系统被整合，大型系统与其他系统之间的互通互联形成规模，从而促进区域性资源共建共享，实现服务的整合与统一，增加读者的沟通与互动，为读者提供统一、无差异以及更加多元化的服务。

我国图书馆自动化系统的未来发展将体现为以下几种趋势。

一、向多层体系结构和标准化转变

系统将采用基于 Web 和 Internet 的 B/S 的多层体系结构，保证系统的可扩充性、伸缩性、开放性和分布式部署的安全可靠性[1]；系统支持通用平台，提供开放式链接，实现各图书馆资源的无缝链接以及各图书馆之间的互操作，由物理图书馆向虚拟图书馆转变，将节省大量的人力资源和软硬件资源投资。

系统设计更加注重标准化，基于通用标准，符合国家标准和国际标准。支持多种 MARC 格式，提供 Z39.50 检索协议，确保联机联合目录和外部信息的轻松获取和共享，支持 ILL 协议，实现馆际互借。

二、向大数据库和全媒体管理转变

系统采用成熟稳定的大型商业数据库，充分利用 Z39.50、SQL、HTML 分析、内嵌文本检索软件等实现全文检索和元搜索，应用 XML 构筑跨系统、跨数据库的共享管理平台，为读者提供跨库或异构数据库的一站式检索服务[2]。

---

① 张云，2017. 2011—2016 年国内下一代图书馆系统研究述评[J]. 图书馆工作与研究（11）：114-118.
② 包凌，赵以安，2013. 国外下一代图书馆自动化系统的实践与发展趋势研究[J]. 图书馆学研究（9）：58-65.

　　对图书馆和用户而言，资源无疑是优先考虑的因素，技术回归到工具属性，在资源的基础上强调服务。因此，面对 Ex Libris 的统一资源管理的 ALMA 和 OCLC 的图书馆服务平台 LSP，系统应强调与资源内容供应商合作，将图像、音频、视频以及其他多媒体内容与传统的书目数据进行集成，开发和创建新的数字内容管理平台，构筑网络信息门户，实现跨系统无缝链接。

三、向无线、自助服务转变

　　系统将应用无线网络技术，提供无线 OPAC、无线流通以及 SMS 短信发送流通通知单等服务接入方案。系统将支持读者自助式服务，提供网上续借、预约、自动借还、读者自助修改个人信息、自助办证等。

　　国内图书馆联盟的发展和区域性合作、资源共建共享的趋势，对图书馆自动化系统的要求会越来越高，比如要求系统结构采用 B/S 模式，要求系统能提供联合采购编目、移动采访、馆际互借、通借通还、数字图书馆链接和一站式检索、统一用户管理、实时数据采集和分馆功能，能承受大用户量的互操作，响应要快、安全可靠，等等。随着系统更换频繁、市场竞争更加激烈[①]，加上国外图书馆自动化系统逐步进入中国，国内各大图书馆自动化系统开发商应瞄准国际计算机技术的发展动态，随时吸收和采用最新技术与手段，力求采用计算机软件开发的最先进工具，在网络化新技术、文献资料处理技术、多媒体技术、全文数据库技术、超文本信息存储与检索技术、海量信息存储管理、个性化和自动化服务诸方面进行新的探索和研究，不断提高系统的综合水平，构筑新型的能适应数字图书馆运作机制的系统模型。

四、从集成走向融合

　　图书馆自动化系统的发展，从最初的单功能，走到集成。而在 21 世纪，又开始走向分化。从目前来看，下一代图书馆自动化系统架构尽管有很多业界专家和公司青睐统一资源管理系统产品的研发，希望寄万千功能于一身的 ILS 产品来满足图书馆各种类型资源的管理，但现实中却是图书馆自动化系统的架构分化的趋势越来越明显。[②]当然这种分化已完全不同于 20 世纪 80 年代的图书馆自动化产品，这种分化是建立在仍可以相互交叉调用的标准接口基础之上的。这种分化可以从国外图书馆系统提供商的发展路线得到印证。例如，Ex Libris 的产品分为三大类且各成体系：一类是统一资源发现与获取 Primo，一类是统一元数据服务系统 Primo Central，一类是统一资源管理系统 Alma。这三类分别相对应于传统的 OPAC 模块、自动化系统的元数据模块和采购编目模块，分化后的产品各司其职、数据分开，分别作为不同的独立的系统运行。

---

① 张云，2017. 2011—2016 年国内下一代图书馆系统研究述评[J]. 图书馆工作与研究（11）：114-118.
② 刘炜，2015. 关于"下一代图书馆系统"的思考[J]. 国家图书馆学刊（5）：7-10.